Auxiliando a humanidade a encontrar a Verdade

ELUCIDAÇÕES DO ALÉM

Ramatís

ELUCIDAÇÕES DO ALÉM

Obra mediúnica ditada pelo espírito
Ramatís ao médium Hercílio Maes

© 1964 — Hercílio Maes

Elucidações do Além
Ramatís

Todos os direitos desta edição
reservados à
CONHECIMENTO EDITORIAL LTDA.
Rua Prof. Paulo Chaves, 276
CEP 13485-150 — Limeira — SP
Fone/Fax: 19 34515440
www.edconhecimento.com.br
conhecimento@edconhecimento.com.br

Nos termos da lei que resguarda os direitos autorais, é proibida a reprodução total ou parcial, de qualquer forma ou por qualquer meio — eletrônico ou mecânico, inclusive por processos xerográficos, de fotocópia e de gravação — sem permissão, por escrito, do editor.

Ilustração da Capa:
Dinorah A. de Simas Enéas
Projeto Gráfico: Sérgio Carvalho
Colaboraram nesta edição:
Mariléa de Castro
Paulo Gontijo de Almeida
Sebastião de Carvalho

ISBN 978-85-7618-126-2 — 11ª EDIÇÃO - 2007

• Impresso no Brasil • Presita en Brazilo

Produzido no Departamento Gráfico de
CONHECIMENTO EDITORIAL LTDA
Fone/Fax: 19 3451-5440
e-mail: grafica@edconhecimento.com.br

Dados Internacionais de Catalogação na Publicação (CIP)
(Câmara Brasileira do Livro, SP, Brasil)

Ramatís (Espírito)
Elucidações do Além / Ramatís ; obra mediúnica psicografada pelo médium Hercílio Maes.
— 11ª ed. rev. José Fuzeira — Limeira, SP : Editora do Conhecimento, 2007.

ISBN 978-85-7618--126-2

1. Espiritismo 2. Psicografia I. Maes, Hercílio, 1913-1993. II. Fuzeira, José. III. Título.

07-4751   CDD — 133.93

Índice para catálogo sistemático:
1. Mensagens psicografadas : Espiritismo 133.93

Ramatís

ELUCIDAÇÕES DO ALÉM

Obra mediúnica ditada pelo espírito
Ramatís ao médium Hercílio Maes
Revista por José Fuzeira

11ª edição — 2007

Minha homenagem fratorna

A Edison Guiraud, companheiro estudioso da espiritualidade e liberto de injunções sectaristas, dedico esta obra.

Curitiba, agosto de 1964
Hercílio Maes

Sumário

1. O Brasil e a sua missão social e espiritual sob a égide do espiritismo 11
2. O espiritismo e o caráter da sua assistência material e espiritual 18
3. O sacerdócio ou apostolado crístico e o ambiente do mundo profano 21
4. As almas enfermas dos responsáveis pelas guerras 24
5. Os trabalhos mediúnicos e a amplitude do intercâmbio espiritual 33
6. Aspectos singulares das sessões mediúnicas 37
7. A responsabilidade e os riscos da mediunidade 54
8. Considerações sobre as sessões mediúnicas no lar 64
9. Recursos energéticos dos guias, junto aos encarnados ... 73
10. Elucidações sobre o perispírito 83
11. Elucidações sobre a prece 98
12. Relato e análise da psicometria 114
13. Relato e análise da radiestesia 125
14. Os trabalhos de fenômenos físicos 132
15. O fenômeno da "voz direta" 145
16. A música nos trabalhos mediúnicos de efeitos físicos 150

17. Os fenômenos de efeitos físicos no caso das
assombrações 156
18. Algumas noções sobre o prana 161
19. O duplo etérico e suas funções 172
20. Os chacras 204
21. É possível a morte do espírito? 225
Ciência comprova previsões de Ramatís 229
Nota de repúldio à pirataria 233

1. O Brasil e a sua missão social e espiritual sob a égide do espiritismo

PERGUNTA: — *Quase todos os mentores espirituais que falam à Terra são unânimes em afirmar que o Brasil, sendo o país mais espírita do mundo,[1] está fadado a desempenhar, no futuro, uma alta função moral e espiritual no seio da humanidade. Podereis citar alguns fundamentos objetivos, que justifiquem semelhante prognóstico?*

RAMATÍS: — Efetivamente, à medida que o povo brasileiro se espiritualizar assimilando conscientemente o racionalismo do processo reencarnacionista, ou seja, a grandeza e a amplitude moral das vidas sucessivas, que transformam o homem imperfeito, de **hoje**, no anjo **futuro**, o Brasil fará jus a receber novos acréscimos do Alto, que o habilitarão a ser, não somente o celeiro material do mundo, mas também um farol moral e espiritual da humanidade.

Já existe real fundamento para tais prognósticos, pois enquanto nos outros países o espiritismo é cultuado subordinando-se a um academismo de pura experimentação científica, os brasileiros, pelo seu sentimento fraterno de teor espiritual, acolheram-no de modo efusivo, abrindo-lhe as portas com satisfação e alegria, de modo que as próprias raças imigradas não se retraem à influência reformadora da doutrina espírita.

[1] "Na assembleia dos prelados e reitores católicos que se realizou em Roma, o secretário do Conselho Episcopal Latino-Americano afirmou ser o Brasil "o país mais espírita do mundo" (jornal *O Globo* de 27-9-1958).

No Brasil, a prática e aceitação do espiritismo está resguardada de preconceitos separatistas, pois apesar de o seu povo ser constituído de raças heterogêneas as mais diversas, os que se unem sob a bandeira do espiritualismo mantêm entre si uma unidade de afetos crísticos de amplitude universal. É que o sublime Evangelho de Jesus tem na sua doutrina o veículo mais racional para difundir os seus conceitos divinos por todos os quadrantes do mundo.

Doutrina cimentada nos princípios sadios do espiritualismo oriental, milenário, e codificada em linguagem acessível a todos os cidadãos da humanidade, é um roteiro seguro que ilumina até as criaturas desprovidas de inteligência ou de cultura, libertando-as dos dogmas e preconceitos religiosos sediciosos e supersticiosos. Além disso, o espiritismo não exige que os seus adeptos fujam do mundo profano onde Deus também está, pois as múltiplas estradas da vida das coletividades são abençoadas escolas de educação e reajustamento fraterno entre todas as criaturas.

PERGUNTA: — Mas existem porventura alguns atributos etogênicos ou virtudes relevantes, no povo brasileiro, que qualifiquem o Brasil como digno e "escolhido" para vir a ser o maior líder social e espiritual ante a humanidade?...

RAMATÍS: — A vossa pergunta exige uma digressão que focalize alguns aspectos de caráter etnológico do povo brasileiro e também algumas considerações a respeito das etapas da sua evolução mental, levando em conta a sua índole de boa fé e misticismo ainda grampeados a diversas crenças, algumas subordinadas a ritos de padrão muito elementar.

Começaremos por dizer que o brasileiro ainda conserva desde o berço de sua raça a tendência fraterna e afetiva das três raças que cimentam a formação do seu temperamento e constituição psicológica.

Do negro, ele herdou a resignação, a ingenuidade e a paciência; do silvícola, o senso de independência, intrepidez e a boa fé; do português, a simplicidade comunicativa e alvissareira. Nele imprimiu-se um tipo humano de sangue quente e versátil, no qual circulam tanto as virtudes excepcionais, quanto os pecados extremos, mas, louvavelmente, em curso para a predominância de um caráter de espírito superior. E esse caldeamento heterogêneo ou mistura, que poderia sacrificar a qualidade dos seus caracteres originais, terminou por avivar o psiquismo do brasileiro, despertando-lhe uma agudeza espiritual incomum e em condição de sintonizá-lo facilmente à vida do mundo oculto. Consolida-se, então, uma raça possuidora de diversos valores étnicos de natureza espiritual benfeitora e que o espiritismo, cada vez mais radicado no Brasil, catalisa, pouco a pouco, para os grandes desideratos da Fraternidade entre os povos da Terra.

PERGUNTA: — Contudo, não conseguimos admitir a ocorrência de fatos que venham a credenciar o Brasil, no sentido de ele vir a ser o maior líder espiritual ante a humanidade. Podereis referir alguns motivos relevantes e convincentes, que nos induzam a aceitar como lógico e possível a realização de semelhante acontecimento?

RAMATÍS: — Estais vivendo uma época em que os acontecimentos se precipitam. E são chegados os tempos em que surgirão novos fatos enquadrados na promessa do Enviado Divino quando Ele disse: — "Conhecereis a Verdade e a Verdade vos libertará"!

Ora, entre as verdades que vão ser conhecidas ou reveladas ao mundo ainda antes do fim deste século, avultam como estrondosas e revolucionárias em seus efeitos morais, sociais e espirituais, a comprovação substantiva da pluralidade dos mundos habitados e a da pluralidade das existências.

Quanto à primeira, será comprovada pelas comunicações interplanetárias; e quanto à segunda, simultaneamente, em diversos países, surgirão psicanalistas experimentados, os quais, mediante experiências conjugadas à metapsíquica e à parapsicologia experimental, provarão que as vidas sucessivas ou reencarnação do espírito são também uma realidade absoluta e demonstrável. Esta prova decisiva está entrosada num fenômeno de psiquismo que já tem sido levada a efeito entre vós, em exibições públicas no palco de teatros e cinemas. Referimo-nos ao fenômeno de condicionar o "ego" ou espírito encarnado (o homem), a uma introspecção psíquica, fazendo que ele regrida e "viva", de novo, os diversos estágios

Elucidações do Além

de sua vida e idade, num descenso vibratório que, mediante uma espécie de "revelação das chapas" fotografadas na tela da sua memória, faculta-lhe expor e retornar a "viver", com absoluto realismo, as emoções de cenas e quadros vividos por ele durante a sua vida atual, indo até aos pormenores de sua própria meninice.

Acresce, ainda, que os ditos psicanalistas irão mais além, pois eles conseguirão que o indivíduo (o homem), submergido nesse transe introspectivo, seja levado a regredir até ao ponto de o espírito "encaixar-se" na personalidade que ele foi em uma ou mais das suas existências pretéritas, ou seja: será conseguida uma "translação" do espírito idêntica à que se obtém no plano astral quando um espírito, por efeito de uma aguda e profunda "requisição mental", consegue imergir ou mergulhar no seu passado e "viver" a sua personalidade de vidas anteriores, semelhando a lagarta que despe a sua "roupagem de crisálida" e surge metamorfoseada em borboleta.

Em consequência, tal fenômeno trará à superfície certos fatos e detalhes de outra encarnação de um mesmo espírito, cuja identificação e autenticidade, em diversos casos, será possível comprovar. Por conseguinte, quando este fenômeno for comprovado e tiver a chancela da ciência oficial ou acadêmica — tratando-se de um fato ou realidade que demonstra a pluralidade das existências proclamadas pelo espiritismo — este, desde logo, ante o consenso da opinião mundial, se imporá como o precursor da "nova ordem" moral e espiritual fundada no espiritismo. E como decorrência desse acontecimento ruidoso, que abalará a consciência espiritual da humanidade, o Brasil, por ser, de fato, **o país mais espírita do mundo**, será chamado a exercer a função de líder da nova marcha moral e espiritual revelada ao mundo por Allan Kardec, nas obras que constituem a edificação da doutrina espírita.

O brasileiro é criatura muito sensível e receptiva à influência dos espíritos desencarnados, pois, ingênuo, despreocupado, otimista e resignado, ainda pouco afeito ao rigorismo científico ou dogmatismo acadêmico, livrou-se de enredar a sua mente no labirinto das concepções transcendentais que tanto atrofiam a intuição. É certo que ele também se desarvora facilmente sob o guante malfazejo dos espíritos do astral inferior, quando, rico ou pobre, sábio ou ignorante, mas vencido pelo desespero, pelo tédio ou pela doença, se deixa escravizar pelo álcool, pela sensualidade ou pelo jogo vicioso, com graves danos para sua vida psíquica.

Todavia, quando decide meditar e libertar-se de seus equívocos, é um tipo capaz de lograr avançados desideratos do espírito, pois entrega-se à prática sincera da caridade e aceita humildemente os ensinamentos de Jesus. Embora seja um pecador renitente, ele assim que resolve empreender a sua reabilitação espiritual, marcha para a frente sobrepondo--se e vencendo os seus recalques inferiores.

São ainda raros os países em que se empreendem campanhas tão singulares quanto às que se fazem no Brasil, onde os ricos e mesmo os pobres, antecipando-se às próprias obrigações dos administradores públicos, conjugam seus esforços para obter o alimento, o agasalho, o leito, a veste e também proporcionar assistência aos tuberculosos, lázaros, favelados, órfãos, às crianças e velhos desamparados e ainda levar a palavra doutrinária de esclarecimento e resignação aos que se encontram presos nas penitenciárias.

Apesar da corrupção moral, desarticulação social, desleixo administrativo e dos reflexos obscuros projetados na sua mente pelo dogmatismo sectarista do Clero Romano, o Brasil é uma coletividade das mais promissoras à efetivação do programa de confraternização espiritual entre os povos.

A despeito de suas crises agudas de caráter social, político e econômico, a nação brasileira encaminha-se para consolidar um padrão superior em todos os setores das atividades humanas. Além do seu equilíbrio financeiro e econômico já previsto pelo Alto, no futuro, o Brasil também promoverá a confraternização entre todas as classes de trabalho e a socialização do seu povo, mas sem as lutas sangrentas que, em geral, provocam o massacre e a separação no conjunto das nações divididas pelos ódios e ideologias políticas de caráter inquisitorial e sanguinário.

Nenhum sistema político de vosso mundo atual está em condições de corresponder, integral e ideologicamente, às condições morais, ao temperamento psicológico, ao cosmopolitismo, à natureza intuitiva e aos sentimentos fraternos e tolerantes do povo brasileiro. Afora as quizílias partidárias, tão comuns em todas as comunidades humanas e afetas aos quistos políticos egocêntricos, os governos já se sucedem no Brasil sob um ritmo de paz e tolerância afetiva, de acordo com a própria índole e sentimento fraternos dos seus governados. Eles sucedem-se cada vez mais compreensivos e menos vingativos.

Mesmo a "pureza" partidária política, que em algumas outras nações atravessa os séculos sob irredutível pragmática e seleção ariana, no Brasil perde o seu rigorismo tradicional, pois os partidos políticos brasileiros fundem-se, dissolvem-se e refundem-se mesclando-se os seus elementos nas adesões ou conclaves inesperados, em que os velhos adversários de ontem confraternizam-se calorosamente para a elaboração de novos programas e labores. Embora a crítica, por vezes, censure essa instabilidade ou inquietação político-emotiva, pois em muitos casos trata-se realmente de resguardar interesses pessoais ou adesões partidárias visando apenas cargos ou remunerações públicas, o certo é que na essência doutrinária dos seus agrupamentos partidários, salvo alguns casos isolados, de politiqueiros refratários à ética da compreensão e decoro, há sempre o mesmo cimento coesivo, que corresponde ao temperamento fraterno e espiritualmente acessível do brasileiro.

Desaparecem também os estigmas do caudilhismo sangrento das lutas fratricidas e os ensaios do tiranismo no Brasil, para surgirem, pouco a pouco, os espíritos benfazejos e regrados, que ingressam no seu comando e passam a agir de modo mais humano. Através de roteiros pacíficos, a vossa comunidade encaminha-se para a socialização benfeitora, mas isso, como já o dissemos, vai ser realizado sem a violência própria dos povos belicosos.

A nação brasileira há de ajustar-se social, econômica e politicamente, atendendo aos anseios materiais e psicológicos de todos os povos da Terra, porquanto ela significa um dos mais preciosos laboratórios de experimentações fraternas do Alto. Há de ser um clima sem violência, sem tiranismo ou extremismos ideológicos, com um padrão ético-político distante dos dogmas ou das imposições religiosas, embora intimamente inspirado pelo Evangelho de Jesus.

PERGUNTA: — *Contudo, alguns espíritas sensatos consideram que o povo brasileiro não apresenta credenciais políticas, sociais ou morais para se tornar um laboratório de ensaio de confraternização universal. Há mesmo certa crítica e desânimo dos brasileiros mais pessimistas, pois acham que, atualmente, a nação não vai além de um "país que se impõe pelo futebol e pelo carnaval". Que dizeis?*

RAMATÍS: — A despeito dessa conceituação negativa, estou autorizado a informar-vos que os sociólogos siderais já traçaram um roteiro específico e coerente para essa importante realização fraterna, moral e social do vosso país; mas isso não quer dizer que sejais um povo superior ou completamente livre de quaisquer reparações cármicas dolorosas do passado. É a característica espiritual que cimenta a formação etnológica brasileira, a sua peculiar índole fraterna, caritativa e tolerante, aliada ainda a uma natureza intuitiva incomum, o que justifica tal prognóstico. Esses elementos fundamentais afetivos é que predizem o êxito futuro dos empreendimentos espirituais de confraternização terrena, os quais seriam difíceis e mesmo impraticáveis num povo racista, avaro ou materialista.

Sob as características psicológicas e temperamentais do tipo brasileiro há muito "ouro" aproveitável, que o espiritismo, como abençoado garimpeiro do Alto, há de desbastar em contínuo aproveitamento espiritual. Não tenhais dúvida — e não vacilamos em vos dizer: — realmente, o Brasil é um dos mais avançados celeiros de almas com inclinações para subordinarem-se ao Evangelho de Jesus e tornarem sua pátria um símbolo relevante de fraternidade crística.

Não há, pois, exagero no prognóstico aventado por conhecido espírito já desencarnado, que diz: — "O Brasil está destinado a ser o **Coração do Mundo e a Nova Pátria do Evangelho**"!

2. O espiritismo e o caráter da sua assistência material e espiritual

PERGUNTA: — *Aludindo ao serviço de caridade do espiritismo, no Brasil, porventura outros credos também não o têm praticado a contento, tais como os protestantes, que mergulham nas regiões mais afastadas do globo a fim de socorrer os selvagens e os famintos de pão e de esclarecimento?*

RAMATÍS: — Reconhecemos que o protestantismo, principalmente, desenvolveu no mundo um bem organizado e louvável programa de paz e amor, pois os seus adeptos se embrenham pelas matas e regiões inóspitas, levando o consolo, o socorro e o medicamento aos infelizes párias que se encontram em zonas distantes e sem quaisquer recursos de assistência imediata. Nesses labores socorristas e caritativos, eles são disciplinados, metódicos e ordeiros, conseguindo resultados proveitosos em favor dos enfermos e necessitados. Muitos desses protestantes heroicos são almas de escol, que deixam suas moradias felizes a fim de servirem ao homem terreno ainda preso às cadeias do raciocínio primário e inconscientes quanto à sua hierarquia moral e espiritual na ordem da Criação.

No entanto, o programa espírita é mais avançado no seu conteúdo doutrinário, pois através dele o Alto tem como principal finalidade esclarecer o espírito do homem e libertá-lo conscientemente dos ciclos dolorosos das encarnações terrenas, ajudando-o a compreender e a sentir qual o verdadeiro motivo e objetivo real da vida, de modo que ele tenha consciência plena de si mesmo como espírito eterno ou imortal.

E então, esclarecido de que é uma entidade superior, ele se esforce por vencer os instintos animais e alcance, o mais breve possível, o seu destino glorioso da angelitude, que o libertará das reencarnações e lhe facultará ser feliz em todos os recantos do universo a serviço de Deus e das humanidades em seus estágios de evolução.

Embora o protestantismo realize proveitoso trabalho de assistência junto aos deserdados da sorte, a sua meta precípua é "salvar" as criaturas, as almas, mediante o cultivo das virtudes santificantes, mas, também, ameaçando-as de que os pecados as condenarão **às chamas do Inferno por toda a eternidade!**

Ora, o homem precisa aprender a cultivar a virtude, porém, conscientemente, sem **ameaças ou temores**; e permanecendo no seio da vida comum em experimentações educativas com os demais seres. Enquanto na sua tarefa benfeitora os protestantes orientam as criaturas no sentido de vencerem os pecados do mundo, **fechando os olhos** para não vê-los, os espíritas as ensinam a imunizarem-se contra as tentações mediante o raciocínio que ilumina e edifica a consciência, fazendo que o homem se torne capaz de enfrentar as sombras do pecado sem contagiar-se. Mesmo porque ninguém deve fugir às lutas de um mundo que Deus criou como escola educativa indispensável para a Alma.

O selvagem, o doente ou o faminto que, depois de amparado materialmente pelo protestantismo, resolve fugir aos pecados do mundo porque receia que a sua alma seja lançada no Inferno, essa fuga não conseguirá extinguir os recalques malignos dos instintos, pois esses desejos recalcados ou adormecidos tornarão a "explodir" assim que se apresentem circunstancias favoráveis, capazes de romper as amarras débeis da sua vontade mal disciplinada.

As virtudes, quando impostas, não têm força para resistir à compressão dos instintos inferiores. Só a consciência espiritual emancipada pela sua própria auto-evangelização está em condições de vencer a tremenda batalha moral entre o homem-**espírito** e o homem-**animal**.

Em qualquer circunstância da vida a "proibição" estimula o desejo e provoca o espírito à infração, pois é da natureza humana preferir o que lhe faculta vantagens ou prazer imediatos e desinteressar-se por quaisquer benefícios ou promessas futuras e que lhe parecem enigmáticas. Embora louvemos os credos religiosos dogmáticos no seu trabalho de assistência ao próximo e no serviço do Cristo a favor dos párias do mundo, somos obrigados a salientar o espiritismo, pois além de sua tarefa socorrista e de estímulo espiritual, é doutrina de esclarecimento consciente. As exortações doutrinárias cujo "pano de fundo" são as fogueiras do Inferno ou o paraíso do Céu podem fazer compreender quanto às vantagens de ser bom e ser premiado; porém, de modo algum, dão ao homem aquele discernimento moral, subsistente, apoiado na meditação que considera, deduz, compara e o habilita a saber qual o rumo mais certo e seguro que lhe convém seguir na jornada da sua evolução como espírito imortal.

3. O sacerdócio ou apostolado crístico e o ambiente do mundo profano

PERGUNTA: — *Segundo o código secular da Igreja Católica e também conforme a opinião da maior parte de seus prosélitos, o isolamento de seus sacerdotes nos conventos e mosteiros, abdicando das injunções comuns e cotidianas da vida, tem por objetivo ou finalidade fazer que eles, segregando-se do círculo do mundo profano, se voltem completamente às tarefas espirituais em favor da humanidade e melhor servirem às causas de Deus. E justificam essa diretriz austera, sob a alegação de que Jesus, Buda, Francisco de Assis e outros grandes iluminados que legaram à humanidade mensagens sublimes de salvação espiritual, se isolavam do convívio do mundo profano. Que vos parece?*

RAMATÍS: — Semelhante concepção decorre de uma análise muito superficial, pois se considerarmos objetivamente a vida e os exemplos de Jesus e dos seus apóstolos, certificaremos o contrário, pois o Mestre, tão depressa surgiu a hora da sua missão, ei-lo, justamente, nas praças públicas, entre o bulício do mundo profano, pregando e exemplificando os mandamentos da sua doutrina até ser imolado no Calvário.

Igualmente, os seus discípulos ou apóstolos, embora em algumas cidades da Palestina eles tivessem as mansões onde se reuniam, a sua vida ativa consistia num sacerdócio levado a efeito nas praças públicas, ou seja, enfrentando o ambiente vicioso do mundo, porquanto o Mestre advertiu que Ele viera "tratar dos doentes (os pecadores) pois os sãos não precisam de médico"! Quanto a Buda, este abandonou os seus tesouros e prazeres da corte de Kapilavastu e jamais voltou a interessar-se por esses bens do mundo material. E Francisco de Assis também não foi um líder religioso pregando a sua doutrina isolado no deserto. Ao contrário, ele impôs-se como um "revolucionário espiritual", vencedor de todos os desejos da vida física, mas sem fugir do mundo profano onde, aliás, Deus **também está**!

PERGUNTA: — *Mas esses inúmeros conventos e ordens monásticas, que surgiram em diversas partes do mundo e que têm subsistido através dos séculos, abrigando dezenas de milhares de sacerdotes e freiras, não constituem núcleos de resistência no sentido de amparar as causas de Deus e de Jesus?*

RAMATÍS: — O aspecto desse movimento, bem considerado em sua intimidade, é produto de um egocentrismo espiritual. É uma fuga ou refúgio ascético ditado pelo interesse íntimo ou privado de melhor conquistar-se a salvação. E não como um sacrifício destinado, essencialmente, a salvar os que estão do "lado de fora", perdidos nos labirintos do mundo profano.

Nos primeiros séculos do cristianismo, os seguidores de Jesus, em vez de se refugiarem nas muralhas dos conventos ou das igrejas, eles iam ao "encontro do mundo", enfrentando, de peito aberto, grandes lutas, riscos e impedimentos de toda espécie, pois naqueles tempos não havia estradas de ferro, nem automóveis, nem aviões. Contudo, lá se iam esses peregrinos do sacrifício, caminhando dia e noite, dispostos a lutarem com os poderosos, mas sem levar armas. Iam enfrentar hipócritas e não levavam astúcia; iam conquistar consciências e não levavam dinheiro.

Ora, justamente, o racionalismo sensato da mensagem espírita esclarece que o homem terreno, para emancipar-se em espírito, não precisa fugir do mundo profano, nem deixar de constituir um lar ou abster-se das obrigações e alegrias comuns da vida. O homem que foge dos problemas da sua comunidade, fechando-se, qual caracol, dentro da "casca" da sua conveniência, não só perde o treino da experiência da vida integral, como ainda se assemelha à criatura egoísta que foge da estrada dificultosa em que todos labutam, deixando ao abandono os seus companheiros exaustos, enquanto ele vai cuidar exclusivamente de si mesmo, na busca de sua ventura espiritual, que ele resolveu colocar e sobrepor acima de tudo e de todos.

4. As almas enfermas dos responsáveis pelas guerras

PERGUNTA: — *Ainda quanto aos aspectos da Alma enferma, agradeceríamos vosso empenho em nos esclarecer, quanto à culpa das almas desequilibradas ou "doentes" em potencial, que desencadeiam guerras; e, além do morticínio de milhões de criaturas, a sua passagem pela Terra cria entre os povos um ambiente que degenera em novos ódios e represálias.*

RAMATÍS: — Sem dúvida, todos os filhos de Deus, mesmo os mais perversos, são dignos da magnanimidade divina e dos ensejos reeducativos para a sua redenção espiritual, embora suas provas devam ser disciplinadas pelo mesmo esquema espiritual de que "a colheita é de acordo com a semeadura"! É óbvio, pois, que as condições, os processos e o tempo empregado nessa retificação redentora, variam segundo o volume dos equívocos e delitos praticados pelos espíritos endividados. Os tiranos, os fazedores de guerras e os exterminadores de povos, depois da morte física enfrentam, por longo tempo, problemas terríficos e cruciantes de acordo com a extensão dos seus crimes e segundo a soma exata de todos os minutos que empregaram nos atos de perversidade, vandalismo e prejuízo à humanidade. No entanto, depois de submetidos aos processos de retificação espiritual, mediante reencarnações sucessivas, que se processam através dos séculos, eles também logram a sua melhor graduação para os ensejos angélicos do futuro.

Porém, não julgueis que os tiranos e os déspotas são os únicos culpados pelos massacres, vandalismos, crueldades e saques praticados pelos seus comandados em tempo de guerra; a responsabilidade e a culpa são distribuídas proporcionalmente de acordo com as responsabilidades individuais de todos que, direta ou indiretamente, são unidades do conjunto. Em face da liberdade criminosa ensejada pela guerra, há soldados que deitam fogo a cidades indefesas, saqueiam os bens alheios, mutilam combatentes adversos, torturam fugitivos, trucidam jovens, velhos, mulheres e crianças, quer em obediência a ordens superiores, ou seja pela sua perversidade na desforra. Mas a Lei Cármica, em sua ação justiceira e impessoal pesa criteriosamente a "culpa individual" de cada criatura, responsabilizando-a por todo estímulo belicoso, ato agressivo ou contribuição direta ou indireta às atividades sangrentas da guerra desumana e fratricida.

Nenhum tirano, por mais poderoso e cruel, pode conduzir sozinho uma nação à guerra e ensopar de lágrimas o mundo. Ele, para atingir os seus fins bestiais, precisa do apoio incondicional dos próprios compatriotas e súditos.

Geralmente, ante a simples perspectiva de uma guerra contra o "inimigo", logo homens e mulheres estremecem, apreensivos; porém, ante a possibilidade de sua pátria ser vitoriosa contra as nações "inimigas", então, em quase todos desperta a cupidez, a ganância e a desforra. Sob o clima beligerante, até as almas sensíveis de artistas, filósofos ou poetas, deixam-se contagiar pelas falsas glórias colhidas nos morticínios coletivos dos povos adversos; e cantam hosanas ou compõem poemas à pátria heráldica, incentivando o povo a impor-se triunfalmente na face da Terra.

A guerra é insuflada, igualmente, por interesses escusos, pois além de oportunidade para o saque, o ganho fácil, a investida desonesta aos degraus mais altos da política, é também um dos melhores ensejos para as promoções dos militares. Enquanto os soldados sonham com divisas de sargento e os oficiais inferiores ambicionam novos galões, os chefes de graduação militar superior mostram-se esperançosos de soldos extras e glorificações públicas. Alguns professores aproveitam a situação exaltada, para despertarem em seus alunos o sentimento belicoso. Os jornalistas, exaltados por um patriotismo frenético, consomem toneladas de tinta acirrando o ânimo do povo para a luta. Os próprios sacerdotes católicos não se pejam de benzer armas, fazer orações e promover cerimônias religiosas em louvor da vitória de sua pátria, rogando a Deus que a ajude a destruir os seus "inimigos" odiosos. Os tiranos, os sátrapas e os opressores da humanidade são "pontas de lança", que abrem as comportas das paixões de amplitude coletiva. Eles não criam homens perversos, cúpidos e sanguinários.

A presença desses gênios destruidores, na Terra, é um efeito moral da atração magnética que está em ebulição na mente social, pois a dinâmica de "os semelhantes se atraem" também é uma lei psíquica. A presença e atuação de tais almas em vosso mundo é uma espécie de raio deflagrado pelos sentimentos inflamados da cobiça, domínio e dos recalques de orgulho patriótico, que estão em efervescência na consciência das massas que constituem o povo.[2]

Sob o comando de Aníbal, Alexandre ou Napoleão,[3] muitos dos seus soldados e comparsas, diante da oportunidade fácil de satisfazerem seus próprios desejos e paixões abomináveis, revelaram-se bem mais perversos e sanguinários do que os seus chefes, pois enquanto estes, sem rancor pessoal, viam, nos seus exércitos e nas formações inimigas, somente as peças vivas de um jogo de xadrez de vida ou morte, os seus comandados praticavam as mais condenáveis atrocidades como o desforço pessoal.

Porém, na balança fiel da Justiça Divina, a culpa coletiva das atividades guerreiras divide-se, proporcionalmente, a cada um dos seus participantes, tendo em conta as imposições a que o indivíduo está obrigado perante a lei humana e

---

2 N. do Médium: Haja vista o que cidadãos aparentemente pacíficos e honestos fizeram na última guerra, quando incorporados aos exércitos nazistas cometeram as atrocidades mais bárbaras, enquanto praticavam os roubos mais cínicos, pelo saque desaforado às bibliotecas, museus e obras de arte dos povos vencidos.
3 N. do Médium: Vide comunicação mediúnica de Napoleão, em 13 de novembro de 1906, pelo famoso médium português Fernando de Lacerda, à página número 26, da obra "Do País da Luz", livro primeiro, a qual serve de contribuição ao pensamento de Ramatís a respeito do assunto em foco. Obra editada pela Livraria da Federação Espírita Brasileira.

as exorbitâncias das atitudes pessoais, que são uma decorrência do seu próprio livre-arbítrio. A desonestidade, a violência, a traição ou o sadismo, tanto no setor das atividades morais quanto no campo das incumbências materiais, são de responsabilidade individual. Nenhum tirano ou déspota pagará pelo crime do seu soldado ou subalterno que, exorbitando do seu dever, deita fogo na casa pacífica, mutila o prisioneiro fujão, profana a moça indefesa ou trucida velhos, crianças e mulheres inofensivos.

PERGUNTA: — *A fim de melhor compreendermos a questão da alma neurótica dos conquistadores sangrentos, poderíeis dizer-nos algo de um Hitler, por exemplo, que foi um tirano e déspota em nossa época?*

RAMATÍS: — Embora Hitler tenha sido um homem atrabiliário, cruel e vingativo, julgado pela história moderna como o responsável exclusivo pela última hecatombe guerreira, nem por isso, julgueis que ele seja realmente o único culpado de todos os atos abomináveis e bárbaros cometidos pelos seus comparsas militarizados. Na verdade, ele deu forma concreta e objetiva aos anseios e sentimentos belicosos do seu próprio povo, o qual, hipnotizado pelas perspectivas de dominar o mundo, cobrir-se de gloríolas tolas e aumentar os lucros no saque ao inimigo, animou e estimulou tal indivíduo à empreitada homicida e cruel da guerra. Embora considerando-se, com justiça, que certa parte do povo alemão é realmente pacífica, construtiva e avessa à tradicional belicosidade germânica, a sua maioria ficou responsável por endeusar e colocar no cimo do seu governo o tipo demente, ambicioso, violento e cruel que foi Hitler.

A imprudência, o orgulho, a ambição e o espírito de desforra também encontraram nos moços, velhos e mesmo nas mulheres e crianças alemãs o seu prolongamento vivo e natural, quando, reunidos em praças públicas, eles aderiram às cerimônias festivas e às homenagens pagãs, com que apoiaram fanaticamente o *Fuhrer*, para ele acender a fogueira da guerra. Esse ódio e vingança atingiram os próprios vizinhos sem culpa direta no caso, enquanto a fúria nazista destrutiva caiu sobre o adversário mais próximo e mais débil, apontado como um dos culpados pela humilhação do passado, ou seja, o judeu.

Então as mulheres, os velhos, os moços e as crianças hebraicas serviram de causa preliminar para o futuro massacre perverso considerando inimigos da pátria todos os homens que não fossem alemães.[4]

No entanto, malgrado Hitler ter sido estigmatizado como o Satã da história e o único responsável por acender afoitamente a fogueira da guerra, outras nações "vestidas de donzelas", também contribuíram com o seu feixe de lenha cortado sob o machado da opressão econômica, imposição ideológica ou política, competição comercial ciumenta ou orgulho de raça, impondo sua prepotência mal disfarçada e apressando soluções egoístas para o futuro.

Os adversários de Hitler apressaram o passo para "salvar a humanidade" mas também escreveram páginas sombrias de vingança, de ódio e de desonestidade, as quais, embora ignoradas pela história do mundo, o Senhor marcou no "Livro da Vida" para o resgate porvindouro dos responsáveis. Ambos os lados beligerantes, esquecidos do Amor pregado pelo Cristo, perpetraram crimes odiosos, fuzilamentos desnecessários e deram vazão às paixões de raça; cometeram pilhagens e barbarismos protegidos pelo pavilhão simbólico da pátria, justificando os seus atos ignóbeis por um código imoral de guerra.

As nações terrenas ainda são constituídas por núcleos de homens apaixonados e belicosos, sejam quais forem as raças de que eles descendam. Elas são pacíficas e suportam-se mutuamente, enquanto encontram-se incapacitadas para apoderarem-se dos bens do vizinho, pois a cultura, a educação e os valores intelectuais que lhes atenuam a irracionalidade, esboroam-se fugazmente diante da primeira oportunidade bélica fratricida. Em verdade, os povos pacíficos de hoje foram os conquistadores e invasores impiedosos do passado, que saqueavam populações indefesas e anexavam os seus

---

4 N. do Médium: Convém o leitor ler o artigo "As Expiações Coletivas", de autoria de Rodolfo Galligaris, inserto no "Reformador", de outubro de 1962, à página 221, quando ele aborda o passado dos judeus destruindo cidades e populações indefesas, segundo os relatos do próprio Velho Testamento, e depois sofrendo as provações coletivas pelos flagícios e fuzilamentos em campos de concentrações nazistas, no cumprimento doloroso do seu carma pregresso.

territórios. Assim que lhes for dada nova oportunidade de poderio guerreiro, não há dúvida de que tais povos "inofensivos" tornar-se-ão novamente piratas sanguinários, semeando a morte e furtando os despojos do próximo, pois a rapinagem ainda é o traço fundamental do terrícola.

Aliás, os povos ou nações movem-se conforme os seus interesses imediatos e não segundo algum código de honra ou moral cristã. E desde que se conjuguem interesses recíprocos no mesmo jogo de benefícios, os inimigos de hoje poderão ser os aliados de amanhã, embora sacrificando-se os amigos de ontem. Da mesma forma, os vencedores justificam a sua contribuição para a guerra sangrenta, defendendo-se pelo "slogan" de salvadores da humanidade e protetores da civilização em perigo, enquanto atribuem aos vencidos a culpa dos piores crimes e atrocidades, acoimando-os de "bárbaros" responsáveis pela mesma hecatombe que, ocultamente, interessa a todos.

No seio de um mesmo povo, os revoltosos também se transformam em "libertadores", enquanto, depois de assaltarem o poder constituído e desalojarem os adversários que defendiam a legalidade, mais tarde os encostam no paredão de fuzilamento, fazendo-os pagar pelos crimes de corrupção, embora, em breve, esses mesmos libertadores de hoje também se transformem nos tiranos de amanhã.

Mas, em obediência ao ciclo cármico da Justiça Espiritual, os "novos idealistas", que trucidam seus adversários, também resgatarão suas culpas sob o muro de fuzilamento em que sacrificaram os seus antecessores. E caso isso não lhes aconteça na mesma existência, há sempre um pelotão executivo esperando-os nas vidas futuras, a fim de retificar-lhes o espírito de desforra sob o conceito de "quem com ferro fere, com ferro será ferido", e pelo desprezo dos ensinamentos de Jesus, que recomendou ao homem: "Não vos digo que perdoeis até sete vezes, mas até setenta vezes sete". (Mateus, 18:21, 22).

PERGUNTA: — *E qual é a situação dessas almas opressoras, no Além-túmulo?*

RAMATÍS: — As almas enfermiças e tirânicas, que

Elucidações do Além 29

semeiam a dor, a fome e a orfandade mediante suas tropelias sangrentas, frutos de sua excessiva ambição e orgulho, transitam no Além, acompanhadas pelo mesmo cortejo dos seus velhos comparsas, que as insultam, as perseguem, as ameaçam e responsabilizam por todas as suas desditas, amarguras e desprezos. Algemadas às vítimas impiedosas e vingadoras, açoitadas pelas tempestades das regiões inferiores e mergulhadas nos pântanos mais repugnantes, sofrendo os sarcasmos dos próprios espíritos satânicos que as incentivaram ao genocídio, na Terra, elas vagueiam em bandos, torturadas até o dia em que possam renascer na matéria sob a bênção do esquecimento do passado.

Alucinadas e acometidas pela incessante superexcitação e angústia, do remorso, sem pouso e sem alívio, só lhes resta o recurso de encerrarem o seu inferno íntimo no biombo da carne terrena, a fim de amortecerem as lembranças cruéis do passado durante a fase sedativa de inconsciência entre o berço e o túmulo físico.

PERGUNTA: — Como se processa ou em que consiste a reparação de tais almas ou espíritos tirânicos e doentes, a fim de recuperarem a "saúde moral" que, no futuro, também lhes facultará a cidadania angélica, que Deus destina a todos os seus filhos?

RAMATÍS: — As almas dos déspotas sanguinários, vítimas da loucura, do egoísmo, da cobiça e autores do morticínio de milhares de criaturas sacrificadas para garantir-lhes a prepotência e a ambição, são como o cavalo selvagem que arremessa o seu cavaleiro ao solo, produzindo-lhe ferimentos nas quedas dolorosas. Infelizmente, pela vibração violenta das energias maléficas que ainda excitam-lhe o perispírito, o tirano, o conquistador sanguinário e os seus comparsas perversos, ao encarnarem na Terra, o trauma psíquico que os perturba violenta-lhes o trabalho harmônico das células físicas, fazendo-os nascer idiotas e anormais.[5]

Sob o violento e desordenado abalo do perispírito, alte-

---

5 N. do Médium: Vide o artigo "Idiotia", de Emmanuel, à página 226 do "Reformador", de outubro de 1962, órgão da Federação Espírita Brasileira, em que o autor espiritual tece considerações sobre a encarnação sacrificial dos tiranos e déspotas do mundo, quando jungidos à imbecilidade.

ram-se as linhas de forças na composição dos genes e no ajuste dos cromossomas do corpo físico. Então o déspota surge à luz da vida terrena, parvo, alienado do cérebro e dos nervos, vivendo sob a chacota e sarcasmo da mesma humanidade que tanto subestimou e prejudicou no passado. Assim, o corpo do idiota reflete as condições enfermiças do espírito brutal ali encarnado, funcionando à guisa de um cárcere que reprime os impulsos desordenados e perigosos do seu ocupante, tal qual o freio domina o cavalo fogoso e desatinado. As paixões violentas como a crueldade, a ambição e o orgulho que desatam as forças do instinto animal selvático, impossibilitadas de sua ação destruidora, vão se debilitando pouco a pouco, de modo a não voltarem a manifestar-se sob os mesmos impulsos indomináveis. A glândula pineal, delicadíssima antena do sistema psiconervoso, "central elétrica ou usina piloto" do organismo humano, funciona, nesse caso, oprimida na sua atuação, tornando-se incapaz de transmitir, com clareza, a mensagem racional dirigida pelos neurônios, que constituem o aparelho receptor e transmissor do espírito para a matéria. Nesse retardamento obrigatório, de um corpo físico tardo no seu metabolismo motor e nervoso, o perispírito enfermiço readquire, gradualmente, a sua vibração normal e a alma, o seu domínio salutar.

Represando na carne o seu excesso perturbador, ela submete-se à terapêutica obrigatória do repouso vibratório, pois disciplina a sua emotividade, reprime as forças instintivas que fervilham na intimidade perispiritual, assim como o cavalo indócil, atado a pesado veículo, também fica impedido dos desatinos prejudiciais a si mesmo.

Pouco a pouco, a alma enferma, que, pelos seus impulsos animalizados, praticou crimes, distúrbios e atrocidades coletivas no mundo físico, termina por corrigir-se dos excessos danosos sob o domínio das "grades" de um corpo físico deformado. Ela exaure-se e cansa, ante as tentativas inúteis de dominar, a seu talante, um sistema nervoso rígido e retardado, que lhe anula a coordenação dos raciocínios e a impede de usar suas forças maléficas.

As paixões tão comuns dos déspotas e guerrilheiros, como o orgulho, a ambição, a prepotência e a impiedade, que

Elucidações do Além 31

eles manifestam quando portadores de corpos sadios e cérebros normais, terminam arrasadas e impedidas de qualquer ação sob o organismo carnal atrofiado. As suas ideias perigosas e as emoções atrabiliárias nem chegam a ultrapassar-lhes o campo subjetivo, pois extinguem-se ou cessam por falta de um sistema cerebral nervoso, correto e sensível capaz de dar--lhes forma e ação no mundo exterior.

Contudo, não há punição deliberada para tais espíritos doentes, mas apenas a reparação espiritual no sentido de se ajustarem ao padrão de vida superior. O corpo imbecilizado a subjugar-lhes os impulsos homicidas, sufocando-lhes a eclosão violenta das paixões animais, constitui-se no abençoado "estágio" para a sua evolução espiritual no futuro.

5. Os trabalhos mediúnicos e a amplitude do intercâmbio espiritual

PERGUNTA: — *Que nos dizeis quanto à conveniência dos trabalhos mediúnicos no seio do Espiritismo?*

RAMATÍS: — As reuniões espíritas de intercâmbio espiritual prestam o valioso serviço de possibilitar o equilíbrio psicofísico de certas criaturas que, pela sua faculdade mediúnica de alta sensibilidade psíquica, sofrem assédio constante por parte dos espíritos desencarnados que desejam comunicar-se para expandirem os seus males ou queixas e serem esclarecidos das dúvidas e confusões em que ainda se encontram.

PERGUNTA: — *Então, eles não podem ser esclarecidos pelos assistentes do próprio setor em que vivem, ou seja, pelos seus guias?*

RAMATÍS: — Esses espíritos desencarnados encontram-se na mesma situação confusa do indivíduo que, na Terra, seja transferido, de repente, para um país estrangeiro, cujo idioma, hábitos, costumes e ambientes são completamente diversos daquele onde ele viveu durante toda a vida. Ou seja: embora não sendo cego, nem surdo ou mudo, ele encontra-se impossibilitado de manifestar as suas emoções o entender o que lhes dizem os habitantes desse outro país. Faz-se, pois, mister serem esclarecidos ainda mediante a palavra humana e no ambiente do próprio mundo onde viveram.

PERGUNTA: — *Então os trabalhos das sessões espíritas*

devem ser ampliados cada vez mais, pois além de constituírem o veículo de socorro eficaz aos espíritos que se encontram perturbados, é também a única forma de desenvolver a mediunidade dos assistentes ou participantes que possuem essa faculdade?

RAMATÍS: — Assim é. Porém, quanto ao objetivo moral de esclarecer os espíritos "que se encontram perturbados", torna-se oportuno lembrar-vos: além das vossas sessões espíritas programadas sob dias e horários certos, há uma outra verdadeira sessão espírita, aliás, de grande amplitude e mérito em seus objetivos redentores e que não deve ser relegada ao esquecimento.

A "sessão espírita" a que nos referimos, deveis iniciá-la logo que vos levantais do leito, pela manhã, encerrando-a à noite quando vos deitais para o sono reparador.

Consiste a mesma nos múltiplos ensejos que, durante o dia, proporcionam aos presidentes das vossas sessões habituais, aos médiuns e a todos os adeptos, doutrinarem e esclarecerem alguns dos irmãos "vivos" (pois também são espíritos), que surjam no seu caminho, igualmente perturbados, seja pelas deficiências da sua ignorância ou pelos recalques deprimentes do seu caráter.

Embora acheis que o intercâmbio mediúnico praticado nas vossas sessões programadas seja um alto relevo do Espiritismo, esses irmãos encarnados merecem tanta assistência doutrinária como os que se encontram, sem corpo físico, no plano invisível. E quantas vezes um conselho sensato e oportuno consegue mudar o rumo de uma vida e até, em certos casos, salvar ou evitar que uma família inteira seja precipitada no abismo de uma desgraça?

Aliás, vós sabeis que a assistência direta dos vossos guias ou mentores espirituais, ao vosso lado, não está limitada exclusivamente às vossas sessões programadas. Essas entidades também se comunicam convosco por via inspirativa ou intuição todas as vezes que, em vossa vida social, vos dispondes a ser úteis aos vossos irmãos. E mais: Além dos guias invisíveis que vos assistem, inspirando-vos gestos de caridade, abnegação e sacrifício, inúmeros espíritos benfeitores também existem entre vós, desempenhando, igualmente, uma função de verdadeiros guias. Quem são eles? São os que têm a missão de pais, professores, patrões, cientistas, sábios ou filósofos, que vos orientam no mundo, traçam novos rumos ao progresso e vos proporcionam salário para a manutenção do vosso lar.

Aqui são médicos, dentistas, advogados ou engenheiros, que restabelecem a vossa saúde, defendem os vossos direitos ou edificam a vossa moradia protetora. Mais além, outros vos beneficiam mediante o seu mister de sacerdote, pastores evangélicos ou doutrinadores espíritas. Há ainda, na estrada da vossa vida, outros assistentes meritórios, os quais, embora classificados como de nível social um tanto inferior, eles merecem, igualmente, o "diploma" de missionários pois servem à coletividade enfrentando tarefas que os intelectuais, os sábios e os ricos não são capazes de desempenhar. Tais missionários anônimos são os que atendem aos serviços rudes de abrir valas e desobstruir esgotos, são os que varrem as ruas e os que, sem máscaras protetoras a resguardar-lhes os pulmões, recolhem o lixo e os detritos imundos que jogais fora todos os dias.

Que seria de vossa vida sem a abnegação desses irmãos humildes que, seja em dias de primavera ou debaixo de um inverno tormentoso, ei-los, como soldados vigilantes, desincumbindo-se de tarefas que a maioria recusaria desempenhar?

Por conseguinte, no vosso próprio mundo também há espíritos-guias idênticos aos que existem do "lado de cá". Assim, conjugando vossas ideias com eles, no sentido de esclarecer e orientar os espíritos (encarnados), que se encontram perturbados, estais, na realidade, realizando um intercâmbio de assistência moral idêntico ao que se processa nas vossas sessões espíritas.

PERGUNTA: — Embora concordemos com vossas considerações, há, em nós, uma ansiedade irreprimível de nos pormos em contato direto com os nossos guias e protetores do plano invisível, razão do nosso interesse pelas sessões mediúnicas. Que dizeis?

RAMATÍS: — Respeitamos esse vosso anseio, mas lembramos não deveis relegar a um plano secundário o dever de dispensardes uma assistência ativa aos espíritos "vivos", que surgem no vosso caminho, dominados por distúrbios psíquicos que os transformam em vagabundos, alcoólatras, boêmios, prostitutas, doidos e aleijados que suplicam a vossa ajuda. Mais além, nas penitenciárias, ser-vos-á fácil doutrinar o malfeitor, o ladrão, o assassino, todos eles necessitados de orientação e exemplos redentores. Esses transviados, embora distantes das venturas do Bem, também são vossos irmãos e precisam que os ajudeis a integrarem-se na vida humana sem terem de ser segregados da coletividade.

Os delinquentes, por mais criminosos que tenham sido, não podem ficar enjeitados do vosso auxílio e caridade, pois os vossos guias e protetores espirituais também vos toleram e amam apesar dos desatinos e dos pecados que cometestes em existências anteriores e também na que viveis atualmente.

O amor verdadeiro e desinteressado não requer lugares nem horas especiais para ser praticado a contento, pois o vosso mundo, com o sofrimento da sua humanidade torturada, é, igualmente, um vasto campo de serviço redentor para vós próprios.

6. Aspectos singulares das sessões mediúnicas

PERGUNTA: — As sessões espíritas que realizamos na Terra são sempre assistidas pelos espíritos bons?

RAMATÍS: — Indubitavelmente a presença e a assistência dos bons espíritos nas sessões espíritas dependem muitíssimo das intenções e dos objetivos das pessoas que se propõem ao intercâmbio com o mundo invisível. Mas, também, é certo que todas as criaturas já vivem acompanhadas pelas almas que lhes são afins a todos os seus atos e pensamentos. Assim, os homens regrados e generosos também simpatizam e atraem as boas companhias do "lado de cá", cujas almas, quando em vida física, já viviam afastadas das paixões degradantes e dos vícios perniciosos. No entanto, os maldosos, corruptos ou viciados, transformam-se em focos de atração dos espíritos gozadores, maquiavélicos e mal-intencionados.

Deste modo, quando as pessoas reúnem-se em torno da mesa espírita ou mesmo no terreiro para o intercâmbio com o mundo oculto, elas já definem, de antemão, quais serão as entidades ou os companheiros espirituais que lhes farão companhias nos labores mediúnicos. Em verdade, durante a sessão mediúnica os encarnados ouvem diretamente as opiniões, sugestões e roteiros que, em geral, já recebem pela via intuitiva e são inspirados através da mente ou do coração durante a vida cotidiana.

Em consequência, não é a mesa nem o terreiro que fundamentam o tipo da presença espiritual ou da comunicação das almas desencarnadas, mas sim a própria conduta e os hábitos dos seus componentes é que asseguram a "qualidade" dos espíritos presentes.

PERGUNTA: — É verdade que nas sessões espíritas, as cadeiras que ficam vazias costumam ser ocupadas por espíritos desencarnados, como assistentes interessados nos trabalhos?

RAMATÍS: — Nas ditas sessões, o público invisível, às vezes é numeroso, comparecendo, especialmente, os espíritos que buscam lenitivo e consolo moral para seus sofrimentos. Porém, quando o ambiente não corresponde a objetivos superiores, também se apresentam entidades turbulentas e interessadas em perturbar os trabalhos.

PERGUNTA: — A sessão espírita benfeitora, destinada a assistência e doutrinação dos sofredores, é realmente protegida por uma equipe ou "guarda de segurança" espiritual, conforme asseveram os entendidos?

RAMATÍS: — A sessão de boa envergadura moral é protegida contra a invasão de espíritos desordeiros e proibida mesmo àqueles que não foram indicados para assistirem ao trabalho da noite. Nas vias de acesso ao recinto onde ela se efetua, os mentores distribuem guardas que impedem o ingresso a qualquer espírito de más intenções. Essa guarda também pode ser constituída pelos nossos irmãos silvícolas, obedientes e serviçais, que a serviço do Bem, formam cordões de isolamento em torno do local. Deste modo, as entidades de má-fé ou agressivas, postam-se a distância, evitando-se, assim, a projeção dos seus pensamentos maldosos ou fluidos magnéticos que perturbem a harmonia da sessão.

PERGUNTA: — Por que os doutrinadores, nessas sessões, costumam recomendar aos presentes que se concentrem bem, a fim de fortalecer a "corrente"? Que devemos entender por essa tão propalada "corrente"?

RAMATÍS: — É porque a segurança e eficiência dos trabalhos mediúnicos dependem essencialmente da harmonia e firmeza espiritual dos assistentes. O homem irradia forças benfeitoras ou nocivas segundo o grau do seu caráter e a natureza da sua pose mental. Assim, qualquer debilidade na faixa vibratória, devida ao mau pensar ou mau sentir, de alguns, é bastante para afetar o ambiente espiritual da reunião. Além disso, assim como há pessoas cuja presença influencia beneficamente o ambiente, há outras que lhe são nocivas. Isto depende da aura magnética de cada um. Enquanto a crueldade, os instintos agressivos e a sensualidade de Nero, Calígula, Gengis-Khan ou Torquemada deprimiam e intoxicavam o recinto onde eles estivessem, já, em sentido oposto, os que se aproximavam do amoroso Jesus sentiam-se contagiados por elevadas e sublimes emoções de alegria, bondade e encantamento espiritual.[6]

Em tais condições, a concentração espírita deve ser uma convergência de pensamentos lúcidos e sadios focalizados num objetivo superior, alimentada pelo otimismo, tolerância, perdão e ternura. Nas "sessões brancas" dos esoteristas, o mentor recomenda que os seus adeptos façam incidir os pensamentos vigorosamente sobre motivos agradáveis, como seja uma paisagem encantadora, numa flor colorida e orvalhada, ou nas figuras santificadas do Mestre Jesus.

Daí, o motivo por que o homem evangelizado é um ótimo cooperador nos trabalhos espíritas, pois a sua vida voltada ao Bem em todos os seus aspectos, faz que ele seja uma criatura em permanente sintonia com os espíritos bons.

PERGUNTA. — Podereis elucidar melhor quanto aos efeitos dessa "sintonia"?

RAMATÍS: — É evidente que se vos puserdes a pensar (em torno da mesa espírita), na caça, na pesca, em palhoças ou cocares em breve atraireis para junto de vós os espíritos sintonizados a tal faixa vibratória, ou seja, os índios, caboclos, caçadores primitivos e infantis. Sintonizando-vos aos temas vulgares, em breve vos ligais mentalmente as criaturas dessa mesma predileção, da mesma forma que a especulação filosófica de natureza superior termina convocando os pensamentos dos sábios, dos filósofos e dos cientistas elevados. A evocação das cenas lúbricas ateia desejos torpes e vos afina

---

6 N. do Revisor: Vide a excelente obra *Estudando a Mediunidade*, de Martins Peralva, cap. III, "Problemas Mentais", p. 22, edição da Livraria da Federação Espírita Brasileira.

à mesma faixa vibratória em que vivem as pessoas acostumadas a esses hábitos lascivos. Nestes casos, distanciais-vos imediatamente dos vossos guias espirituais, pois vivendo em diapasão muito elevado, eles não podem interferir a vosso favor, assim como o raio do Sol não consegue penetrar no vaso de barro.

PERGUNTA: — *A maioria dos espíritas assegura que há grande interesse dos espíritos malfeitores desencarnados em acabarem com as sessões espíritas mediúnicas, a fim de enfraquecer a obra do espiritismo. Isso é verdade?*

RAMATÍS: — Os centros espíritas podem falir ou ser "desmanchados" pelos seus próprios componentes "vivos", sem mesmo haver interferência dos "mortos", pois a vaidade, a obstinação, o amor-próprio, a ignorância, o ciúme ou a rivalidade entre os dirigentes e médiuns também liquidam as agremiações invigilantes. Nos centros espíritas ou terreiros desavisados da realidade espiritual é muito comum o conflito personalístico e a competição entre os seus próprios componentes, onde os neófitos tentam superar os velhos, ou estes petrificam-se de maneira teimosa em suas ideias e empreendimentos conservadores.

Os candidatos a médiuns, em geral, procuram suplantar em suas comunicações tíbias a conceituação lisonjeira dos veteranos tarimbados no intercâmbio com o Além. Assim, alguns dos novos, em sua pressa e afoiteza de sobrepujar os demais, carreiam as maiores tolices e incongruências para a seara espírita, à guisa de importantes revelações do Alémtúmulo, sob o nome de algum falecido de alto gabarito no mundo terreno. Essa preocupação ingênua de impressionar o público e o rebuscamento de um palavreado altiloquente, coisa muito comum entre os médiuns neófitos, às vezes, dá margem para que os espíritos mistificadores aproveitem-se para comunicar futilidades e distorções doutrinárias, no sentido de confundir e abastardar a própria filosofia espírita.

Aliás, os médiuns fascinados pelos maus espíritos são sempre os últimos a identificarem sua situação ridícula e as circunstâncias censuráveis com que se expõem aos demais companheiros.

Doutra feita, o centro espírita petrifica-se num clima lúgubre ou severo em extremo, porque o doutrinador ou demais responsáveis são criaturas irascíveis ou excessivamente puritanas. Escovados pela própria experiência, identificam a malícia no mais sadio humorismo e apontam o "pecado" no menor descuido do próximo. Sentenciosos e pessimistas anatematizam todo o bulício do jovem, a música moderna trepidante, o futebol e os excessos emotivos, os bailes da juventude e irritam-se ante a algazarra das crianças sadias.[7] Em sua implicância, predispõem no centro espírita o ambiente de constrangimento, preocupações e temor entre os seus componentes, cerceando-lhes todas as iniciativas e labores que ajustam a doutrina às novas descobertas e aos esforços espiritualistas dos demais.

Eis por que não é muito difícil para os espíritos falaciosos e maquiavélicos semearem a discórdia, o descontentamento ou o fracasso nos empreendimentos espiritistas improdutivos, onde a mesa-redonda da boa vontade é substituída pela vontade discricionária e teimosa dos dirigentes obtusos, teimosos e egoístas, adversos a qualquer movimento que modifique o ranço conservador. Deste modo prestam um "desserviço" à doutrina esclarecedora de Kardec, produzindo um antifraternismo que além de cercear o progresso frutifica o desânimo, afasta os entusiastas e os idealistas.

PERGUNTA: — Mas não é verdade que certos espíritos desencarnados pretendem liquidar com as reuniões mediúnicas e os centros espíritas porque isso lhes enfraquece suas empreitadas diabólicas?

RAMATÍS: — Realmente, as falanges das sombras envidam todos os esforços para destruírem as atividades benfeitoras que tentam esclarecer o homem quanto à sua verdadeira responsabilidade espiritual. É óbvio que a criatura terrena esclarece-se à medida que se desprende das faixas vibratórias dos espíritos viciosos e afeitos a toda sorte de paixões degradantes.

---
7 N. do Revisor: A propósito dessa necessidade da criatura humana expandir o excesso de sua vitalidade moça, e, também, da atitude excessivamente severa dos "velhos" conservadores, recomendamos a obra *Missionários da Luz* cap. II, "A Epífise", p. 23, quando o autor inicia a alínea, dizendo: "Segregando unidades de forças..."

Assim que o homem assume a consciência de seus atos, controlando suas emoções e pensamentos, é indubitável que ele também se liberta da condição de um "repasto vivo" das entidades desencarnadas afeitas a todas as torpezas e aberrações. Em consequência, as falanges das sombras realmente combatem com fúria as atividades espiríticas, na Terra, porque o espiritismo firma suas bases libertadoras no próprio Evangelho do Cristo, isto é, no mais avançado conjunto de leis siderais de salvação do homem encarnado. Os adeptos ou crentes nas religiões dogmáticas do mundo, em geral, buscam nos seus templos ortodoxos os sedativos que lhes afrouxam a musculatura espiritual. Atentos às palavras do pastor, do sacerdote ou líder evangélico, hipnotizados às rezas e aos cânticos coletivos, tais fiéis retornam aos seus lares vivendo a sensação eufórica de que se libertaram de suas mazelas e pecados da vida cotidiana.

O altar, pela tradição, desde o velho Egito, é o ponto de convergência e atenção de todos os presentes à cerimônia religiosa; ali se congregam os eflúvios magnéticos indesejáveis. Por isso, na antiguidade, os altares eram construídos do melhor cedro, árvore conhecida como um dos melhores campos vegetais condutores de eletricidade, servia proveitosamente para o melhor êxito da magia religiosa da época.

A suntuosidade, o exotismo ou a disciplina exigida nas reuniões e cerimônias das igrejas católicas, templos protestantes e casas reformistas ajudam os adeptos a retornarem para seus lares certos da limpeza dos seus pecados. Não importa se outros novos pecados serão cometidos na próxima semana, pois o refúgio de suas mazelas e dos seus equívocos estender-lhes-á os braços, no domingo vindouro, mediante a prédica do pastor sentencioso ou do sacerdote que os absolve novamente.

No entanto, os espíritas aprendem, já de início, que nenhuma cerimônia, sacerdote ou compostura religiosa os salvará dos pecados cometidos; e que só a reforma íntima, a modificação da conduta e o espírito regrado lhes proporcionará melhor futuro. Os seus pecados são os efeitos de suas mazelas, sandices e crueldades do passado; a sua redenção não se fará dentro de um templo luxuoso, aos pés de um sacerdote, mas pela libertação decisiva das paixões e dos vícios humanos, ou seja, destruindo em si mesmos o terreno mórbido pecaminoso, que os liga às esferas ocultas das entidades malfeitoras.

Em consequência, o movimento espírita é mais perseguido e odiado pelos "mentores das Trevas" porque os seus adeptos não sublimam seus pecados semana após semana, sob a agradável impressão de transferirem-nos para o sacerdote ou pastor, que depois há de acertar-se com Jesus ou com Deus.

Um centro espírita funcionando à base do Evangelho do Cristo é um reduto salvacionista, onde os seus frequentadores imunizam-se contra as investidas dos planos inferiores. Ali, os seus participantes recebem estímulos energéticos para ajustarem-se à vida superior e porem-se a salvo das investidas das Sombras. O ensinamento não é feito à base de "obrigações religiosas", mas principalmente sob o esquema do "dever" e da "responsabilidade" pessoal. Enquanto as religiões dogmáticas "frenam" as paixões dos seus fiéis, confundindo a solução do problema pecaminoso com o seu temporário impedimento, o espiritismo ensina e requer uma libertação consciente, lenta e demorada, se for preciso, mas "definitiva". A vida atual é a revelação positiva do negativo da existência finda; o sofrimento humano é a retificação do desvio antiangélico. Não há injustiça nem privilégio; "a cada um, segundo suas obras"! É resolução pessoal, individual e intransferível a qualquer sacerdote ou pastor.

Deste modo, a doutrina espírita é realmente um estorvo para as intenções maquiavélicas dos "maus espíritos"; interessa-lhes minar as bases sadias que ensinam o homem a libertar-se das paixões e dos vícios num esforço particular e definitivo. No entanto, um centro espírita só se desmancha, realmente, quando os destruidores do Além-túmulo podem infiltrar-se no seu seio através das paixões e das impertinôncias dos seus próprios componentes. Eles então exploram a vaidade, o ciúme, a rivalidade e o amor-próprio de todos, até levá-los ao atrito, à separação e ao estagnamento doutrinário.

PERGUNTA: — *Há fundamento na explicação de que certos centros espíritas ou terreiros são protegidos pelos espíritos trevosos?*

RAMATÍS: — Pois se os espíritos "das sombras" perseguem e tentam aniquilar os centros espíritas onde prevalece o Evangelho do Cristo, é óbvio que eles prestam seu apoio e incentivam todos os esforços, reuniões e agremiações espiríticas ou de Umbanda, onde os conceitos possam ser deformados e ridicularizados. Deste modo, os mentores do astral inferior recomendam aos seus tutelados que assistam os trabalhos mediúnicos de baixo nível moral, onde a tolice, o ridículo, a vaidade e o interesse mercenário constituem um verdadeiro "desserviço" à linhagem iniciática do espiritismo. Acresce, ainda, que muitas criaturas adulteram as funções da mediunidade, entregando-se a trabalhos anímicos de umbanda, semeando sandices e truncando a realidade espiritual, à guisa de um serviço mediúnico superior. As comunidades do astral inferior fazem o seu estacionamento nos centros espíritas e terreiros nos quais só domine a ansiedade do fenômeno espetacular, em vez da "auto-redenção". Ali estiola-se o espírito de iniciativa, desvirtua-se o discernimento espiritual e cresce o descuido para com a responsabilidade espiritual do ser.[8]

PERGUNTA: — Em geral os espíritas atribuem aos sacerdotes católicos desencarnados a primazia de "desmanchar" os centros ou reuniões espiríticas. Isso tem fundamento?

RAMATÍS: — Não há dúvida de que existe do "lado de cá" um grande movimento sustentado pelo Clero Romano, no sentido de tolher as atividades do espiritismo; e trata-se de iniciativa comandada pelos maus sacerdotes, isto é, por aqueles que, na Terra, já viveram vida corrupta e censurável no seio dos próprios templos. Foram homens que, em vez de cumprir com dignidade os propósitos assumidos para com a Igreja Católica, só buscaram no mundo os gozos e os benefícios ilícitos protegendo-se pela santidade das vestes sacerdotais. Quando encarnados, foram prejuízos vivos contra a própria comunidade a que pertenceram, porquanto desmentiam o trabalho santificado e útil das almas excelsas que

---

8 N. do Revisor: Vide a obra *Nos Domínios da Mediunidade*, cap. XXVII, intitulado "Mediunidade Transviada", à página 226, em que o autor focaliza muito bem esse assunto da "proteção" dos legados das sombras nos trabalhos espíritas de natureza inferior.

cumpriam seus votos religiosos sob a inspiração do Cristo. A Igreja Católica não é responsável por esses trânsfugas, que no Além-túmulo continuam a macular suas vestes sacerdotais em perseguição ao espiritismo, pois é dessa mesma Igreja que surgiram as figuras sublimes de um Francisco de Assis, Vicente de Paulo, Terezinha de Jesus, Dom Bosco, Antônio de Pádua, Padre Damião e outros, cuja vida foi um hino de beleza e amor ao próximo.

Como o rótulo não modifica o vinho azedo e o hábito não faz o monge, esses maus padres seriam perversos, ambiciosos ou imorais, em qualquer setor de atividade humana a que se devotassem. Deste modo, eles sempre estariam operando no "lado de cá", não somente contra o espiritismo, mas também contra qualquer instituição espiritualista que se devote a melhorar o padrão espiritual do homem.

Em verdade, a classe sacerdotal indigna do próprio templo religioso em que conviveram na Terra, possui, no Espaço, vasta agremiação e movimentos destinados a destruir na Crosta qualquer esforço de caráter espiritual superior. Dirigem-nos os gênios "maus" das "Trevas" e atacam qualquer reunião ou centro espírita que lhes facilite o ensejo demolidor; infiltram-se no seio dos trabalhadores descuidados e solapam as bases sadias das atividades construtivas, procurando incentivar a vaidade e promover a confusão entre os seus participantes. Quando logram comandar algum organismo mediúnico menos vigilante, destacam-se pelas comunicações pomposas e pela verborragia oca, apresentando-se com o nome de homens famosos ou de criaturas já santificadas.

Inescrupulosos, sarcásticos e por vezes inteligentes, de longo tirocínio no campo da astúcia, eles conseguem infiltrar-se entre os espíritas neófitos, que ainda se entusiasmam pelo fenômeno, muito antes de buscarem sua modificação espiritual. Quando logram estabelecer a discórdia, a desconfiança e o choque personalístico entre os membros de uma agremiação espírita, então, eles a destroem depois de rompida a segurança espiritual mantida pelos protetores do Alto.

PERGUNTA: — *Qual é a forma que os espíritos benfei-*

tores comprovam a boa ou má "concentração" dos espíritas nas suas reuniões mediúnicas? Porventura os pensamentos se fotografam, no ar, em torno dos mesmos?

RAMATÍS: — As criaturas humanas emitem raios de luzes tão intensos ou débeis conforme lhes seja a natureza dos pensamentos e dos sentimentos. Durante as palestras cujo assunto é inferior, fescenino ou agressivo, as auras dos homens tingem-se de cores escuras, que vão desde o vermelho-sanguíneo, o verde-ardósia, o cinzento-oleoso até o preto depressivo. No entanto, se o assunto em foco é de ordem elevada, no qual se conjugam os princípios elevados do espírito, então fulguram as cintilações luminosas dos seus autores e atraem para junto deles entidades que procuram o contato humano no sentido de ampliar o serviço do Cristo no orbe terráqueo.

Em consequência, as pessoas que se reúnem em torno de uma mesa espírita com o objetivo de efetuar um trabalho mediúnico, espargem suas luzes conforme seja o seu caráter espiritual, porquanto o volume de sua luminosidade corresponde exatamente ao grau de sua natureza psíquica. A conexão de luzes que se faz entre as irradiações das auras de todos os participantes também compõem uma "aura de força" ou de segurança espiritual, baseada no grau e na capacidade espiritual de concentração. Enquanto se estabelece uma "corrente de força" impregnada de elementos vitais e magnéticos dos presentes, que em seguida casam-se aos fluidos dos espíritos desencarnados, produz-se a emanação terapêutica, que beneficia, suaviza e mitiga o sofrimento dos próprios espíritos sofredores, ali presentes.

É evidente que as pessoas corruptas, de mau viver e vítimas das paixões escabrosas não conseguem manter o "tônus vital" necessário para sustentar uma concentração de boa estabilidade mediúnica. Em tal caso, as comunicações dos espíritos não se efetuam com a devida exatidão, mas deixam dúvidas e desconfianças, tanto pelo excesso de animismo dos médiuns, como em face do nível espiritual de quem as efetua.

PERGUNTA: — Os médiuns que trabalham em reuniões espíritas de bom quilate espiritual são atendidos ou forta-

lecidos antes das mesmas, pelos seus protetores, a fim de cumprirem um serviço útil e proveitoso? Ou não há necessidade de qualquer assistência espiritual para as suas tarefas mediúnicas?

RAMATÍS: — É evidente que o médium não é apenas uma peça viva mecânica, que deve funcionar inconscientemente durante o seu trabalho de intercâmbio conosco; acima de tudo ele é espírito imortal e senhor da bagagem pregressa que incorporou em vidas anteriores. Tratando-se de criatura de responsabilidade pessoal definida na existência cotidiana, ele também é obrigado a manter o seu lar e cumprir os deveres sociais para com as demais criaturas do mundo físico. Por isso, ele é socorrido e examinado antes de qualquer trabalho mediúnico, de modo a não comprometer a tarefa coletiva no instante de sua maior necessidade psíquica. No dia do seu trabalho mediúnico, as entidades benfeitoras procuram afastá-lo dos ambientes nocivos, eliminar-lhes os pensamentos grosseiros e aproximá-lo das criaturas benfeitoras, estimulando-lhe os sentimentos e propósitos espirituais superiores.

Quando se trata de um médium de bons propósitos e objetivos louváveis, os técnicos do "lado de cá" assistem-lhe tanto ao metabolismo físico como ao equilíbrio da sua natureza psíquica. O seu sistema nervoso recebe o controle médico do Espaço, a fim de funcionar a contento durante a comunicação com o Além; o sistema glandular é examinado e estimulado na produção de hormônios capazes de compensarem o gasto de energias psicofísicas durante a tarefa mediúnica. Aliás, cada célula do homem é um organismo à parte, que exige certo combustível para funcionar a contento; no campo físico pode isso ser compensado com o magnetismo, mas no campo espiritual só o Amor é o alimento eletivo das células da alma.

PERGUNTA: — Como é que o guia executa a sua tarefa no momento de comunicar os seus pensamentos? Ele interpenetra a organização física do médium ou só lhe movimenta os centros nervosos no sentido de cumprir a sua missão espiritual junto aos encarnados?

RAMATÍS: — Em geral, o espírito comunicante senta-se

junto ao médium, enlaça-o com o braço esquerdo e, com o direito, cobre-lhe o cérebro acionando-lhe o campo da memória perispiritual, a fim de lograr maior acervo e recursos na tradução dos seus pensamentos. Sem dúvida, ele tudo faz para evitar as imersões do subconsciente do médium, pois deste modo, a sua mensagem ficaria algo truncada ou perturbada nos momentos de maior ressalte espiritual. Aliás, o espírito comunicante procura sintonizar a sua luz mental irradiada da epífise perispiritual, com a luz mental que também aflora da epífise física do médium. Ele procura efetuar uma combinação, a mais lúcida possível ou homogênea, a fim de facilitar ao médium transmitir com suas próprias palavras as ideias que ventila no contato perispiritual.

No caso da psicografia o plexo braquial do médium é o ponto visado pelo espírito comunicante, pois quanto mais ele puder agir livremente por esse centro nervoso, mais lúcida e nítida também é a sua mensagem espiritual psicografada.

PERGUNTA: — Há muitos espíritos que desejam comunicar-se em cada sessão mediúnica, ou os médiuns podem ficar inativos por falta de comunicantes desencarnados?

RAMATÍS: — O resultado dos trabalhos mediúnicos depende fundamentalmente da quantidade e da capacidade dos médiuns participantes, pois do "lado de cá" é muito comum existir maior quantidade de espíritos para comunicarem-se com os vivos, do que o ensejo de médiuns disponíveis. No entanto, nos trabalhos sensatos e protegidos, as oportunidades são distribuídas de modo a favorecer mais o bem coletivo do que atender as solicitações pessoais. Quando há médiuns em quantidade razoável, os espíritos também podem tratar de assuntos de natureza mais particular, ou lhes é possível dirigirem-se direta e familiarmente aos presentes nas suas mensagens mediúnicas. No entanto, quando apenas existe um só médium em condições favoráveis para a comunicação do Além, os mentores do trabalho orientam o comunicante para só cuidar de assunto de interesse coletivo e evitar as particularidades.

Eis o motivo por que as sessões mediúnicas de mesa, em geral, não oferecem ensejos de comprovações pessoais, enquanto as comunicações costumeiras situam-se na craveira comum de todos os dias ou, quando muito, não passam de exortações e assuntos de ordem geral. O médium fica obrigado a estender-se em considerações de âmbito coletivo e evitar a preferência pessoal, pois isso implicaria em desserviço aos demais frequentadores.

PERGUNTA: — *É certo que os alcoólicos, o fumo e a carne prejudicam o desenvolvimento mediúnico?*

RAMATÍS: — Alguns médiuns creem que a função mediúnica nada tem a ver com a sua maneira de viver fisicamente. Por isso, abusam da carne nas mesas lautas, escravizam-se completamente ao fumo e encharcam-se ingerindo corrosivos alcoólicos. Não importa se é a bebida caríssima do rico ou a cachaça tradicional do pobre; o seu fundamento é sempre o álcool perigoso e corrosivo à contextura sensível do ser. É quase impossível a criatura lograr o domínio de faculdades incomuns, quando ainda permanece jungida aos liames dos vícios e das paixões mais atrofiantes. Não pode produzir resultados satisfatórios aquele que vai para a mesa espírita com o ventre excessivamente empanturrado de vísceras animais, vertendo alcoólicos à guisa de um alambique vivo ou exsudando fortemente o cheiro acre do charuto ou do "palhinha" babado de saliva. Acontece que o ato de intercambiar com as entidades superiores ou de fornecer fluidos terapêuticos aos enfermos é um momento incomum na vida do ser, o qual merece um pouco de atenção, disciplina e renúncia de quem o efetua. A tal caso também se ajusta o conceito evangélico de que "não se acende uma vela a Deus e outra ao Diabo".

Se não fora a assistência benfeitora dos espíritos encarregados de dissolverem os fluidos que se geram em tais imprudências, então seriam de pouco resultado as reuniões de intercâmbio mediúnico com o mundo astral. Os candidatos a médiuns procuram as revelações de alto gabarito e o domínio de faculdades incomuns, mas quase sempre continuam cultivando as aberrações de suas vidas, que lhes embotam a sensibilidade psíquica.

PERGUNTA: — *É verdade que, durante as sessões de*

Elucidações do Além

sofredores ou doutrinações de espíritos perturbados, deve-se evitar a presença do público?

RAMATÍS: — Já dissemos que a mente é a base de todas as atividades do espírito na matéria, e tanto cria os quadros mórbidos que afligem o homem, como as cenas agradáveis que despertam o júbilo no próximo. Durante os trabalhos de esclarecimento de espíritos infelizes e habitantes do astral inferior, os circunstantes se prendem aos quadros que estão sendo descritos pelos comunicantes, e assim cada um interfere conforme sua índole, seu temperamento ou condições psíquicas, seu otimismo ou pessimismo. A entidade que ali se encontra vivendo momentos de aflição, sente agravar-se o seu sofrimento ante os fluidos perturbados e animalizados do médium e das pessoas presentes. Isso a desajusta no ritmo consolador a que o doutrinador a conduz, uma vez que ela sente-se mais "materializada" num campo de forças de natureza inferior.

Acresce, ainda, que a exposição de acontecimentos dolorosos do infeliz comunicante desencarnado desperta toda sorte de sentimentos heterogêneos no público indisciplinado, e por esse motivo o trabalho mediúnico decai em sua frequência vibratória, enfraquece na segurança psíquica e, assim, facilita a interferência de outras entidades maldosas. Considerai que a própria confissão dos pecados do homem ao sacerdote é feita de modo sigiloso, no confessionário, ao abrigo das indiscrições alheias, na forma de uma contemporização piedosa para com os equívocos da vida física.

PERGUNTA: — Há importância na questão de horários para se iniciar ou terminar os trabalhos mediúnicos ou reuniões espíritas?

RAMATÍS: — É óbvio que nas reuniões mediúnicas nos centros espíritas de bom teor espiritual a assistência do "lado de cá" também é de natureza superior. Em consequência, os espíritos que desempenham as tarefas de socorro espiritual são entidades serviçais, benfeitoras e laboriosas, cujo tempo lhes é precioso, em face dos seus outros compromissos no ambiente do plano astral.

Eles vivem onerados por tarefas espirituais de vulto e

dividem os seus minutos num programa de ação proveitosa a desencarnados e encarnados. Deste modo, se iniciais os vossos trabalhos mediúnicos a esmo e sem cumprir o horário programado, é evidente que estareis desperdiçando o valioso tempo desses vossos amigos do Alto, por fazê-los esperarem inutilmente e retardar-lhes tarefas preciosas.

Daí a necessidade de se cumprir o horário programado para iniciar e terminar as sessões mediúnicas, a fim de que os vossos protetores desencarnados possam dar cumprimento a suas tarefas espirituais programadas para outros locais e atender outras obrigações. Aliás, o problema de pontualidade no Espaço é levado a sério, pois quanto mais responsável é o espírito, mais severo e correto ele é em seus compromissos.

PERGUNTA: — *Que se deve fazer com as pessoas que se apresentam todos os dias nos centros espíritas, rogando a oportunidade de desenvolvimento mediúnico?*

RAMATÍS: — Nem todas as pessoas que se apresentam às reuniões espíritas com o fito de desenvolver sua mediunidade a conselho de outros, são realmente médiuns ou requerem esse desenvolvimento imediato. Já dissemos que muitos confundem manifestações fisiológicas com faculdades mediúnicas; doutra feita trata-se de enfermos; precisam mais de assistência espiritual, do medicamento, do passe e do conselho, do que mesmo de sentar-se à mesa espírita para fenomenologia mediúnica.

É de pouca valia o desenvolvimento mediúnico na criatura que ainda não exercitou a paciência, não desenvolveu a bondade, nem perdoou os seus adversários; e ainda é intrigante, caprichosa ou ociosa. Sem dúvida, tal médium há de ser um tropeço entre aqueles que levam a sério sua responsabilidade mediúnica e desejam aproveitar todos os momentos disponíveis para o seu engrandecimento espiritual. Algumas vezes os candidatos a médiuns confundem hipersensibilidade mediúnica com a sua própria irascibilidade, descontentamento, amor-próprio, ressentimentos ou mau gênio, atribuindo aos espíritos desencarnados a culpa de suas próprias mazelas espirituais.

Deste modo, aqueles que se apresentam nos centros ou

nas reuniões espíritas buscando o desenvolvimento mediúnico, em primeiro lugar devem avaliar o seu grau de paciência, tolerância, renúncia e perseverança em assistir os trabalhos mediúnicos, para então auferir os conhecimentos ali divulgados, corrigir sua conduta moral e afeiçoar-se aos demais conhecimentos do Espiritismo. É indubitável que o médium não poderá beneficiar o próximo, se antes de tudo recusa-se ao burilamento interior, à leitura espiritista e afasta-se do contato benfeitor com os espíritos bons.

Os passes magnéticos, as vibrações amorosas dos espíritos guias e as relações incessantes com os componentes dos grupos espiritistas sempre ajudam o candidato a médium a recuperar-se das perturbações espirituais e assim sentar-se à mesa espírita para o devido desenvolvimento mediúnico. Daí, pois, a conveniência do mesmo fazer um pequeno "estágio" de reconhecimento e afinidade para com o grupo de pessoas a que vai submeter-se num serviço de intimidade espiritual, onde suas qualidades e seus defeitos virão à superfície atraídos pelas condições hipersensíveis do meio espírita. A mediunidade é como o "fio d'água" avançando lentamente por entre os escolhos da superfície do mundo, mas encorpando-se e tornando-se cada vez mais útil e generoso, tanto quanto exercita-se no esforço de se "desenvolver" até o curso do rio benfeitor.

PERGUNTA: — *Quais seriam as virtudes mínimas para um bom médium e um bom desenvolvimento mediúnico?*

RAMATÍS: — Desnecessário vos dizer que a bondade, a tolerância e a ternura são as principais virtudes que aproximam do médium os espíritos benfeitores e amorosos; no entanto, o mandato mediúnico ainda exige para o seu bom êxito outras qualidades que burilam e engrandecem a criatura no serviço cristão em favor do próximo. O médium deve ser sigiloso, discreto e perseverante, a fim de resguardar aquilo que por vezes lhe é transmitido de modo confidencial e que, por piedade, não deve ser divulgado. Sem dúvida, o estudo incessante das obras espiritistas formará a base segura do discernimento do médium, facultando o ensejo dele receber mensagens de entidades elevadas e condutoras de homens.

Quanto ao desenvolvimento mediúnico favorável, ele pede cuidados desde a alimentação até a higiene psíquica, porquanto a saúde psicofísica do candidato é fator preponderante na composição dos fluidos magnéticos e vitais que lhe alicerçam o intercâmbio mediúnico. Cumpre-lhe afastar-se dos ambientes viciosos, infestados de entidades malfeitoras e de baixos apetites do astral inferior; evitar os excessos alcoólicos e do fumo, assim como abster-se de alimentação carnívora. Os fluidos exsudados pela carne do animal sacrificado são de natureza mórbida, impregnados da angústia e do sofrimento. Misturam-se às vibrações sensíveis do espírito do médium e assim lhe obscurecem o campo magnético do contato perispiritual com os desencarnados de boa índole. Sob tal condição predomina o animismo do candidato em desenvolvimento, ou faculta a ação mediúnica dos espíritos zombeteiros ou turbulentos, que tudo fazem para impedir o crescimento dos ensejos que libertam a humanidade dos grilhões inferiores.

E, finalmente, o bom filho, bom irmão, bom esposo e bom cidadão, sempre há de ser um bom médium.

7. A responsabilidade e os riscos da mediunidade[9]

PERGUNTA: — *O médium pode ser considerado uma criatura anormal?*

RAMATÍS: — Anormal não é propriamente o termo, mas trata-se de um indivíduo incomum. É criatura inquieta, receptiva e algo aflita, que vive, por antecipação, certos acontecimentos. Sua hipersensibilidade perispiritual atua com veemência na fisiologia do sistema nervoso e endocrínico. Alguns são pacatos e sem qualquer característica excepcional, mas isso resulta de que a sua mediunidade é menos sensível no campo psíquico. Estão neste caso os médiuns sonâmbulos ou de efeitos físicos, cuja mediunidade é de caráter fenomênico, só identificada durante o transe.

PERGUNTA: — *Por que nem todos são saudáveis, apesar de cumprirem seus deveres mediúnicos?*

RAMATÍS: — Geralmente, o médium também é um espírito em débito com o seu passado e a faculdade mediúnica ajuda-o a redimir-se o mais cedo possível, no serviço espiritual em favor do próximo. A sua situação lembra as pessoas que, depois de arrependidas dos seus desbaratos, empreendem atividades benfeitoras, a fim de compensarem o seu passado turbulento. Então, além de suas obrigações cotidianas,

---

[9] Allan Kardec já tratou o assunto deste capítulo com bastante clareza e sensatez no cap. XVIII, denominado "Inconvenientes e Perigos da Mediunidade", do *Livro dos Médiuns*, assim como Ramatís também ventilou rápidos apontamentos na sua obra *Mediunismo*. No entanto, desejando maiores esclarecimentos desse assunto, efetuamos a Ramatís mais estas perguntas, seguindo o mesmo roteiro adotado por Allan Kardec.

sacrificam o seu repouso habitual e cooperam nas iniciativas filantrópicas, nos movimentos fraternos, atendendo a parentela pobre, aos amigos em dificuldades, aos presidiários e aos deserdados da sorte. Sob tal disposição, fundam instituições socorristas, participam de agremiações educativas e auxiliam sociedades de proteção aos animais.

Mas é óbvio que, apesar dessas atividades filantrópicas, os médiuns não se livram dos imperativos biológicos do seu corpo físico. Malgrado o seu esforço socorrista elogiável, e as atividades religiosas ou caritativas, também estão submetidos ao trabalho comum e sujeitos igualmente ao instinto animal e às tendências ancestrais da família terrena.

A sua faculdade mediúnica não é privilégio, nem os isenta das vicissitudes e das exigências educativas da vida humana. Em consequência, a saúde ou a doença não dependem especificamente do fato do homem ser ou não ser médium.

O espírito que já renasce na Terra comprometido com o serviço mediúnico, que o ajudará a reduzir o fardo cármico do seu passado delituoso, deve cumprir o programa que ele mesmo aceitou no Espaço. Deste modo, o espírito que em vida anterior zelou pelo seu corpo físico e viveu existência sadia, sem vícios de paixões deprimentes, obviamente há de merecer na vida atual um organismo sadio e de boa estirpe biológica hereditária, que lhe permita gozar boa saúde. Mas aqueles que, no passado, esfrangalharam o seu equipo carnal e o massacraram na turbulência viciosa, gastando-o na consecução dos apetites inferiores, esses terão um corpo físico cujas funções orgânicas são precárias.

O médium, portanto, em face de sua sensibilidade psíquica enfrenta uma existência mais gravosa do que o homem comum, cumprindo-lhe cuidar desde a alimentação, assim como sofre mais facilmente os efeitos das alterações climáticas. Além de sua saúde física ser frágil, ele sofre mais intensamente os dissabores e as preocupações da vida humana, pois o seu psiquismo é demasiadamente excitável.

PERGUNTA: — O médium é um missionário?

RAMATÍS: — Ele não é um missionário, na acepção exata da palavra. Salvo raras exceções, o médium é um espírito devedor comprometido com o seu passado. Assim, a sua faculdade mediúnica é um ensejo de reabilitação concedido pelo Alto, no sentido de acelerar a sua evolução espiritual.

Portanto, além de se dar cumprimento aos deveres inerentes à dita faculdade, terá de enfrentar também as contingências que a vida impõe a todos, pois os problemas que lhe dizem respeito só podem ser solucionados e vencidos mediante a luta e não pela indiferença ou preguiça, nem pela ajuda dos seus guias, pois estes somente ajudam os seus pupilos quando eles fazem jus pelo esforço próprio.

Quando o médium se empenha em dar fiel cumprimento à sua tarefa mediúnica e enfrenta as adversidades da vida com estoicismo e resignação, neste caso, "do lado de cá", há sempre uma equipe de espíritos beneméritos que o amparam a fim de lhe tornar mais fácil vencer os obstáculos da sua jornada.

Porém, quanto à sua função de "ponte viva" entre o setor invisível e o vosso mundo, é grande a sua responsabilidade, pois além de tratar-se de um encargo que ele mesmo aceitou antes de reencarnar, a mediunidade é um ministério ou contribuição de esclarecimento destinada a esclarecer as consciências, sendo, pois, um serviço a favor da própria humanidade.

A função do médium assemelha-se à do carteiro, o qual, embora seja a peça de menor destaque na correspondência entre os homens, caso ele se recuse a cumprir a função de entregar as mensagens aos destinatários, semelhante negligência constitui uma falta bastante grave. Em tais condições, desde que se rebele contra a sua obrigação ou se escravize a vícios e paixões que prejudiquem e inutilizem a sua tarefa mediúnica, então será vítima dos espíritos das "Sombras" e, por sua culpa, enfraquece o serviço libertador do Cristo.

No entanto, o médium laborioso e desinteressado, disposto a vencer todos os obstáculos, conseguirá transpor todos os empecilhos do mundo e até os que estão em si próprio, pois há casos em que o médium, apesar de aleijado e quase paralítico, mesmo assim, ele consegue reunir em volta do seu leito uma turma de irmãos dispostos a ouvirem a sua palavra fraterna e instrutiva, ligando todos à faixa vibratória e sublime da Vida Angélica, ou seja: embora esteja impossibilitado de dar passes, participar de trabalhos de "incorporação" ou passar receituário, mesmo assim, ele dá cabal desempenho à missão a que se obrigou.

PERGUNTA: — *O excesso de trabalho mediúnico prejudica o médium?*

RAMATÍS: — A fadiga, sem dúvida, resulta de um labor prolongado e varia de indivíduo para indivíduo, conforme a maior ou menor capacidade física de sua resistência. Aliás, o próprio pensamento, para se manifestar a contento, depende do consumo de certas energias que o ajudam a atingir o cérebro material. Assim, o médium, mesmo nos seus momentos de pura inspiração consome certa quantidade de energias neurocerebrais, porque a mais sutil mensagem inspirada pelos espíritos exige uma série de operações intermediárias algo fatigantes e fim de atingir a consciência física e depois manifestar-se na forma de palavra falada ou escrita.

O intercâmbio do nosso pensamento, embora vos pareça singelo, consome diversas substâncias energéticas da massa encefálica, produz certa desmineralização no sangue e reduz as cotas vitais-magnéticas da rede nervosa. O sistema endocrínico, por sua vez, também mobiliza os hormônios necessários para ativar as glândulas e movimentar as cordas vocais ou o braço do médium, a fim dele "falar" ou "escrever" aquilo que lhe inspiramos. A mais singela meditação do homem eleva e excita a sua tensão psíquica, mobilizando os elementos magnéticos do seu maquinismo carnal. Isto acontece mesmo que ele não sinta qualquer fadiga corporal.

Evidentemente, o intercâmbio mediúnico mais complexo exige maior consumo de energias do homem para o êxito dessa operação psicofísica, de alta intensidade e sob o comando do mundo oculto.

No entanto, a intensidade do cansaço ou fadiga, no homem, também se manifesta de acordo com a resistência biológica e o controle emotivo da sua tensão mental.

Em consequência, o médium que se entrega à atividade mediúnica, com sua mente descontrolada, embora ainda permaneça sob a proteção dos espíritos amigos e benfeitores, nem por isso eles podem livrá-lo da contingência das leis físicas que lhe disciplinam as atividades biológicas. Aliás, o Alto não exige do ser humano a carga de um "fardo" maior do que suas costas. A faculdade mediúnica não é uma proposição atrabiliária, mas a oportunidade compensativa para o espírito endividado quitar-se consigo mesmo. O médium desleixado, negligente, rebelde, ou que se exceda nos seus labores mediúnicos, agrava os seus equívocos de vidas anteriores.

PERGUNTA: — É sensato a criatura ser médium e desistir de exercer a mediunidade pela insuficiência de suas condições físicas, emotivas, financeiras e até morais?

RAMATÍS: — Tais médiuns demonstram que não estão cônscios de sua responsabilidade espiritual. Em verdade, eles nascem comprometidos para um serviço excepcional a favor do próximo, além de sua própria redenção e isso é escolha feita livremente antes deles ingressarem na carne. Imprudentemente, muitos esquecem esse compromisso severo e entregam-se a todos os caprichos e vícios próprios do homem comum. Deste modo, atravessam a existência terrena na figura do caçador de emoções e aventuras censuráveis, enquanto subestimam a mediunidade que lhes pesa à conta de um fardo insuportável.

Embora sejam portadores de mensagem incomum, vivem presos aos preconceitos e às convenções tolas da sociedade terrena, pois transitam pelo mundo material escravos das minúcias e das futilidades mais tolas. Olvidando a responsabilidade da faculdade mediúnica, vivem inconscientes do seu próprio destino espiritual elevado. Em tais condições, negligenciam o seu labor mediúnico e desperdiçam tempo precioso entre companhias censuráveis e nos ambientes viciados. Quais antenas vivas, de maus fluidos, terminam saturados pelo desânimo, pessimismo e pela desconfiança, completamente derrotados diante das vicissitudes humanas.

São médiuns que encerram sua existência na condição de elementos improdutivos, gastos e desesperançados. Excessivamente onerosos para o Alto, mesmo quando atendem ao mais singelo serviço mediúnico, eles exigem junto de si, a todo momento, a presença de espíritos técnicos e cooperadores, que lhes devem cuidar da saúde periclitante, afastá-los dos lugares perniciosos e guiá-los às boas ações. Em verdade, até para fazerem o Bem, falta-lhes o senso e a iniciativa própria.

No entanto, assim que se sentem higienizados pelos bons fluidos do Além e assistidos pelos seus guias, eis que novamente relaxam sua vigilância e defesa psíquica, para retornarem às mesmas condições perniciosas anteriores. E assim, o recurso mais prudente a ser providenciado pelo Alto é o de afastá-los definitivamente do serviço mediúnico ativo, pois em caso contrário serão vítimas da superexcitação nervosa que ainda lhes causará coisa pior.

Aliás, quanto ao médium doente ou perturbado a sua cura positiva ou o exercício mediúnico sadio depende mais dos recursos sublimes da oração, da boa leitura espiritualista, assim como da frequência a reuniões de caráter evangélico. Desde que, aflito e enfraquecido física e psiquicamente, tente os trabalhos mediúnicos, há de sentir-se mais agravado pela sua excitação mediúnica. Daí a necessidade de reconfortar-se no orvalho sedativo do Evangelho do Cristo. Além disso, deve atender à sua saúde física abstendo-se de bebidas alcoólicas, condimentos excitantes, entorpecentes e de sedativo ingerido a granel para anestesiar a dor ínfima. Em caso contrário, será criatura assediada pelos espíritos de glutões, gozadores e fesceninos, uma vez que o médium é porta aberta em permanente contato com o Invisível.[10] Deve cultuar vida saudável e correta, que lhe preserve o corpo físico dos excessos esportivos violentos, cujas emoções dão motivo a desperdício do seu magnetismo terapêutico.

Sem dúvida, a luta do médium para sobreviver no mundo físico é bem mais intensa e sacrificial do que a existência do homem comum, que apenas atende às contingências instintivas de cuidar da prole, que é fruto do cumprimento da lei do "crescei e multiplicai-vos". Aliás, quando o médium retorna ao Além, ele já se dá por muito satisfeito, caso tenha desempenhado um mínimo de dez por cento do programa a que se

10 N. do Revisor: Recomendamos a excelente comunicação do espírito de Irmão X, inserta na revista *O Reformador* de julho de 1963, p. 147, intitulada "Médiuns Espíritas", que serve de importante advertência a todos os médiuns.

Elucidações do Além 59

comprometeu e foi elaborado pelos seus mentores siderais.

PERGUNTA: — A mediunidade poderá causar a loucura? Aliás, este problema foi abordado pelo próprio Allan Kardec, no "Livro dos Médiuns".

RAMATÍS: — Isso depende de certas circunstâncias. O espírito reencarnado na Terra não pode isolar-se completamente das contingências inerentes ao próprio meio, em que o indivíduo, na sua vida de relação, está sujeito a hostilidades e emoções que lhe afetam o equilíbrio psíquico.

É óbvio que o exercício da mediunidade pode causar a loucura ao homem, desde que ele a exerça de modo insensato e ultrapasse o limite fixado no programa elaborado pelo seu espírito antes de sua encarnação. O médium precisa agir com muita prudência na vida física, a fim de não confundir sua responsabilidade mediúnica com os acontecimentos naturais da vida material. Embora ele esteja protegido pelos amigos desencarnados que lhe endossaram a tarefa mediúnica na Terra, eles não podem impedi-lo de modificar sua vida, quer tomando rumos inesperados perniciosos, assim como tomando decisões insensatas, que o levam à loucura por ultrapassar o limite de sua segurança espiritual.

PERGUNTA: — Poderíeis explicar-nos melhor esse assunto?

RAMATÍS: — Sabeis que os ascendentes biológicos hereditários da carne conservam em sua intimidade, em estado latente, os germes de taras, vícios, estigmas e enfermidades como a sífilis, morfeia ou tuberculose, inclusive os reflexos das alienações mentais sofridas pela geração ancestral. No conteúdo sanguíneo do homem permanecem os vírus morbígenos de sua linhagem hereditária; e quando se apresentam condições eletivas, eles proliferam além de sua quota normal ou inofensiva, podendo ferir o sistema neurocerebral.

Durante os estados de debilidade orgânica muito acentuada e ainda agravados pelo bombardeio incessante das paixões violentas, como ódio, ciúme, inveja, raiva, perversidade e outras emoções indisciplinadas, o homem também desenvolve em si um clima "psicofísico" negativo, que facilita o desenvolvimento de certas coletividades microbianas patogênicas já existentes na sua intimidade sanguínea. Portanto, a loucura não é propriamente fruto do exercício da faculdade mediúnica, mas sim, uma consequência da predisposição mórbida do tipo orgânico do próprio homem. Quer ele seja médium ou não, também poderá enlouquecer, desde que ultrapasse o limite de sua resistência biológica, quaisquer que sejam as causas.

Embora se trate de um compositor, matemático, pintor, filósofo, escritor ou líder religioso, desde que atue além do limite de sua resistência psicofísica, pode se tornar um alienado mental. Há gênios que findaram sua existência transformados em paranoicos, esquizofrênicos e até psicóticos furiosos. Cellini, depois de gravar no metal as imagens dinâmicas da própria vida, apunhalava os transeuntes, à noite, de tocaia; Dostoievski sofria de ataques epiléticos; Maupassant, num acesso de loucura, cortou a garganta e morreu mais tarde, indiferente a tudo; Nietzsche, durante dez anos, perambulou pelos asilos de alienados; Van Gogh cortou a orelha, num momento de insânia, e a enviou de presente à amada, findando sua vida terrena com um tiro no corpo; Schumann, notável compositor, atira-se ao Reno, é salvo pelos amigos e internado num hospício, onde acabou seus dias. Edgard Allan Poe sucumbe arrasado pelo álcool e tendo visões infernais. No entanto, isso aconteceu sem que eles fossem médiuns espíritas, mas sim, por exercerem atividades tensas e de emotividade contínua, as quais, superexcitando-lhes o íntimo da alma, terminaram por afetar-lhes o equilíbrio dos órgãos cerebrais. Desgovernaram-se pelo excesso de elucubrações mentais quanto aos problemas complexos da ciência ou da arte superior que lhes empolgava o espírito. A agudeza, a vivacidade que os dominava para expressar as suas emoções, terminaram por destruir-lhes a saúde e prejudicar o intercâmbio pacífico com o mundo oculto. Contudo, é evidente que o gênio não se lhes extinguiu na alma imortal. Essa centelha divina, após a morte física, retornou ao seu equilíbrio, pois os conhecimentos adquiridos, com vista a um ideal superior, jamais se perdem, pois são um patrimônio do próprio espírito.

PERGUNTA: — *Ainda em decorrência das próprias*

indagações de Kardec, no "Livro dos Médiuns", poderíeis dizer-nos se há algum inconveniente em se desenvolver a mediunidade nas crianças?

RAMATÍS: — A mediunidade é como a flor; deve desabrochar no momento próprio e não em estufa. Quando se desenvolve prematuramente, sob estímulos catalisadores ou exercícios medianímicos de contatos insistentes com os desencarnados, isso superexcita a sensibilidade psíquica da criança e causa-lhe distúrbios orgânicos. Acresce, ainda, que muitos fenômenos mediúnicos assemelham-se aos acontecimentos da fisiologia humana tais como a esquizofrenia, a paranoia, a histeria e certos complexos freudianos.

É imprudência provocar-se o desenvolvimento mediúnico da criança, mesmo quando julgamos tratar-se de um médium em potencial. O organismo infantil é delicado e bastante influenciado pelo fervilhamento das forças biológicas que ainda consolidam-lhe o maquinário neurocerebral. As suturas, os contornos da carne de criança para a formação de sua figura humana, ainda dependem fundamentalmente das trocas simpáticas entre átomos, moléculas, células e fibras, cujo ritmo só se estabiliza depois da puberdade quando o menino se torna em homem e a menina se transforma em mulher. A excitação psíquica inoportuna, as impressões mentais dramáticas, os choques emotivos ou as comoções imprevistas tendem a alterar-lhes a segurança nervosa e podem causar--lhes desarmonias organogênicas, cujos reflexos prejudiciais afetarão a estrutura íntima do perispírito, ainda parcialmente afastado do corpo físico.

Daí concordarmos com Allan Kardec, quando o Espírito da Verdade lhe responde sobre o desenvolvimento mediúnico das crianças: "Os pais prudentes devem afastar as crianças das ideias ou assuntos prematuros mediúnicos, embora divulguem-lhes os ensinamentos morais". (Livro dos Médiuns; cap. XVIII, pergunta 6).

PERGUNTA: — Mas não existem crianças médiuns, cuja mediunidade avançada lhes permite superarem as atividades mediúnicas dos próprios adultos?

RAMATÍS: — Dissemos, há pouco, que a mediunidade

é como a flor, exigindo o cultivo só no momento propício do seu desabrochar. É óbvio que a criança, quando portadora de fenômenos incomuns, por faculdade mediúnica espontânea, ela os exerce como um fato inerente à sua própria pessoa, mas sem sofrer angústias ou aflições. Tal como ela ri, canta e salta, também os produz sem esforço e espanto; para si é manifestação natural de sua própria constituição ancestral. É acontecimento que ela não discute, nem guarda prevenções, pois até os considera próprios da criatura humana. Muitas crianças narram acontecimentos miraculosos sem demonstrar espanto ou receio; mesmo as visões psíquicas, que elas identificam, ainda as consideram como um fato natural à sua existência física. Em consequência, depois de adultas, terminam por relacionar os fenômenos medianímicos que viveram espontaneamente na infância ligando-os então aos postulados doutrinários do Espiritismo, mas sem considerá-los indesejáveis ou frutos de distúrbio mental.

Aliás, o intercâmbio mediúnico é serviço de grave responsabilidade espiritual e, sem dúvida, de pouco sucesso, quando entregue ao menino ou à menina, que ainda vivem sonhos românticos e impulsos festivos, sem os compromissos próprios dos adultos. Evidentemente não se recomenda entregar a direção de fatigante indústria ao menino impulsivo, ou o comando da cozinha de um pensionato à menina que ainda se preocupa com as bonecas.

8. Considerações sobre as sessões mediúnicas no lar

PERGUNTA: — Que nos dizeis dos trabalhos mediúnicos que são realizados exclusivamente nos lares, em vez de o serem nos centros e nas instituições espíritas? Há algum inconveniente ou prejuízo nisso?

RAMATÍS: — O que realmente atrai os bons espíritos é a conduta moral e a harmonia psíquica das criaturas; e não os recintos onde sejam realizadas as sessões mediúnicas. Mas não é muito conveniente efetuarem-se trabalhos mediúnicos no ambiente doméstico, salvo as reuniões de estudos evangélicos ou doutrinários espíritas, em intercâmbio com os espíritos benfeitores e esclarecidos. As vibrações da oração e o assunto sublime do evangelho de Jesus são balsâmicos e confortadores, podendo beneficiar os próprios desencarnados aflitos e perturbadores, que ali compareçam sob o controle das entidades superiores. Os trabalhos mediúnicos liderados pelos temas evangélicos, no recinto doméstico, são do gosto dos espíritos bons, que tudo fazem para manter a harmonia e o entendimento cristão entre os seus moradores. Os próprios miasmas psíquicos que se enquistam durante o dia no ambiente do lar, atraídos pelos desentendimentos comuns da família, desintegram-se sob o impacto vigoroso da prece e da força crística que se evola do culto aos ensinamentos do Cristo-Jesus.

Mesmo que se dê muito valor ao fenômeno mediúnico,

que impressiona, deslumbra ou convence, mas nem sempre converte, a reunião no lar não pode prescindir da oração e da leitura do Evangelho do Mestre, em cujos clarões alimentam-se os postulados do Espiritismo. Ninguém ainda doutrinou o homem de modo tão fácil e compreensivo quanto Jesus, cujos ensinamentos, da mais alta filosofia espiritual, exerceram os seus efeitos terapêuticos até nos corações empedernidos. As sessões espíritas, no recinto doméstico, desde que se orientem pela palavra do Sublime Amigo, transformam-se em extraordinários recursos de doutrinação espiritual para os infelizes espíritos perturbadores, embora eles sejam dispensados de "falar" diretamente pelos médiuns.

PERGUNTA: — *Porventura as sessões mediúnicas de doutrinação e esclarecimentos de sofredores, realizadas nos lares, produzem efeitos tão positivos como os que se obtêm nos centros espíritas?*

RAMATÍS: — Os trabalhos mediúnicos no seio da família beneficiam grandemente os próprios parentes desencarnados, que porventura ainda se encontrem em dificuldades no Além e precisem ser assistidos no próprio ambiente onde viveram fisicamente. Mas nem sempre é conveniente promover no lar o desenvolvimento de médiuns, o tratamento de obsessores e o intercâmbio com as falanges perturbadas ou vingativas. As crianças, principalmente, são as mais sensíveis aos fluidos mórbidos, deletérios ou agressivos que os espíritos sofredores e perturbados disseminam no ambiente doméstico depois do intercâmbio mediúnico.

Elas ficam desassossegadas, impertinentes e temerosas, pois o seu perispírito, ainda bastante deslocado do corpo físico, sofre com mais violência os impactos mórbidos do mundo astral.

É evidente que a criança também possui o seu protetor espiritual atuando do "lado de cá" e que a protege desde o seu despertar até proporcionar-lhe o sono tranquilo. Mas, contudo, não é sensato sobrecarregar o trabalho e a vigilância dos guias pela atração imprudente de fluidos repulsivos ou doentios dos espíritos perturbados. Os chamados "quebrantos", torpores musculares e prostrações hepáticas, muito comuns na criança em sua primeira infância, nem sempre são frutos dos fluidos nocivos dos encarnados.

Não raro, trata-se da absorvência do fluido ruim que ainda flutua no ambiente doméstico depois da sessão agitada e mórbida, na qual se comunicaram almas sofredoras, desatinadas ou rebeldes. Malgrado o esforço e a abnegação dos guias para dissolverem em tempo os coágulos fluídicos, que, às vezes, permanecem à altura do cérebro, da região cardíaca ou hepatointestinal dos pequeninos seres, o seu padrão vibratório mais sutil os impede de exercerem uma ação direta mais eficiente. Então recorrem à intuição, aconselhando os encarnados a se socorrerem de passes ou benzimentos "corta fluidos", com os entendidos e principalmente com as vovozinhas ainda peritas em desmanchar o "quebranto" ou o "mau olhado".

Depois da sessão mediúnica de doutrinações de espíritos sofredores ou rebeldes, os seus fluidos mórbidos pairam estagnados no ar e ali ficam por algum tempo até serem dissolvidos pela frequência espiritual superior da família, ou então expulsos pelos técnicos do "lado de cá". Desde que é preciso higienizar o ambiente onde os espíritos de natureza superior farão depois seu intercâmbio mediúnico, a fim de evitar-se a saturação fluídica nociva, é evidente que depois dos trabalhos no lar angustiosos, violentos ou agressivos, de entidades "das sombras", ainda se torna mais urgente limpá-lo dos fluidos e miasmas que podem enfermar os seus moradores.

PERGUNTA: — Como se pode processar no ambiente doméstico essa estagnação fluídica e nociva, após as sessões mediúnicas atormentadas?

RAMATÍS: — Assim como o amor, a ternura, a humildade ou a pureza emitem ondas e fluidos que balsamizam, aliviam e curam, também o ódio, a revolta, o sofrimento e o desespero lançam dardos que mortificam e abatem aqueles que ainda são vulneráveis em suas defesas magnéticas. Eis por que, depois dos trabalhos evangélicos no lar, onde os pensamentos se produzem sob o conforto espiritual da fé inspirada pelo sentimento amoroso do Cristo, o ambiente doméstico permanece saturado de emanações balsâmicas, que alentam os bons propósitos e sugerem os assuntos sublimes entre os seus componentes. No entanto, após as comunicações torturadas, de espíritos sofredores ou revoltados, pairam no ambiente os resíduos fluídicos das explosões deletérias e mórbidas, que fluem no transcurso do intercâmbio mediúnico com os espíritos angustiados ou violentos.

Não vos deve ser desconhecida a impressão agradável que certas vezes vos atinge ao penetrardes numa residência modesta ou rica, ao sentirdes no ambiente a vibração suave de paz ou de otimismo que paira no ar. Doutra feita, ingressando em vivenda nobre e suntuosa, ornamentada com móveis luxuosos, decorações deslumbrantes e finos tapetes, eis que um fluido pesado e estranho se reflete, de modo opressivo, no vosso espírito. No primeiro caso, tendes o lar tranquilo e afetuoso, onde a família, afeita aos ensinamentos do Cristo-Jesus, intercambia sentimentos cristãos e vive em harmonia fraterna; no segundo, as contendas violentas, as amarguras, a revolta e o ódio entre os seus componentes geram os resíduos e os miasmas detestáveis que flutuam na atmosfera doméstica e causam mal-estar nos visitantes.

No lar onde a família não se harmoniza espiritualmente, é mais desaconselhada ainda a sessão mediúnica de espíritos sofredores, porque é mais difícil dissolver-se o lençol de fluidos mórbidos ou agressivos disperso no ambiente. Não é conveniente atrairdes certas entidades malfeitoras, vingativas e capciosas, para serem doutrinadas no seio do vosso lar, como não ireis convocar os malandros da rua para discutirdes os seus problemas censuráveis à mesa de vossas refeições.

PERGUNTA: — Supomos, então, que os trabalhos mediúnicos de doutrinações de espíritos perturbadores devem ser feitos exclusivamente nos centros espíritas. Não é assim?

RAMATÍS: — Repetimos que o trabalho mediunico de sofredores, no lar, não é aconselhável, porque a maior parte das famílias o realiza sem ainda possuir o equilíbrio evangélico e a segurança espiritual, que eleve depois a frequência vibratória capaz de dissolver os fluidos mórbidos ou odiosos, os quais transformam-se em estímulos para maior desentendimento doméstico.

Elucidações do Além

Se Francisco de Assis fizesse sessões espíritas no seu lar, é óbvio que as nossas advertências não se refeririam a ele; Allan Kardec também realizou inúmeras reuniões mediúnicas em sua residência, sem que sofresse qualquer influência menos digna ou modificasse o seu temperamento e caráter equilibrado à luz dos conceitos evangélicos. A conduta, o sentimento e a lisura das ações de Kardec impunham respeito e temor aos próprios gênios "das trevas"; e esta defensiva moral é bastante discutível na maioria dos agrupamentos familiares terrenos.

Não resta dúvida de que na casa do obsidiado ou do médium em perturbação, tal advertência é inócua, uma vez que ali já existem o desequilíbrio e o transtorno pela presença contínua de almas infelizes ou vingativas. Reconhecemos a existência de certos trabalhos domésticos nos quais se consegue até a conversão de espíritos terrivelmente enfermos; mas os seus membros já fazem jus à assistência contínua e poderosa do Alto, que os imuniza contra as investidas do astral inferior e à toxicidade dos fluidos enfermiços.

PERGUNTA: — E que dizeis dos trabalhos mediúnicos realizados no lar onde a receita, o passe, a água fluidificada e o conselho são recursos convocados facilmente, mas para atender com exclusividade a toda a parentela?

RAMATÍS: — É sempre louvável que a família se reúna para o intercâmbio mediúnico, no seio do lar, em vez de viciar-se à jogatina doméstica, regada a rum, gim, vodca ou uísque fornecidos pelo "barzinho" de casa.

No entanto, os médiuns já desenvolvidos e com serviços determinados pelo Alto não devem estiolar-se em compromissos egoístas e exclusivos à família ou parentela interesseira, e que os explora à semelhança de um rico veio de ouro. Alguns médiuns imprudentes são prestimosos, solícitos e acodem prazenteiramente a participar das sessões na casa do famoso acadêmico, do político prestigioso ou do militar graduado, exaurindo-se em esforços para provar-lhes a sobrevivência da alma, a que eles opõem malicioso ceticismo.

Lastimavelmente, deixam-se dominar por um complexo messiânico de provar a imortalidade do espírito aos amantes do mundo de César e indiferentes ao reino de Cristo, negligenciando, porém, seu concurso às tarefas de esclarecimento espiritual de irmãos mais modestos. Os mais afoitos enfrentam noites chuvosas e frígidas para atender às indagações particulares e capciosas dos ricos curiosos, mas em noites enluaradas desculpam-se de visitar o tugúrio do operário pobre ou a choupana da velhinha analfabeta. O médium que realmente se devota aos objetivos fundamentais da doutrina espírita não deve distinguir, no socorro espiritual, o soldado ou o general, o pobre ou o rico, o analfabeto ou o sábio, a prostituta ou a dama, o delinquente ou o bom cidadão. E quando se entrega, incondicionalmente, às indagações excessivas por parte dos ricos de intelecto ou fartos de sensações, não demora a transformar-se numa espécie de "caixinha de perguntas indiscretas" daqueles que se interessam somente por assuntos ou problemas de ordem material.

Realmente, o trabalho mediúnico no lar pode transformar-se em uma etapa de progresso espiritual da própria família, assim como recurso doutrinário mais eficiente para os parentes desencarnados. Mas o serviço com o Cristo requer do médium a sua ação proveitosa no mundo profano, cooperando com o medicamento, o passe, a água fluidificada e o conforto espiritual em favor das criaturas que realmente procuram a paz espiritual e o conhecimento de si mesmas.

PERGUNTA: — *Conhecemos alguns trabalhos mediúnicos realizados exclusivamente no lar, em que vários dos seus familiares desencarnados reajustaram-se e livraram-se de suas perturbações no Além, graças à doutrinação que lhes foi proporcionada pelos seus parentes ainda encarnados. Que dizeis?*

RAMATÍS: — Todo trabalho mediúnico de intuito benfeitor é serviço louvável e cooperação às tarefas dos guias espirituais, os quais vivem onerados pelo imenso serviço de socorro aos espíritos perturbados no mundo astral. Mas é preciso que os componentes das sessões mediúnicas domésticas, que tanto podem esclarecer os parentes desencarnados como outros espíritos em perturbação, não prescindam do estudo e do contato com os irmãos mais experimentados a fim de conseguirem resultados mais seguros e proveitosos.

Os grupos familiares que se acomodam ingenuamente aos ensinamentos habituais e se entregam com displicência à orientação exclusiva do guia da casa ou do médium principal da família, indiferentes ao conhecimento e à experimentação progressiva da doutrina espírita, terminam por estagnar-se num intercâmbio mediúnico anímico e improdutivo. A inexperiência doutrinária e a falta do mínimo conhecimento da psicologia humana quase sempre terminam por escravizar os membros da sessão doméstica à influência absoluta do animismo incontrolável do médium principal. Então a fantasia otimista substitui a veracidade espiritual das comunicações, especialmente quando se referem aos parentes desencarnados.

PERGUNTA: — Podereis exemplificar-nos melhor essa situação?

RAMATÍS: — É de senso comum que a família terrena, além de fortemente sentimentalista, ainda é apegada aos preconceitos e às tradições ancestrais. O ladrão de cavalos que faz parte da família do nosso vizinho antipático, é sempre um ladrão de cavalos; porém, quando ele é nosso parente, alegamos que se trata de um aventureiro, um boêmio, cuja vileza e desonestidade causam até humorismo.

Em consequência desse orgulho de raça, o parente desencarnado, ou seja a "prata da casa", malgrado esteja enfrentando sérias dificuldades espirituais no Além-túmulo, geralmente "baixa" na sessão espírita da família alegando saudade ou algum incômodo de breve duração, mas sempre com alguma "luz" que já mereceu no Espaço. Os seus defeitos, a sua avareza ou egoísmo censuráveis, que manifestou na vida carnal, desaparecem miraculosamente.

E então, acontece o seguinte: aqui, o esposo desencarnado, que foi administrador corrupto e homem sensual, perseguidor de donzelas, baixa pela esposa-médium, que no seu animismo sentimentalista o julga amparado pelos espíritos do Alto, afirmando que em vida praticara inúmeros atos bons e fizera a caridade ocultamente; ali, o negociante impiedoso, egoísta e avaro, que só atendia ao conforto e à suntuosidade da família, mas retinha o pagamento do mísero operário ou penhorava os bens da viúva pobre, "incorpora", manifestando virtudes ou sentimentos que não possui; acolá, o filho perdulário, viciado e indiferente à luta heroica dos progenitores terrenos, manifesta-se pela médium-parente afirmando que a sua rebeldia filial resultava de maus espíritos que o perseguiam. A família espírita, mas de poucas letras e ignorante dos mais rudimentares princípios da psicologia, acredita, ingenuamente, que a morte do corpo é salutar banho miraculoso, capaz de modificar instantaneamente os espíritos faltosos e imperfeitos. Julga que as portas do céu entreabrem-se festivamente para os seus parentes, embora eles tenham sido pecadores empedernidos, pois há de descobrir-lhes as virtudes ocultas e ignoradas, aflorando depois da desencarnação. É muito difícil convencer os terrícolas de que eles são os únicos responsáveis pelos seus atos, cumprindo-lhes sofrer os efeitos bons ou maus após a morte. Não conhecemos, no Além, qualquer processo de magia capaz de atear fulcros de luz no coração daqueles que ainda não souberam apurar o sentimento crístico no contato com o mundo material.

Diz um provérbio hindu, que "o pecado do vizinho é virtude em nossa casa", motivo pelo qual os médiuns participantes de trabalhos mediúnicos no seio do lar ainda se deixam dominar pelo falso sentimentalismo que minora sempre o passado pecaminoso do parente desencarnado.

Não há dúvida de que, para a família, o resfriado do caçula é acontecimento bem mais importante e trágico do que a tuberculose que devora o filho alheio. Mas o certo é que o fenômeno corriqueiro da morte física não estabelece privilégios nem produz milagres extemporâneos, pois aqueles que atravessam a vida terrena cometendo estrepolias condenáveis pelas leis espirituais, embora o otimismo dos encarnados depois lhes atribua virtudes ignoradas, hão de permanecer perturbados no Além e destilando os venenos psíquicos que tenham movimentado contra si mesmos.

Malgrado nas sessões mediúnicas familiares os médiuns descubram louvores e dons espirituais desconhecidos nos seus parentes desencarnados, estes não se eximem de colher os frutos podres das sementes daninhas que tenham semea-

Elucidações do Além 71

do na existência física. E nada é mais constrangedor e desairoso para os espíritos desencarnados, do que ouvirem louvores e serem agraciados com atributos santificados, quando ainda sentem na alma o fel amargoso de suas próprias vilezas morais e mazelas espirituais.

9. Recursos energéticos dos guias, junto aos encarnados

PERGUNTA: — *Quais são os recursos mais eficientes que os espíritos "guias" adotam para desviar os seus protegidos dos vícios, das paixões e dos prejuízos espirituais?*

RAMATÍS: — Os guias, às vezes, também se servem dos próprios espíritos inferiores, permitindo que eles perturbem seus pupilos encarnados, no sentido de afastá-los, com urgência, de caprichos ou atividades prejudiciais à sua integridade espiritual. Em tais casos, eles agem com severidade, sem o sentimentalismo comum dos pais terrenos ante os filhos indisciplinados, entregues a hábitos que lhes são bastante nocivos.

São recursos drásticos, mas sensatos e prudentes, com o intuito salutar de impedir os seus protegidos de participarem da aventura pecaminosa, transações desonestas ou paixões perniciosas. Então os mentores espirituais recorrem aos fluidos agressivos e por vezes enfermiços dos espíritos sofredores ou primários, a fim de reter no leito de sofrimento as criaturas imprudentes, que não lhes ouvem as intuições benfeitoras. E quando se faz necessário providenciam até o aci dente corretivo como recurso de urgência para interromper as atividades nocivas e evitar que os seus tutelados vão adiante em quaisquer objetivos nocivos a terceiros e a si próprios.

Embora essas providências drásticas dos guias vos pareçam um tanto violentas e impiedosas, o seu objetivo ou finalidade é obrigar as criaturas imprudentes a afastarem-se dos meandros do mal, evitando-lhes maiores prejuízos ao espírito já comprometido no passado.

PERGUNTA: — Poderíeis elucidar-nos melhor quanto aos efeitos proveitosos desses recursos drásticos utilizados pelos guias?

RAMATÍS: — Embora considereis algo censurável a mobilização de recursos violentos por parte dos espíritos benfeitores, no sentido de impedirem os seus protegidos de praticar atos comprometedores a si mesmos, eles compensam pela disciplina que impõem e se justificam pelos seus resultados benéficos. Porventura limpais as gorduras das vidraças com água destilada, ou o fazeis, com êxito, pelo ácido e sabão? Não é o ácido muriático o melhor produto químico para limpar as pedras encardidas e o nitrato de prata mais eficaz para cicatrizar as feridas virulentas? Assim, sob o mesmo princípio, lançam mão de meios enérgicos, enfraquecendo até a integridade física dos seus pupilos, quando eles são refratários a todas as sugestões para livrá-los dos vícios, das paixões destruidoras ou de empreitadas perigosas. Deste modo, precisam imobilizá-los através do sofrimento, no leito de dor, a fim de que se desviem do pecado e não lhes aconteça coisa pior.

Muitas criaturas frequentam os centros espíritas apenas para se livrarem do "encosto" de espíritos atrasados, que lhes tolhem a liberdade de ação e as impedem até de gozar os prazeres mais comuns. Elas se queixam de perseguições invisíveis de "velhos adversários" do passado, mas ignoram que, às vezes, se trata de uma providência salutar adotada pelos seus próprios guias, no sentido de preservá-las de maiores prejuízos. Os espíritos inferiores em serviço voluntário e sob o comando dos seus mentores, praticam os seus "encostos" aplicando fluidos opressivos ou incômodos, que funcionam à guisa de um "freio moderador" sobre os encarnados. Não se trata de qualquer processo obsessivo, mas apenas de uma interferência compulsória sobre os homens imprudentes, que tem como objetivo reduzir suas atividades nocivas.

Subjugados pela carga dos fluidos entorpecentes dos espíritos inferiores, as criaturas deixam de comparecer a aventura extraconjugal censurável, faltam à jogatina viciosa e evitam os ambientes prostituídos onde domina o tóxico alcoólico. Elas sentem-se desanimadas, febris e buscam o leito de repouso, completamente indispostas ou impossibilitadas para acompanhar as libações dos companheiros. É óbvio que nem sempre o "encosto" é recurso providenciado pelos guias em favor dos seus tutelados, pois também pode ser fruto do processo obsessivo comandado pelos espíritos "das sombras". Mas, em ambos os casos, os fluidos incômodos ou agressivos desaparecem na sua ação indesejável, assim que as vítimas acertam sua "bússola espiritual" a objetivos sadios e benfeitores.

Também não importam o prestígio, a responsabilidade ou a cultura do homem do mundo, pois tanto enferma entre lençóis confortáveis o rico e feliz, quanto o pobre, entre os trapos da cama tosca. Até os anjos podem usar de métodos ríspidos, mas de proveito espiritual, assim como os pais severos, ante o filho rebelde que não atende aos seus conselhos, resolvem adotar providências mais rigorosas e eficazes. Esses recursos drásticos e violentos, embora criticáveis em sua aparência, muitas vezes evitam que os encarnados ingressem na senda criminosa que poderia atirá-los no cárcere, impede-os da aventura que lhes macularia o nome benquisto, evita-lhes a união ilícita com a mulher prostituta ou afasta-os do negócio desonesto e de agravo contra terceiros.

O saneamento, portanto, não se refere propriamente ao corpo transitório mas, em particular, ao espírito eterno, isto é, ao cidadão sideral. Atinge o homem rico, formoso e culto, assim como a criatura ignorante e coberta de andrajos.

PERGUNTA: — *Cremos que por meio desses recursos drásticos mobilizados pelos guias, como a enfermidade ou o acidente de sentido educativo, as criaturas visadas não melhoram, de modo algum, ante o socorro médico ou ante a interferência do médium. Não é assim?*

RAMATÍS: — Realmente, nesse caso é bem mais importante e preferível permanecer doente o corpo físico, do que adoecer o espírito na prática de atividades condenáveis. O sofrimento físico pode findar-se com a desencarnação, enquanto a saúde arruinada do espírito pode exigir alguns séculos para a sua recuperação benfeitora. Não importam a fama e o poder do médico, do curandeiro ou do médium no caso da doença disciplinadora, pois ela não cederá enquanto o espírito rebelde não modificar a sua conduta para melhor. A doença manifesta-se teimosa e insolúvel, porque atende a um processo redentor determinado pelo Alto, só regredindo depois que o enfermo de corpo se decide por uma vida útil e dedicada aos princípios regeneradores da vida imortal. No entanto, desde que seja da vontade dos guias, a cura será fácil e até miraculosa, pois nesse caso o doente tanto recobra a saúde com um copo d'água fluidificada prescrita por qualquer médium incipiente, assim como recupera-se através do chá de erva receitado pelo caboclo curandeiro.

É certo que o médium ou o curandeiro que logram esse êxito depois podem se tornar famosos, atraindo multidões inquietas e provocando verdadeiras romarias de enfermos e mutilados. O povo facilmente os considera dotados de poderes excepcionais e capazes de salvar as criaturas mais estropiadas. No entanto, não lhes tarda a decepção, porque se o moribundo salva-se por uma decisão espiritual superior, obviamente ele se recuperaria mesmo sem a presença do médico ou do curandeiro.

Às vezes, a enfermidade brusca e implacável lança os homens mais robustos e sadios no leito de dor, justamente, às vésperas deles prejudicarem o próximo pela aventura extraconjugal, pelo negócio ilícito ou pela empreitada política menos digna. Malgrado a sua inconformação e o seu abatimento moral, eles são obrigados a reconhecer a sua impotência ante o sofrimento redentor e a inutilidade da assistência médica. Em verdade, os valores definitivos do espírito eterno, e geralmente subestimados durante a saúde corporal, terminam por eclodir sob o guante da doença humilhante.

PERGUNTA: — Porventura os guias só conseguem afastar os seus pupilos do crime, dos vícios ou das paixões perigosas, providenciando o "encosto" de espíritos atrasados?

RAMATÍS: — Advertimos, mais uma vez, que não pretendemos generalizar quanto aos métodos e providências espirituais disciplinadoras mais em uso pelos guias. Só quando falham todos os recursos pacíficos, eles então convocam certos espíritos amigos e obedientes, embora de graduação primária e de fluidos até mortificantes, para atuarem nos seus pupilos encarnados rebeldes, e reprimirem as suas atividades censuráveis.

Infelizmente, ainda são raros os homens cuja conduta espiritual louvável lhes permite uma sintonia mais frequente com as faixas vibratórias espirituais da intuição pura. A instabilidade mental e emotiva, que ainda é muito comum entre as criaturas terrenas, isolam-nas das intuições salutares dos seus guias; motivo por que ainda fazem jus à disciplina corretiva e drástica capaz de estorvar-lhes os impulsos pecaminosos.

Conforme reza a tradição religiosa, o homem é inspirado à direita pela voz do anjo, que então o aconselha à prática de virtudes mais sadias, e, à esquerda, recebe a sugestão capciosa do mal, simbolizada na figura temível do Diabo mitológico. Assim, de um lado, ele recebe o convite angélico para renunciar em definitivo às ilusões da carne e alçar-se às esferas resplandecentes; do outro lado, o instinto animal ou Lúcifer exige-lhe a submissão completa ao mundo das paixões crepitantes e dos vícios sedutores, no sentido de impedir a fuga do espírito, que há tantos milênios ele domina.

Trava-se desesperado combate entre a "luz" e a "treva", entre o "espírito" e a "carne", pois no mundo oculto do ser, a personalidade humana impõe as suas algemas tirânicas, enquanto o espírito tenta a sua libertação definitiva. Os santos e os gênios podem explicar-vos isso, pois eles sentiram-se perturbados, exauridos e desalentados quando, em sua luta titânica, tentaram a vitória do espírito sobre o desejo animal. Embora a alma forje a sua consciência de "ser" ou de "existir" no Cosmo pela disciplina e coação educativa da matéria, paradoxalmente ela só consegue a sua libertação definitiva, depois que foi escrava dos instintos. E quando ele já é sensível à "voz silenciosa" de sua origem divina, então, dispensa o corretivo drástico do Alto alcançando sua felicidade só pelo convite angélico.

Elucidações do Além 77

PERGUNTA: — *Considerando-se que a alma humana é originária da essência angélica de Deus, por que ela não reconhece "instantaneamente" a sua consciência divina ou a sua posição exata e distinta no seio do Cosmo, uma vez que permanece indissolúvel e ligada ao Criador?*[11]

RAMATÍS: — Durante a eclosão da luz crística que se manifesta na intimidade de toda criatura, isto é, num processo endógeno ou de "dentro para fora", o espírito do homem deve aperceber-se do mistério de sua origem divina, mas sem surpresas, sem violência e a coesão de **conhecer-se a si mesmo**. Ele deve reconhecer e compreender o processo que o torna um "ser-indivíduo", à parte, no Cosmo, embora sem fundir-se com o Todo Criador, mas de modo gradativo e sem os hiatos desconhecidos. Seria um absurdo a consciência plena do homem ser-lhe revelada num passe de magia ou fruto de uma revelação integral e instantânea.

Desde que o espírito pudesse reconhecer-se instantaneamente como uma consciência global ou completa, marcando a sua verdadeira posição e distinção no seio de Deus, sem passar por um processo ou aprendizado espiritual gradativo, então os mundos planetários que compõem as escolas educativas jamais teriam razão de existir. No entanto, as almas dos homens são "entidades espirituais" virgens e diferenciadas no seio da própria Consciência Cósmica, que depois desenvolvem a sua consciência física e individual pelo acúmulo de fatos e das imagens vividas nas existências carnais ou nos intervalos de sua permanência no mundo astralino. A sua memória, no entanto, cresce e se amplia no infinito do tempo e do espaço, até consolidar-se num apercebimento consciente do ser-indivíduo, que dali por diante sente-se uno e inconfundível no seio do próprio Criador.

PERGUNTA: — *Quer nos parecer que as religiões então*

---

11 Nota do Médium: Esta pergunta é de autoria exclusiva de Ramatís, o que nos parece uma espécie de "teste" para ele auscultar a simpatia, o interesse e a reação dos leitores quanto a esse assunto algo complexo e iniciático, o qual é amplamente desenvolvido na obra *O Evangelho à Luz do Cosmo*, **EDITORA DO CONHECIMENTO**. Nesta obra Ramatís procura explicar-nos de modo minucioso, que o Evangelho de Jesus sintetiza, em suas leis morais, as próprias leis imutáveis que regem o equilíbrio e a dinâmica do Cosmo na mais perfeita correlação espiritual. Diz-nos ele, no preâmbulo, que se confiamos até agora no "que disse Jesus", chegou-nos a hora de indagarmos "por que ele o disse".

funcionam como um incentivo para o apressamento angélico, ou seja, para o mais breve apercebimento da consciência humana. Não é assim?[12]

RAMATÍS: — O verdadeiro sentido do vocábulo "religião",[13] na acepção panorâmica da ideia, significa, na verdade, a "religação" da criatura ao seu Criador. Todo o esforço que o homem efetua no sentido de aproximar-se ou assemelhar-se com Deus, é sempre um ato religioso porque o transforma e o eleva, isto é, o "religa" com seu Autor. Religião não é somente a ideia de um culto ou dever sagrado para com a Divindade, mas a mobilização dos recursos sublimes do próprio ser, para, então, gozar de maior intimidade com o seu Criador. O espírito do homem encontra-se "ligado" eternamente com Deus, fonte de que ele se originou e se alimenta. No entanto, apesar dessa "ligação" íntima e indestrutível, que o torna a miniatura portadora dos mesmos atributos da divindade, ele deve "reunir-se" ou "religar-se" com o Pai, ampliando e divinizando a sua consciência pelo entendimento completo da vida e pelo sentimento crístico incondicional.

Religião, enfim, identifica um estado de espírito superior do homem, quando ele procura realmente maior aproximação com a "verdadeira" natureza de Deus. A criatura pode ser profundamente religiosa sem fazer parte de qualquer seita, credo ou igreja ortodoxa, pois é bem grande a diferença do estado de religiosidade que "religa" o homem ao seu Criador, pela sublimação espiritual, em vez de participar de doutrinas ou agrupamentos de homens ligados pelos mesmos gostos e simpatias. Muitos santos e gênios viveram exclusivamente para o bem da humanidade, e, no entanto, não participaram de nenhum movimento sectarista religioso.

É tão forte e vibrante o sentimento de religiosidade no íntimo das criaturas, independente de qualquer compromisso doutrinário ou sectarista, que muitos pecadores transformaram-se e converteram-se ao Bem ou "religaram-se" ao Criador, depois da leitura de um livro comovente, da intuição

12 N. do Médium: Pergunta exclusiva de Ramatís, auscultando a impressão do leitor quanto a esse assunto bem desenvolvido em *O Evangelho à Luz do Cosmo*. Embora a pergunta anterior a esta pareça fugir do assunto da presente obra *Elucidações do Além*, ou do capítulo em foco, ambas são de profundo interesse de Ramatís, quanto às reações emotivas ou intelectivas dos leitores.
13 Religião, do verbo latino "religare".

do seu anjo da guarda ou da ternura benfeitora do próximo. Na profundidade de suas almas vibrou a ansiedade de aproximação ao Pai, e não o "medo" do castigo ou o dever sagrado de adorar a divindade. Entediados ou desesperados por uma existência falaz e tola, eis que um gesto, um olhar ou um convite os modificou completamente.

PERGUNTA: — *Poderíeis dar-nos alguns exemplos dessas transformações de criaturas pecadoras convertendo-se subitamente ao Bem?*

RAMATÍS: — Maria de Magdala despojou-se de suas joias e abandonou seu palácio principesco enternecida ante o primeiro olhar do sublime Jesus; e a Pedro bastou-lhe um singelo convite para seguir o Mestre: "Vem comigo, Pedro, e serás um pescador de homens!" Paulo de Tarso abateu o seu orgulho destruidor convertendo-se ao Cristianismo, ao ouvir em sua intimidade a voz terna de Jesus: "Paulo! Paulo! Por que me persegues?" O jovem príncipe Sakia Muni, confrangido ante o quadro trágico de um mendigo coberto de chagas, abandonou os seus tesouros e as glórias da corte de Kapilavastu, para tornar-se o Buda, o Iluminado Instrutor da Ásia e salvador de homens.

A Faísca Divina, quando eclode na alma humana num dos seus momentos de grande ternura ou sensibilidade espiritual, ateia o fogo renovador do espírito e transforma um "farrapo humano" num herói, ou um tirano num santo. Não importam os séculos e os milênios que já vivemos na matéria em contacto com a animalidade, no sentido de desenvolvermos a nossa consciência e enriquecermos nossa memória sideral. No momento oportuno de maturidade e progresso espiritual, o anjo que mora em nós assumirá definitivamente o comando do nosso ser.

PERGUNTA: — *Sob o vosso ponto de vista espiritual, qual é a melhor atitude que nos recomendais no trato da vida carnal, a fim de favorecermos o trabalho protetor dos nossos guias?*

RAMATÍS: — O homem eleva-se ou afina-se em espírito, tanto quanto ele purga os seus pecados, abandona os vícios ruinosos, domina as paixões perigosas e despreza os prazeres lascivos da carne. Deste modo, ele sintoniza-se às faixas espirituais superiores e pode então receber dos espíritos benfeitores a orientação certa e proveitosa para cumprir o seu destino educativo no mundo material. No entanto, não faltam ensinamentos espirituais adequados a cada povo terreno, pois em todas as latitudes geográficas ou regiões físicas da Terra sempre encarnaram entidades excepcionais, que se devotaram heroicamente a orientar o homem terreno para alcançar a sua definitiva Ventura Espiritual.

Buda instruiu os asiáticos, Hermes os egípcios, Krishna os hindus, Confúcio os chineses, Pitágoras os gregos, Zoroastro os persas, enquanto Jesus resumiu esses ensinamentos no seu admirável Evangelho; e Allan Kardec popularizou-os pela codificação espírita. Em linguagem simples e convincente, o espiritismo expõe a todos os homens ignorantes ou sábios os mais avançados conceitos de filosofia, técnica mediúnica e erudição espiritual, que resistiram galhardamente a cem anos de sarcasmo do academismo científico e de perseguição sistemática do Clero ciumento.

O hábito do Bem e a integração definitiva do homem nos preceitos evangélicos de Jesus, realmente despertam as forças criadoras da alma e a imunizam contra os ataques perversos e capciosos "das Trevas". Só a vivência espiritual superior permite ao homem ouvir a voz do seu guia vibrando na intimidade de sua alma, e assim dispensar os recursos drásticos e dolorosos que o Alto, às vezes, precisa mobilizar a fim de reprimir as suas atividades ilícitas e perigosas.

Os credos, as religiões, os cursos iniciáticos e as doutrinas espiritualistas ajudam o homem a distinguir a senda mais certa para sua ventura espiritual. No entanto, só a "auto-realização", a vivência em si mesmo dos ensinamentos evangélicos, é que lhe concedem o direito de morar nos planos paradisíacos. Depois de conhecer o programa superior, então cabe-lhe a responsabilidade de executá-lo em si mesmo na experimentação cotidiana, a fim de expurgar os resíduos da vida animal inferior que serviram de base à formação da sua consciência individual.

Assim, todos os momentos que o homem vive na face dos mundos planetários devem ser aproveitados na "auto-realização" superior, uma vez que já conhece o programa espiritual que conduz à felicidade.

As discussões políticas, religiosas ou desportivas; as atitudes rebeldes, obstinadas ou coléricas; a frequência habitual aos antros do vício e aos ambientes fesceninos; o anedotário indecente, o julgamento antifraterno, a cupidez, o ciúme, o ódio, a vingança, a hipocrisia ou a capciosidade, inclusive os "passatempos" tolos e dispersivos, são estados de espírito e condições humanas que baixam o nível espiritual do homem e o isolam da orientação certa do Alto.

Todo espírito tem o direito de buscar o clima que lhe é mais eletivo, mas é óbvio que há de sofrer, em si mesmo, os bons e os maus efeitos próprios do ambiente onde prefere viver.

10. Elucidações sobre o perispírito

PERGUNTA: — *Por que em obras anteriores de vossa autoria espiritual e de outros espíritos credenciados, o perispírito é definido como um elemento complexo, de estrutura fisiológica, sistemas e órgãos idênticos aos do corpo físico, quando Allan Kardec, no Livro dos Espíritos, o identifica na forma de um corpo vaporoso?*[14]

RAMATÍS: — Há cem anos, quando Allan Kardec codificou o Espiritismo, ele não podia fazer outra descrição do perispírito. Os espíritos mentores assim lhe notificaram, porque além de sua doutrina ser endereçada principalmente à massa comum, isso ocorria numa época de pouco conhecimento esotérico. Hoje, no entanto, é possível ao homem comum receber instruções sobre a verdadeira contextura do perispírito, porque ele já está familiarizado com as energias do mundo invisível reveladas pela ciência terrena, como raios X, ultravioleta, infravermelho, radioatividade, desintegração nuclear, ultra-sons, eletricidade, magnetismo, elétrons. Atualmente, já não se põe em dúvida a possibilidade de a matéria transformar-se em energia, nem da existência da

---
14 N. do Médium: Realmente, Allan Kardec, à página 84, pergunta 93 e capítulo I, "Espíritos" com o subtítulo "perispírito", da obra *O Livro dos Espíritos*, só menciona o seguinte: "Envolve-o (o espírito) uma substância, vaporosa para os teus olhos, mas ainda bastante grosseira para nós; assaz vaporosa, entretanto, para poder elevar-se na atmosfera e transportar-se aonde queira". É certo que no cap. "Manifestação dos Espíritos", no tema o "Perispírito, princípio das manifestações", da obra *Obras Póstumas*, Kardec estende-se um pouco mais sobre o assunto, mas sem as minúcias e a complexidade da verdadeira natureza do perispírito, conforme já o descrevem os esoteristas, rosa-cruzes, teosofistas e iogues.

fauna microbiana também invisível à vista carnal. Igualmente, também já se admite que muitas doenças tanto vêm do corpo como resultam dos desequilíbrios psíquicos, que a Medicina classifica como enfermidades neurogênicas.

Em sua época, Allan Kardec dirigia-se principalmente aos "não iniciados" no estudo esotérico, que ignoravam os conhecimentos secretos do mundo oculto e da vida espiritual, tais como a reencarnação, a Lei do Carma e a comunicação entre os "vivos" e os "mortos". Estas revelações esotéricas da doutrina espírita já sofriam ataques furibundos do Clero Católico e despertavam sarcasmos acadêmicos ortodoxos. Sem dúvida, ele e os espíritos seriam imprudentes se tentassem popularizar todas as particularidades e minúcias anatomofisiológicas do perispírito, assunto demasiadamente avançado para uma época de excessiva ignorância. Kardec teria de enfrentar a dúvida agressiva dos cientistas "são-tomés" e dos adversários religiosos dogmáticos; e isto estremeceria as raízes ainda frágeis do espiritismo.

Eis por que os espíritos mentores de Kardec não o incentivaram a empreender estudos e pesquisas mais profundos, quanto à verdadeira natureza do perispírito, limitando-se a classificá-lo como um corpo fluídico, simples e vaporoso. E assim, satisfazia às conjecturas da capacidade mental e do entendimento espiritual primário dos adeptos e dos profanos. Mais tarde, ele então o identifica melhor, dizendo ser "um corpo fluídico, cuja substância é tomada do fluido universal, ou fluido cósmico, que o constitui e o alimenta, como o ar forma e alimenta o corpo material do homem. O perispírito é mais ou menos etéreo, segundo os mundos e o grau de adiantamento dos Espíritos; é um órgão transmissor de todas as sensações", etc.[15]

PERGUNTA: — Considerando o perispírito como um "corpo vaporoso", conforme explica o "Livro dos Espíritos", qual é a natureza intrínseca do Espírito, isto é, a entidade que o comanda e governa?

RAMATÍS: — Explica o próprio Allan Kardec, em suas obras, o seguinte: "A Vida dos Espíritos é a espiritual, que

---
15 Vide *Obras Póstumas*, pp. 8 e 15.

é eterna; a corpórea é transitória e passageira, verdadeiro minuto na eternidade". O Espírito, portanto, é a entidade imortal, e sem forma de homem; enquanto o perispírito é o seu invólucro, ou seja, o seu corpo etéreo estruturado também com os fluidos mentais e astrais que o envolvem e dão--lhe a configuração humana. No dizer de Kardec, o Espírito é a "chama, a centelha ou o clarão etéreo", espécie de luz material, que se justapõe ou conjuga ao perispírito a fim de lhe ser possível baixar e ajustar-se a um mundo planetário sob a configuração de um corpo físico ou humano.

É evidente que se o Espírito é sem forma e assemelha-se a um clarão, centelha ou chama imortal, sendo o núcleo real da vida do homem, ele precisa de corpos ou elos intermediários que lhe facultem descer vibratoriamente até poder manifestar-se mediante o corpo carnal, na Terra. Esses corpos mediadores plásticos, que estabelecem a interligação do mundo espiritual com a matéria, são constituídos com a essência ou substância do plano físico em que o espírito tem de ingressar. Assim, o perispírito que, há cem anos, Kardec descreveu como um "corpo vaporoso", no intuito de evitar discussões que prejudicariam a doutrina espírita ainda no início de sua codificação, hoje já pode ser estudado em seus verdadeiros aspectos e detalhes, abrangendo a sua estrutura fisiológica ou orgânica.

Sabei que não existem distâncias "métricas" entre o reino do Espírito eterno e o mundo material, pois essa pretensa separação é apenas a diferença dos estados vibratórios de cada plano, entre si. Mesmo nesse instante em que vos ditamos estas palavras, vivíeis simultaneamente no mundo espiritual, mas ligados a um organismo carnal. Não é preciso ocorrer a vossa morte corporal, para sobreviverdes em espírito, pois na realidade sois sempre Espírito imortal, embora encarnado ou sujeito a um corpo físico mediante o elo do perispírito, a fim de, em caráter transitório, poderdes viver subordinados às limitações do mundo terráqueo.

É óbvio que o Espírito, em face de sua natureza superior e vibração sutilíssima, para "encarnar-se" na carne, ele precisa servir-se de veículos intermediários. Assim como o raio do Sol não pode mover um vaso de barro, o Espírito, pela sua natureza material também não seria capaz de movimentar diretamente um corpo físico. Em resumo: entre o Espírito e o corpo carnal existe um "espaço" ou "distância vibratória", que precisa ser preenchido pelos corpos, veículos ou elos confeccionados da mesma substância de cada plano intermediário. Considerando-se que o perispírito é justamente o equipo ou o conjunto de outros corpos imponderáveis e reais, que preenchem esse intervalo vibratório, é evidente, então, que não pode ser um "corpo vaporoso", qual uma nuvem sem pouso certo no Espaço.

PERGUNTA: — Poderíeis dar-nos algumas elucidações mais amplas, desse conjunto ou equipo perispiritual, que também é formado por outros veículos ou corpos imponderáveis?

RAMATÍS: — Atendendo aos objetivos desta obra, em particularizar os diversos aspectos da mediunidade sob o patrocínio do Espiritismo, faremos algumas observações gerais sobre o perispírito, mas sem nos estendermos às minúcias facilmente encontradas nas obras dos rosa-cruzes, teosofistas ou iogues. Cabe-nos, realmente, despertar o interesse dos espíritas estudiosos para a verdadeira natureza anatomofisiológica do perispírito e auxiliarmos os médiuns a lograrem mais êxito nos seus trabalhos mediúnicos, adquirindo maiores conhecimentos sobre a verdadeira vida do Espírito Imortal.

Através da escolástica hindu, sabe-se que o Universo é setenário, isto é, todas as manifestações mais importantes da vida cósmica e planetária são disciplinadas ou regidas por um padrão vibratório diretor, que é o número Sete. Entre essas manifestações setenárias, destacamos, principalmente, as seguintes: são sete as cores fundamentais do espectro solar e da cromática do mundo material; sete, as principais notas da música terrena; sete, os dias da semana e cada período lunar. Há sete pecados capitais e sete virtudes principais, sete planetas e sete esferas ocultas que se agrupam em torno da Terra, pois o espírito do homem só se libera depois que atinge o sétimo céu. Foram sete os sábios da Grécia e as maravilhas do mundo; são sete os sentidos físicos das raças humanas no fim do seu ciclo planetário de educação física; também são sete as raças-mães de cada orbe e já vos encontrais na quinta raça-mãe. Jacob, em sonhos, viu os anjos subindo e descendo os sete degraus da escada evolutiva espiritual, enquanto o Apocalipse de João é pródigo em "sete selos, sete anjos, sete céus e sete castiçais".

Em diversas atividades do homem, que dizem respeito aos momentos mais importantes da vida, observa-se ainda o padrão setenário regendo-lhe as manifestações e responsabilidades: a criança é considerada inocente até os sete anos, idade em que o espírito integra-se definitivamente no corpo físico; a puberdade no menino ou na menina chega aos quatorze anos, isto é, duas vezes sete, época na qual solidifica-se no homem o corpo astral da emoção ou dos desejos; a maioridade ou emancipação só se faz aos vinte e um anos ou três vezes sete, quando o homem já tem "juízo", pois, realmente, em tal fase fica de posse consciente do corpo mental, passando a raciocinar dali por diante sob sua inteira responsabilidade espiritual.

Ensina-nos a ciência transcendental que o duplo etérico possui sete chacras ou centros de forças etéricas, os quais correspondem às sete regiões principais do corpo físico e do perispírito do homem; o prana[16] ou vitalidade que alimenta esses chacras também é uma síntese de sete cores, que atestam um tipo de vibração ou variedade de cada zona corporal humana. Aliás, o próprio prana está colocado entre os sete Elementos, que correspondem às sete regiões, ou sete invólucros do Universo ou de Brama, como dizem os orientais, a saber: prana, a vitalidade, manas, o princípio inteligente ou a Mente; o Éter, o Fogo, o Ar, a Água e a Terra.[17]

Eis por que as filosofias e doutrinas espiritualistas da Terra, em sua essência, tratam da revelação cosmogônica pela mesma ordem setenária, embora às vezes variem, entre si, nas suas denominações peculiares e especulações filosóficas, conforme seja a índole, o temperamento e as tradições de cada povo. Assim, por exemplo, os rosa-cruzes referem-se

16 Vide o capítulo: "Algumas noções sobre o prana", à p. 172.
17 N. do Revisor: Aliás, o "Gênesis" explica que Deus acabou o mundo no sexto dia e no sétimo descansou da obra que fizera (Gênesis, 2:1, 2 e 3).

a sete divisões com relação ao homem, na seguinte forma: o mundo de Deus, o dos espíritos virginais, o do espírito divino, o do espírito da vida, o do pensamento, o dos desejos e o da matéria. Embora se verifique aparente diferença com a mesma enunciação feita pela Ioga, na intimidade espiritual ambos concordam, malgrado a última assim especifique a sua definição setenária: espírito, mente espiritual, intelecto, mente instintiva, prana ou força vital, corpo astral e corpo físico".[18]

No entanto, para melhor entendimento e facilidade de estudo, achamos melhor reduzir essa enunciação setenária tão tradicional e familiar no Oriente, para uma concepção mínima de "quatro divisões", ficando assim esquematizada: "espírito, perispírito, duplo etérico e corpo físico". Deste modo, o perispírito, no estudo espiritista, é o equipo que abrange, no seu conjunto, a mente espiritual, o intelecto, a mente instintiva, o prana e o corpo astral da especificação Ioga, em correspondência, também, com o mundo do Espírito Virginal, do Espírito Divino, do Espírito da Vida, do Pensamento e dos Desejos da Rosa-Cruz.[19]

São esses corpos ou elementos intermediários da atividade espiritual que, grupados num só conjunto, constituem o perispírito, o qual, então, preenche os planos intermediários e serve de elo para o Espírito pôr-se em contacto com a matéria. É a ponte de ligação entre o reino espiritual e o mundo físico, sem necessidade de esmiuçá-lo com especificações e subdivisões que lhe destaquem o corpo mental, vital, espiritual ou astral, tão ao gosto dos orientais. Para os espíritas é suficiente enfeixar todas essas "subdivisões" e "veículos" intermediários, da filosofia Oriental, num só corpo ou equipo, qual seja o perispírito.

---

18 N. do Revisor: Para os leitores mais interessados nesse assunto, recomendamos as seguintes obras, que lhes proporcionarão excelentes ensinos sobre os fundamentos principais do Espírito Imortal, as quais assim se denominam: *Quatorze Lições de Filosofia Yoga, O Curso Adiantado da Filosofia Yoga, Raja Yoga* e *Gnani Yoga*, de Yogi Ramacharaka. Vide ainda, *Karma Yoga*, de Vivekananda, obras editadas pelo "Círculo Esotérico do Pensamento".
19 Vide "Quadro Demonstrativo dos Sete Mundos", da obra *Mensagens do Astral*, de Ramatís, principalmente a subdivisão região etérica, do "Mundo Físico", pp. 265 e 266, Segunda edição. Vide cap. "Noções sobre o Perispírito e suas delicadas Funções", da obra *A Sobrevivência do Espírito*, parte ditada pelo espírito de Atanagildo.

O perispírito não é, pois, um "corpo vaporoso", conforme a enunciação kardecista, mas um equipo complexo e capaz de atender as mais variadas atividades e desejos do espírito imortal. Considerando-se que a doutrina espírita é movimento de natureza popular, destinado a todos os "não iniciados" nas particularidades do mundo oculto, o Alto então aconselha que seja resumido o estudo do perispírito, tanto quanto possível, evitando-se a saturação mental que perturba os adeptos e médiuns ainda imaturos em tal assunto. Eis por que preferimos especificar esse estudo do seguinte modo: Espírito, a centelha ou a Luz Imortal sem forma; o Perispírito, abrange o corpo mental que serve para pensar; o corpo astral, que manifesta a emoção, os desejos, os sentimentos; o Duplo Etérico, com o sistema de "chacras" ou centros de forças etéricas (isto é, o corpo transitório de éter físico e situado entre o perispírito e o corpo físico, o qual se dissolve depois da morte do homem); e finalmente, o Corpo Físico, como a derradeira peça a ligar o Espírito imortal ao mundo material.

Assim, pelo simples fato de o perispírito abranger o corpo mental que é a fonte do pensamento e o corpo astral, que dá vida aos desejos, sentimentos e emoções humanas, ele já se revela um instrumento inconfundível e de assombrosa complexidade, e não o "corpo vaporoso" citado na codificação kardecista por força da época. Ele é, realmente, a "ponte viva", para o Espírito alcançar a matéria e atuá-la de modo a impor suas ideias e os seus desejos. No Universo não existem fantasias nem milagres, mas tudo obedece a um processo de Ciência Cósmica regido por leis invariáveis, que regem o aperfeiçoamento das coisas e dos seres. É óbvio, pois, que a operação de "pensar", "desejar" ou "sentir" do espírito, exige sistemas, órgãos e mecanismos adequados na contextura do perispírito, em vez dele ser um corpo vaporoso semelhante à fumaça.

É sabido que as poses ou estados emotivos do homem produzem em seu corpo determinadas reações psicofisiológicas que interferem com o sistema nervoso cérebro-espinhal, endocrínico, linfático, sanguíneo, ósseo, muscular e outros fenômenos específicos. Portanto, muito mais importante do que o corpo de carne é a estrutura anatomofisiológica do perispírito, que é a sua matriz original e organismo "preexistente" ao nascimento e sobrevivente à morte física.

PERGUNTA: — *E por que os doutrinadores e líderes espíritas não explicam aos adeptos do espiritismo a realidade exata do perispírito, pois, em geral, eles limitam-se a citar só aquilo que "Kardec enunciou"?*

RAMATÍS: — Evidentemente, isso é uma questão de simpatia ou culpa da excessiva ortodoxia ainda dominante no seio da doutrina espírita, pois o próprio Allan Kardec foi muitíssimo claro ao enunciar o seu pensamento de que "o espiritismo deve incorporar em sua doutrina tudo aquilo que depois de passar pelo crivo da razão e resistir à pesquisa científica, seja útil e benéfico ao homem". Não há desdouro nenhum para os espíritas operarem além da linha kardecista, em busca de novos conhecimentos sobre o acervo espiritualista, que já serviu para alicerçar movimentos e doutrinas tradicionais como a rosa-Cruz, a teosofia, o esoterismo e a ioga.

Aliás, as noções, os aspectos e os estudos que vos parecem inéditos sobre a anatomia e fisiologia do perispírito não constituem novidade, pois trata-se de matéria e ensinamentos conhecidos há muitos séculos por todas as escolas iniciáticas do mundo. É de senso comum que os mais avançados conhecimentos secretos acerca da imortalidade da alma sempre provieram do Oriente, e, principalmente, da Índia. Portanto, será ridículo e até censurável que o espiritualista ocidental despreze o acervo benfeitor dessa fonte de verdadeira Sabedoria Espiritual.

Os Vedas, há 4.000 anos,[20] já ensinavam as minúcias do corpo mental, corpo astral e o duplo etérico com o sistema de "chacras", enquanto Hermes Trismegisto, o iniciado do Egito, já o fazia à luz dos templos de Rá.

Coube a Kardec popularizar, no limiar do Século XX, certa parte menos profunda desses conhecimentos espirituais, despertando o cidadão terreno ainda negligente para com a sua própria vida imortal. No entanto, se o Espiritismo significa a

20 N. do Revisor: Vide os *Hinos dos Rig-Veda*, o *Bhagavad Gita* e o *Dhammapada*, o poema "Ramayana", em que o leitor, mesmo de pouco treino no simbolismo hindu, verifica que tais obras disfarçam os conhecimentos iniciáticos mais importantes do Espírito, abrangendo a interligação do corpo mental, o corpo astral e o duplo etérico com os chacras.

"porta aberta" para a revelação espiritual, cabe ao discípulo penetrar no Templo e desvendar os mistérios de sua própria imortalidade, assim como conhecer a Fonte onde os espíritos firmaram seus conceitos para a codificação espírita. O adepto que permanecer estático e obstinado, preso à ortodoxia da tradição kardecista, desinteressando-se dos conhecimentos milenários da vida do espírito imortal, demonstra não compreender que o espiritismo é essencialmente uma doutrina de amplitude evolutiva e não um conjunto de postulados em discussões sobre o que Allan Kardec "disse" ou "não disse".

PERGUNTA: — *Porventura deveríamos encetar novamente o velho curso tradicional dos templos iniciáticos do passado a fim de penetrarmos a doutrina dos ensinamentos superiores, em que Kardec e os espíritos se basearam como fundamento do espiritismo?*

RAMATÍS: — Já dissemos, alhures, que a vida dinâmica do homem do século XX, obriga-o a "iniciar-se" à luz do dia, no próprio ambiente social desde a manhã até a hora de cerrar os olhos para o descanso, à noite. O mestre moderno já não usa mais a barba e os cabelos compridos como os antigos patriarcas, pois cairia no ridículo. Conforme diz certo brocardo hindu, "o Mestre aparece assim que o discípulo está pronto" para os "testes" de sua iniciação espiritual, que o põem em prova ante o insulto do policial mal-humorado, do esbarrão do brutamontes, do egoísta ao furar a fila do ônibus, do palavrão do bêbedo obsceno, da especulação do mau negociante, da irritação do chofer do ônibus ou da avareza do ricaço.

O homem, assim, gradua-se, pouco a pouco, no experimento cotidiano da própria vida sem precisar de rituais, compromissos e juramentos dos templos iniciáticos de outrora.

Após tantas peripécias na vida terrena, enfrentando as vicissitudes e ingratidões próprias do mundo de efervescência tão primária, batido e massacrado pelas provas severas do sentimento em purificação, o homem é submetido à arguição do Evangelho de Jesus, a fim de se verificar a média do seu exame final nessa iniciação espiritual, em cada reencarnação. Antigamente os discípulos, firmados nos rituais dos templos iniciáticos, preparavam-se para, depois, viver no mundo como o atleta disposto a conquistar a vitória de si mesmo no campeonato da existência humana. Hoje, no ambiente da vida profana ele enfrenta os problemas que lhe excitam e graduam o espírito nas relações comuns com os seus companheiros de jornada física.

PERGUNTA: — *É certo que os velhos mestres da tradição iniciática não endossam a codificação espírita, porque Allan Kardec expôs demasiadamente, em público, os mistérios do Ocultismo?*

RAMATÍS: — Allan Kardec foi um dos mais avançados mestres de iniciação esotérica do passado, bastante familiarizado com a atmosfera dos templos egípcios, caldeus e hindus. E inúmeros iniciados que desenvolveram suas energias psíquicas e despertaram seus poderes espirituais nos ambientes dos antigos templos iniciáticos, também estão agora encarnados na Terra e cooperam valiosamente na seara espírita. Pouco a pouco, eles revelam os conhecimentos ocultos, que Allan Kardec teve de velar em sua época por falta de um clima psicológico adequado e favorável aos ensinamentos esotéricos, em público. Esses iniciados, com o auxílio da própria ciência profana, extirpam gradualmente da prática mediúnica muito compungimento lacrimoso e religioso, que não se coaduna com o espírito científico, lógico e sensato dos postulados espíritas, cada vez mais avançados.

O espiritismo simplificou os ensinamentos complexos do Oriente, como a reencarnação e a Lei do Carma, expondo-os de modo conciso e fácil, sem as sutilezas iniciáticas, os simbolismos complexos e as grafias sibilinas do sânscrito, graduando-os de acordo com a capacidade mental dos seus adeptos ainda imaturos para uma didática muito esotérica.

Porém descansem os espíritas demasiadamente ortodoxos e temerosos de qualquer "confusão doutrinária", no seio do espiritismo, só porque venham a examinar os ensinos e os conhecimentos de outros movimentos espiritualistas. Mesmo porque a revelação do verdadeiro mecanismo da Vida do Espírito Imortal não se fará de modo instantâneo e miraculoso. Isso se processará através do estudo, de pesquisa e da busca incessante por parte do discípulo liberto de qualquer condicionamento sectarista. A cômoda atitude do espírita ignorar propositadamente qualquer assunto que não se relacione com a sua doutrina, em geral, é mais fruto da preguiça mental do que mesmo receio de confusão doutrinária. Aliás, a confusão não está nas coisas que investigamos. Ela está em nós mesmos, pois só o homem realmente confuso tem medo de conhecer outros movimentos esotéricos, cujos princípios doutrinários apoiam-se também nos fundamentos em que assentam os postulados do espiritismo. Tal receio resultará num estacionamento mental obstinado, que não livrará o discípulo de enfrentar essa tarefa nesta ou noutra existência terrena.

A Terra é escola de educação espiritual primária que só libera os seus alunos depois que eles forem aprovados em todas as matérias nela existentes. Os espíritas sabem que não há "graça" nem privilégios extemporâneos na senda da evolução espiritual; por isso, quando o discípulo desperta para a realidade da vida imortal, ele encontra-se diante de um problema capital de sua existência, porquanto, ao mesmo tempo, entram em conflito, na sua consciência, os instintos primários do animal e a súplica do anjo para que ele prefira lutar para subir ao Paraíso. É o momento cruciante, que os hindus definem como o adepto caminhando sobre o "fio da navalha", porque, realmente, ele encontra-se angustiado e indeciso entre o "céu e o inferno", pois tem de desintegrar a personalidade do "homem velho", dando ensejo ao nascimento do "homem novo" do padrão angélico enunciado por Paulo de Tarso.[21]

Depois que o homem encerra a sua iniciação espiritual na Terra, aprendendo todo o alfabeto das matérias primárias que lhe testam o coração e lhe desenvolvem o intelecto, então será promovido para o mais próximo "ginásio planetário".[22] Não é justo que os alunos reprovados no curso primário terre-

---

21 N. do Revisor: Diz o brocardo hindu: "Difícil é andar sobre o aguçado fio de uma navalha; e árduo, dizem os sábios, é o caminho da Salvação". Para o leitor estudioso, recomendamos a obra *O Fio da Navalha*, de W. Somerset Maugham, romance que expõe de modo compreensível inúmeros ensinos e admiráveis atitudes do discípulo oriental.
22 Vide a *Vida no Planeta Marte e os Discos Voadores*, de Ramatis, cap. I, "Aspectos Marcianos"; vida marciana que, em comparação à existência terrena exaustiva e trôpega, mais se assemelha a um "ginásio planetário".

no, antes de haverem assimilado integralmente os seus ensinamentos de menor envergadura espiritual, devam ingressar num curso superior.

PERGUNTA: — *Assim que reformarmos as leis da Terra, os alunos também alcançarão melhor graduação espiritual, não é assim?*

RAMATÍS: — Querer reformar o cenário da Terra sem, antes, cristianizar o homem, seu habitante, é como tentar endireitar a sombra de uma vara torta sem, primeiro, endireitar a vara. O ambiente moral e social da Terra é a projeção coletiva ou a média espiritual de cada um dos seus cidadãos de "curso primário". Assim que tais alunos completarem o seu curso de alfabetização espiritual e merecerem sua transferência para outros orbes de melhor graduação sideral, nova leva de "analfabetos" baixa do mundo Invisível, para substituir os que forem promovidos.

As modificações fundamentais do ambiente da Terra dependem essencialmente de melhorar o padrão espiritual dos seus habitantes pois os alunos analfabetos não se mostrarão mais inteligentes só porque pintam as paredes do grupo escolar. A simples providência de se vestir o selvagem com fraque e cartola não o torna um fidalgo capaz de habitar luxuoso hotel.

Os espíritos alfabetizam-se participando do drama evolutivo no velho cenário terreno em que a vida é um acontecimento importante; mas, na realidade, as cenas e os fatos se repetem, como já acontece há séculos, sob outras vestes e costumes, pois as ligações são semelhantes. Lembra o que acontece com as escolas primárias modernas, em que apesar de se providenciar melhor ambiente, mais luz, higiene e adotar-se métodos pedagógicos eficientes, os alunos têm sempre de começar pelo abc.

O pior é que já escasseia o prazo para os alunos terrenos reprovados na atualidade, ou necessitados de uma "segunda época", pois o Alto já decretou a promoção do educandário terreno para a escola ginasial, restando aos rebeldes, preguiçosos, tardios e relapsos o recurso de serem transferidos para outra escola primária, talvez em condições educativas mais precárias.[23]

Mas o Espiritismo muito fará para esclarecer o terrícola nesta "hora profética", cumprindo-lhe, então, popularizar os ensinamentos ocultos já manuseados por outros movimentos espiritualistas, pois a codificação espírita, em verdade, ainda não terminou; aliás, prossegue incessantemente regida pela mente espiritual do próprio Allan Kardec.

PERGUNTA: — *No entanto, quanto aos ensinamentos espiritualistas dos povos egípcios, caldeus, essênios, hindus e outros, o homem de hoje, em face do atual progresso científico já está em condições de aprender os conhecimentos esotéricos de modo claro, sem qualquer simbologia exterior. Não é assim?*

RAMATÍS: — Sob a responsabilidade dos espíritos superiores, a literatura espírita tem por objetivo essencial conduzir o terrícola à sua mais breve angelitude. Os termos e as definições ocultistas, muito familiares aos orientais, realmente parecem excêntricas ou exóticas para o ocidental demasiadamente apegado às provas materiais.

Porém, sob a inspiração do Alto, o espiritismo já atualiza os ensinos milenários do Oriente, assim como também os comprova à luz dos laboratórios da ciência profana, expondo à compreensão do homem comum aquilo que antigamente só era conhecido dos velhos iniciados templários.[24] Os ensinamentos da Vida Espiritual, quando são demasiadamente

---

23 Vide *Mensagens do Astral*, de Ramatís, cap. XI, "Os que emigrarão para um planeta inferior", em que tal assunto é bem esmiuçado.
24 N. do Revisor: Ramatís tem razão, pois a literatura espírita e mediúnica já amplia as suas demarcações doutrinárias sob o contato e pesquisa dos outros movimentos espiritualistas, mas sem abalar os seus fundamentos morais. Aliás, já consignamos em alguns rodapés de obras anteriores, trechos de mensagens do Além, que corroboram perfeitamente esse recente cometimento espiritista. A obra *Entre a Terra e o Céu*, pp. 126 a 129, de André Luiz, através de Chico Xavier, aborda o assunto milenário dos "chacras" ou centros de força do duplo etérico, explicando-os mesmo sob a nomenclatura hindu, como o chacra coronário considerado o "lótus de mil pétalas". E expõe longa dissertação sobre a fisiologia do perispírito nos moldes da fisiologia oriental; enquanto Emmanuel, no cap. "Perispírito", da obra *Roteiro*, diz: "O perispírito não é um corpo de vaga neblina e sim organização viva a que se amoldam as células materiais". Vide as obras: *Roteiro*, de Emmanuel; *Evolução Em Dois Mundos*, de André Luiz, principalmente os capítulos "Corpo Espiritual", "Metabolismo do Corpo e da Alma"; e também os capítulos IV, V, X, XI e XV da obra *Mecanismos da Mediunidade*; cap. "Mentalismo", de Miguel Couto, inserto na obra *Falando à Terra*. Todas editadas pela Livraria da Federação Espírita Brasileira.

complexos ou avançados, transbordam da mente comum e perturbam o homem imaturo, podendo torná-lo num místico exagerado, ou num ateu irredutível.

PERGUNTA: — Mas é evidente que muitos homens de cultura e vários cientistas de renome universal têm divulgado um espiritismo de aspecto salutar, escoimado de superstições e de misticismos dispensáveis. Porventura o trabalho benéfico desses homens não correspondeu aos objetivos doutrinários e aos esclarecimentos técnicos da codificação espírita?

RAMATÍS: — Sem dúvida, trata-se de um trabalho de verdadeira contribuição doutrinária, com intuito de impedir excessos da imaginação, práticas esdrúxulas e supersticiosas no seio do espiritismo, merecendo pois todo o apoio e a atenção do Alto. Realmente, esses homens são espíritos que renasceram na Terra com a finalidade precípua de cooperar na obra de Kardec e livrá-la da superstição, do misticismo tolo e das práticas mediúnicas excêntricas, tornando-a um movimento austero e capaz de impressionar a própria ciência profana.

Foi um serviço digno e proveitoso que prestaram ao Espiritismo homens talentosos como Gabriel Delanne, Aksakoff, Léon Denis, William Crookes, Myers, Oliver Lodge, Stainton Moses, Du Prel, e, no Brasil, Guillon, Cairbar Schutel, Sayão, Bitencourt Sampaio, Bezerra de Menezes, Cirne, Inacio Bitencourt e outros, ainda "vivos", que empenham seus esforços na divulgação sadia e proveitosa da doutrina espírita. Graças a tais homens inteligentes e corajosos, o espiritismo pulverizou as investidas capciosas do Clero fanático e impôs-se respeitosamente, sobrepondo-se aos sarcasmos acadêmicos dos intelectuais envaidecidos.

Enquanto Kardec organizou a alma do espiritismo, os seus discípulos laboriosos têm cuidado da estrutura anatomofisiológica do seu corpo doutrinário e das suas relações com o mundo profano. Eles têm comprovado o espiritismo pelos experimentos objetivos da ciência, esclarecendo-o à luz da Filosofia e da Psicologia humanas, sem possibilidade de seus adversários contestarem a lógica das suas afirmações sobre a vida imortal.

PERGUNTA: — Qual seria uma suposição ou conjectura, que nos convencesse quanto à existência do perispírito?

RAMATÍS: — Evidentemente, sem o perispírito não existiria o homem ou o indivíduo, porquanto o Espírito, a Chama Imortal do ser, na verdade, é a essência do próprio Deus a formar o pano de fundo da consciência humana. Jesus foi bastante claro quando anunciou: "Eu e meu Pai somos um", "Vós sois deuses", o "Reino de Deus está no homem"; E o Gênesis explica que o "homem foi feito à imagem de Deus"!

PERGUNTA: — Poderíeis dar-nos algumas noções do perispírito, quanto ao fato dele ser constituído por outras partes ou corpos imponderáveis, como o mental e o astral, sem que, no entanto, perca a sua unidade fundamental.

RAMATÍS: — O perispírito, integrado por diversos elementos, é realmente um só equipo ou instrumento intermediário representativo da vontade, do pensamento e dos desejos do Espírito na sua manifestação para o corpo físico. Já dissemos que entre o perispírito e o corpo de carne ainda existe o duplo etérico, como a ponte que relaciona as manifestações do mundo espiritual e as ações do mundo físico, num serviço recíproco de alta precisão. Aliás, o próprio corpo físico é uma só unidade, e, no entanto, compõe-se também de vários sistemas como o sanguíneo, nervoso, linfático, ósseo, endocrínico, muscular, os quais, embora sejam partes distintas, entre si, formam um todo homogêneo.

Em equivalência, lembramos que a água, embora não se divida nem mude em sua integridade fundamental, ela pode apresentar-se sob diversos aspectos ao mesmo tempo, como seja: quente, perfumada, doce, magnetizada ou colorida.

Finalmente, encerrando este capítulo, insistimos em lembrar-vos que o perispírito é o corpo imortal do homem, enquanto o duplo etérico não faz parte dele, mas é somente o veículo intermediário, provisório, que lhe serve apenas durante a existência física e depois da morte do homem dissolve-se na intimidade da Terra, vagando, por vezes, sobre os túmulos.[25]

---

25 N. do Revisor: Quando as noites de verão são muito quentes, o duplo etérico em dissolvência do cadáver chega a comburir, resultando os chamados "fogos -fátuos" ou "boi-tatá" da crendice popular.

11. Elucidações sobre a prece

PERGUNTA: — *De um modo geral, como considerais a prece?*

RAMATÍS: — A prece dinamiza os anseios sublimes que, em estado latente, já existem na intimidade do espírito imortal. O homem, na verdade, como futuro anjo, quando se devota à oração, exercita-se num treino devocional que o põe em contato com os espíritos de hierarquia angélica. Toda prece fervorosa e pura recebe do Alto a resposta benfeitora, a sugestão mais certa e, também, as energias psíquicas que sustentam o próprio corpo carnal.[26]

É um dos recursos eficientes que eleva e reorganiza a harmonia "cosmo-psíquica" do homem, pois abranda as manifestações animais instintivas, afasta os pensamentos opressivos, dissipa a melancolia, suaviza a angústia e alivia o sofrimento da alma. Embora o homem nem sempre se aperceba dos efeitos positivos e benfeitores que recebe por intermédio da oração, ele retempera suas forças espirituais e se encoraja para enfrentar com mais otimismo as vicissitudes e os sofrimentos próprios da existência terrena, pois mobiliza esse potencial criador da Vida, que aproxima o homem do ideal da Angelitude.

---

[26] N. do Revisor: "Cada prece, tanto quanto cada emissão de força, se caracteriza por determinado potencial de frequência e todos estamos cercados por Inteligências capazes de sintonizarem com o nosso apelo, à maneira de estações receptoras" Trecho extraído do capítulo "Em Torno da Prece", da obra *Entre a Terra e o Céu*, de André Luiz a Chico Xavier.

PERGUNTA: — Como poderíamos entender o processo que movimenta e dinamiza as energias íntimas do Espírito no ato da prece?

RAMATÍS: — Figurai a prece como um detonador psíquico que movimenta as energias excelsas adormecidas na essência da alma humana, assim como a chave do comutador dá passagem, altera ou modifica as correntes das vossas instalações elétricas. Sem dúvida, a capacidade de aproveitamento do homem durante o despertamento dessas forças sublimes pelo impulso catalisador da oração depende tanto do seu grau espiritual como de suas intenções. Aliás, o espírito, ao liberar suas energias no ato da prece, ele melhora a sua frequência vibratória espiritual, higieniza a mente expurgando os maus pensamentos e libera maior cota de luz interior.

Daí o motivo por que alguns santos purificaram-se exclusivamente pelo exercício da prece, enquanto outros só puderam fazer pelo treino do sofrimento. Em ambos os casos, a purificação é fruto da dinamização das forças espirituais na intimidade do ser, embora varie quanto ao seu processo. No primeiro, é um procedimento espontâneo catalisado pela prece; no segundo, em decorrência do exercício da dor. Por conseguinte, o homem também se purifica pelo hábito constante dos bons pensamentos, pois estes mantêm no campo vibratório de sua mente um estado espiritual tão benéfico como o que se produz nos momentos sedativos da oração.

No entanto, se a criatura se descura da prece, ou seja, deixa de "orar e vigiar", eis que, então, a dor se encarrega de ativar as reações morais necessárias para, mais tarde, libertarem-na compulsoriamente do guante do mundo animal. Nenhum auxílio é tão salutar e eficiente para manter o equilíbrio moral do Espírito, como o hábito da oração, pois a criatura confiante, sincera e amorosa, religa-se a Deus.

PERGUNTA: — A oração também pode ser mobilizada como um recurso positivo de segurança e defesa do corpo físico?

RAMATÍS: — A oração, embora constitua uma atitude de sublimação espiritual, não pode livrar o homem das agressões e hostilidades dos malfeitores do vosso mundo. Inúmeras criaturas de vida santificada foram trucidadas no momento que proferiam a mais fervorosa prece. Paulo foi decapitado quando orava; os mártires do Cristianismo sofreram o massacre mortal das feras dos romanos, enquanto interligavam-se pela força emotiva da prece e dos cânticos excelsos de renúncia à vida humana. Jesus, o Divino Amigo, enquanto os algozes lhe perfuravam as carnes com os espinhos e os cravos do martírio, comungava na mais elevada prece de amor ao Pai; Giordano Bruno, João Huss, Joana D'Arc e outros, apesar de suas rogativas fervorosas a Deus, não puderam livrar-se das chamas que lhes torravam as carnes no suplício das fogueiras.

Embora a prece seja um admirável processo de dinamização das forças angélicas do espírito imortal, não pode imunizar o homem contra os efeitos ofensivos e destrutivos das leis que estejam vigorando no mundo material. Nem mesmo Jesus violentou tal princípio, pois deixou esclarecido que ele não viera ao mundo material perturbar suas leis comuns. Aliás, se isso fosse possível, então o ser humano só se devotaria à prece pelo interesse de proteger o seu corpo físico. No entanto, desde o berço, ele cuida de proteger-se contra as intempéries e demais hostilidades do meio onde renasce por determinação cármica. Cumpre-lhe sobreviver na carne a maior cota de tempo possível, a fim de melhor purificar a sua consciência espiritual, devendo, portanto, zelar pela saúde do seu corpo.

A oração catalisa as reservas espirituais do homem, assim como o imuniza contra a interferência dos "maus" espíritos e dos pensamentos daninhos. Em consequência, a harmonia espiritual que é ensejada pela prece também proporciona ao corpo carnal melhores condições de equilíbrio nervoso e harmonia fisiológica.

PERGUNTA: — No entanto, pela tradição histórica sertaneja soubemos de facínoras e guerrilheiros, que tinham o "corpo fechado", graças às "simpatias", rezas e orações misteriosas que eles conduziam consigo, as quais, além de protegê-los contra os seus inimigos, também os livravam de acertarem contas com as autoridades policiais. Que dizeis disso?

RAMATÍS: — Tal acontecimento resulta da convocação de energias subvertidas do mundo astral inferior. É conluio dos espíritos "satânicos" que, por intermédio dos seus bruxos e feiticeiros sediados na carne, operam em favor de súditos afins, proporcionando-lhes a imunização "corpo fechado", isto é, um circuito forte de magnetismo inferior. É mobilização das cargas astralinas agressivas, concentradas num campo magnético denso, sustentando a cortina de fluidos animalizados em torno do protegido. Para o êxito de tal cometimento, esses magos das sombras utilizam-se de talismãs, símbolos, recursos hipnóticos, substâncias odoríferas agrestes ou mesmo apetrechos de uso pessoal do mesmo. Depois submetem tais coisas à baixa frequência vibratória, dentro da lei de que "os semelhantes atraem os semelhantes"[27] e através de exorcismos, liturgias diabólicas e rituais bárbaros, compõem uma atmosfera fluídica isolante ou refratária em torno dos seus adeptos e pupilos.

Assim como a lente sob o Sol concentra-lhe os raios formando um foco luminoso e calorífero de maior potencial, esses magos negros fazem convergir as forças primitivas ou maléficas sobre os objetos, coisas e criaturas a serem alvejadas pela magia negra. Malgrado possam imobilizar energias inferiores para a proteção dos seus comparsas na matéria, noutro sentido, também lhes invertem os polos magnéticos; e, em vez de promoverem o tradicional "corpo fechado", hostilizam desafetos, enfeitiçam criaturas atendendo solicitações de vingança e semeiam, nas vítimas, enfermidades e perturbações. Assim, a mesma carga de fluidos inferiores que lhes serve para a segurança dos apaniguados das "trevas", eles também podem usá-la para fins maléficos contra os que lhes são antipáticos.

Em verdade, esses processos de magia, que até há pouco eram considerados superstições, fetichismo e lendas, a ciência moderna atualmente já os estuda e os experimenta à luz

---

27 N. do Revisor: "Talismãs e altares, vestes e paramentos, símbolos e imagens, vasos e perfumes, não passam de petrechos destinados a incentivar a produção de ondas mentais, nesse ou naquele sentido, atraindo forças do mesmo tipo que as arremessadas pelo operador dessa ou daquela cerimônia mágica ou religiosa e pelas assembleias que os acompanham, visando a certos fins". Trecho extraído da obra *Mecanismos da Mediunidade*, capítulo XXV, "Oração", da autoria de André Luiz por Chico Xavier e Waldo Vieira. Edição da Livraria da Federação Espírita Brasileira.

dos laboratórios e verifica que os inacreditáveis "fenômenos sobrenaturais" que sofriam a repulsa das mentes científicas, hoje já se explicam satisfatoriamente sem violentar os padrões científicos do equilíbrio planetário. A bomba atômica veio comprovar a veracidade das historietas infantis, onde os gênios e as fadas desencadeavam forças que destruíam cidades e coisas. As ondas eletromagnéticas emitidas pelas correntes d'água subterrâneas, os veios de chumbo, cobre ou demais metais, hoje já dispõem os cientistas a favor do evento científico de radiestesia; as ondas ultracurtas cerebrais confirmam a realidade inconteste da transmissão telepática; o estudo da radioatividade surpreende pelo poderio do átomo; a identificação das emissões etéricas das auras das coisas e dos seres firma a realidade dos tradicionais "registros akáshicos" tão citados nas obras ocultistas do Oriente e comprovam a psicometria tão conhecida dos monges e iogues da velha Índia.

O raio laser, o radar, o neutrino, o controle magnético remoto, as ondas hertzianas, a desintegração atômica, a microfotografia eletrônica da luminosidade irradiada pelos tecidos, vegetais e animais, a matéria transformando-se em energia e vice-versa, são descobertas que a ciência hoje domina sem equívocos. No entanto, foram fenômenos espantosos e tidos como absurdos no tempo dos nossos bisavós.

Assim como já existem trajes de proteção de vidro à prova de bala, em breve, o homem também poderá garantir-se com um "corpo fechado" ou campo magnético defensivo contra as investidas e as más intenções alheias. E sem parafrasearmos a obra de Wells,[28] não tarda a vestimenta eletrônica, que tornará o homem invisível à visão comum, quando assim o desejar, mesmo para fugir dos seus inimigos.

No entanto, tudo isso que a ciência já descobriu e ainda explicará no futuro através de experimentos científicos e pelo controle absoluto das forças ocultas, a mente poderosa e treinada dos magos de antanho já o conhecia e o realizava, por um esforço incomum, atuando no campo de energias eletrobiológicas e atendendo à própria lei de que os "semelhantes

---

28 Obra de H.G. Wells, *O Homem Invisível*, mais tarde levada à tela cinematográfica sob a interpretação de Claude Rains.

atraem os semelhantes". No entanto, o lendário "corpo fechado" só era conquista dos "afilhados" das Trevas e, comumente, proporcionado àquele que já possuía algo da faculdade mediúnica de exteriorização ectoplásmica capaz de ativar um campo fluídico-magnético denso e isolante.

Mas, em face da própria lei de que a "semeadura é livre, mas a colheita é obrigatória", os delinquentes favorecidos pelas Sombras, com o "corpo fechado", que lhes garantia as atividades criminosas e cobertura da justiça do mundo material, depois de desencarnados não se livram dos seus protetores diabólicos, que passam a utilizá-los como instrumentos vivos para as tarefas repulsivas de obsessões e vampirismo contra os vivos. Isto comprova que não é destituída de fundamento a lenda do "homem que vendia a alma ao Diabo", pois toda criatura que é apadrinhada na matéria pelos espíritos malignos, depois, fica a lhes dever a paga, obrigando-se a desempenhar funções maléficas.

É evidente que a oração, em sua sublime expressão de catalisador angélico, não pode servir para cobertura iníqua do lendário "corpo fechado", que se destina a livrar o seu portador das consequências punitivas devidas a atos criminosos. As clareiras de luz que se formam em torno do homem durante o êxtase da prece, em que a emoção do seu espírito evoca o Amor de Deus, não podem servir de condensador de fluidos inferiores para fins execráveis. Enquanto a prece é uma vibração de energias excelsas para o serviço do Bem e do Amor, a proteção do "corpo fechado" é condensação de forças hostis e primitivas do astral inferior, para então servirem de escudo à ação dos malfeitores.

PERGUNTA: — Conforme vossas ponderações, concluímos que a prece, tanto quanto seja mais pura e sublime, ela é "menos defensiva" para o corpo físico, embora de maior eficiência para o espírito. Não é assim?

RAMATÍS: — Durante a prece sincera e fervorosa, o espírito libera-se com mais facilidade do corpo físico, pois vive em tal momento, num estado de "fuga vibratória", que lhe faz sentir algo de sua verdadeira vida além da matéria. Nesse instante de pausa espiritual, o organismo de carne quase que pulsa exclusivamente sob o comando da vida animal. Aliás, o conceito moderno de ciência é de que a matéria é um aglomerado de "energia condensada" ou de "energia concentrada", a qual se libera e retorna à sua fonte primitiva depois da desintegração dos objetos ou da morte do corpo carnal. É óbvio, portanto, que a oração, como um processo dinamizador, beneficia o campo energético mental e astral do ser, facultando ao espírito maior liberdade de ação.

Embora a prece não proporcione absoluta proteção ao corpo físico contra as hostilidades do meio onde ele se manifesta, pelo menos dinamiza o seu energismo insuflando novos estímulos de vitalidade espiritual na organização humana. A frequência vibratória superior conseguida pelo recurso da prece no energismo do corpo físico, também assegura melhores relações e mais harmonia no metabolismo atômico das comunidades celulares. E disto resultam condições mais favoráveis para a atividade e equilíbrio do sistema nervoso e endocrínico, como principais responsáveis pela estabilidade orgânica da saúde do homem.

É de senso comum que a ausência de preocupações graves ou de circunstâncias dolorosas alivia a mente e afrouxa o sistema nervoso. Como decorrência, a prece é excelente recurso terapêutico para o homem, porque a sua dinâmica liberta o espírito das contingências materiais, proporcionando momentos de paz e de agradável alívio corporal. O ser não só se reanima em espírito como estabelece melhores condições para a atividade fisiológica corporal nessa louvável vivência angélica. Deste modo, indiretamente, a oração também é útil ao corpo físico porque lhe concentra valiosas forças espirituais e o defende contra as vibrações inferiores projetadas por outras mentes mal-intencionadas. A oração é uma espécie de sentinela vigilante contra as influências espirituais nocivas porque pecaminosas, pois a prece aquieta os impulsos inferiores e evita as explosões de ódio, orgulho, ciúme, ira ou inveja.

O psiquismo transtornado produz cargas emotivas daninhas porque semeia choques destrutivos na contextura delicada das células nervosas e consequente perturbação do organismo físico. Em cada órgão do corpo humano repercute a carga "psicodinâmica" que for emitida pela mente, que acelera, retarda e até paralisa a função orgânica, pois age em perfeita sintonia com a força do impacto favorável ou desfavorável. A harmonia magnético-vital que assegura a saúde corporal depende principalmente do seu estado de espírito. Cada homem vive, alimenta e incorpora em si mesmo a bagagem das suas emoções psíquicas.

A prece sincera e pura funciona sempre como excelente dissociador das "formas-pensamentos" indesejáveis, aderidas ao halo mental do homem, pois é poderoso instrumento que purifica a mente intoxicada e desoprime o sistema cérebro-espinhal.

O ódio, a raiva, o ciúme, o orgulho, a inveja, a avareza, a cobiça ou a crueldade são estados negativos de espírito, que produzem "formas-pensamentos" enfermiças, pois causam alteração dos hormônios endocrínicos, contraem a vesícula e o duodeno, atrofiam o cólon intestinal pelos espasmos indisciplinados e produzem a congestão hepática pelo afogueamento cardíaco ou retardamento circulatório sanguíneo.

No entanto, a oração, harmonizando o campo mental e magnético do homem, acelera o poder defensivo das bactérias, ativa os processos imunológicos e vitaliza os agentes defensivos contra os surtos epidêmicos, assim como desafoga o curso dos hormônios responsáveis pela edificação celular.

Os médicos futuros, depois que se aprofundarem no estudo do problema complexo das doenças do século, terão de aceitar a oração como recurso de eficiência positiva para auxiliar a manutenção psicofísica do homem. No enfermo que ora contrito, a força e a sublimidade da prece cicatrizam mais breve as suas feridas, aceleram a sua convalescença e defende-o contra a infecção após as intervenções cirúrgicas.

Durante a oração os enfermos retidos no leito suavizam suas amarguras, suportam com muito estoicismo os sofrimentos redentores, e até esquecem as reminiscências trágicas ou dramáticas do pretérito, sobrepondo-se, tranquilos, às coisas do mundo transitório. Considerando-se que o corpo de carne é o prolongamento do conjunto mental, astral e etérico do perispírito imortal, é evidente que as suas células fatigadas também se restauram com facilidade sob o influxo das energias espirituais convocadas pela prece.

Elucidações do Além

PERGUNTA: — *Que dizeis da ação da prece usada como recurso defensivo nos trabalhos mediúnicos de intercâmbio com os espíritos desencarnados?*

RAMATÍS: — A prece, realmente, é um dos recursos eficientes para o bom êxito do intercâmbio mediúnico, uma vez que essa relação mediúnica entre "vivos" e "mortos" processa-se geralmente através do contato perispiritual dos desencarnados com o perispírito do médium. Desde que o intercâmbio mediúnico efetua-se particularmente pelo ajuste oculto e energético do perispírito de ambos os comunicantes, é óbvio que o seu sucesso depende bastante da qualidade dos fluidos e do magnetismo que forem mobilizados no ambiente dos trabalhos espíritas.

Sem dúvida, tal sucesso é negativo nas relações mediúnicas entre os espíritos de baixa categoria espiritual e os homens venais ou corruptos, que se afinam mentalmente a um campo magnético de forças inferiores. O intercâmbio sadio exige no ambiente ausência de quaisquer fluidos mortificantes e perniciosos; e a prece é um poderoso agente de profilaxia e defesa vibratória. Mas é óbvio que, durante o intercâmbio mediúnico com o Além, os guias e os mentores espirituais não são obrigados a sustentar no ambiente de trabalho um padrão fluídico superior, quando os seus próprios componentes permaneçam dominados por impulsos mentais censuráveis, que alteram a harmonia do conjunto.

PERGUNTA: — *Em que condições a prece é insuficiente, negativa ou até mesmo inconveniente?*

RAMATÍS: — Insistimos em dizer que a prece, em face de sua natureza excelsa e imponderável, é súplica religiosa ou rogativa terna, pairando acima dos interesses egoístas do ser. Ela vivifica a alma e exalta o Bem; sendo, portanto, censurável que alguns homens subvertidos convoquem forças mentais para atender aos seus objetivos mercenários, egocêntricos ou até vingativos. A oração é negativa quando não é mobilizada exclusivamente para o bem do Espírito imortal ou em benefício do próximo. Eis por que não são preces, mas, sim, "invocações satânicas", os apelos e as cerimônias litúrgicas dos sacerdotes imprudentes, quando benzem canhões, cruzadores, submarinos belicosos e armas mortíferas, que se destinam a massacrar pretensos inimigos em guerras fratricidas. Também não correspondem ao caráter excelso e redentor da prece as rezas, os cantochões e as ladainhas extensas com que esses infelizes ministros de Deus julgavam burlar a lei do Amor quando, nas fogueiras da Inquisição, queimavam as suas vítimas indefesas.

Jamais o Alto admitiria esse truncamento da oração — mediadora do Espírito e estímulo da Vida — para cobertura de crueldades tão maléficas e diabólicas, embora executadas sob o pálio da religião oficial. Deus não patrocina a indústria da morte, fora da lei normal de evolução e libertação espiritual no prazo justo. Ele não possui inimigos, pois todos são seus filhos e dignos do mesmo Amor.

Inconveniente também é a oração como rogativa interesseira para melhorar negócios, evitar deveres cotidianos, satisfazer paixões ilícitas, desforrar-se do adversário ou conseguir fortuna fácil mediante especulações de negócios escusos. A prece desafoga o ser nas horas cruciantes e perturbadoras, renovando-lhe o ânimo pelo energismo superior e consolando-lhe a alma pela certeza de breve libertação dos sofrimentos redentores na carne. Jesus, Francisco de Assis, Dom Bosco, Teresinha de Jesus, Vicente de Paula e outras criaturas de elevado porte espiritual, que sobrepunham a Vida Eterna à transitoriedade do mundo material, voavam nas asas da prece até as esferas angélicas e comungavam, felizes, com o reino celestial do Senhor.

PERGUNTA: — Cremos que as palavras pronunciadas durante a prece são de pouca importância e eficácia. Não é assim?

RAMATÍS: — As palavras também se configuram na mente humana durante a prece porque lhes cabe a função de expressar as ideias e os variados estados de espírito do homem, embora os seus lábios não as pronunciem. A oração sem palavras "pensadas" ou "pronunciadas" seria então o estado de espírito do *samadhi* tradicional dos hindus.[29] No entanto, o homem só pode orar quando parte de um motivo ou

---

[29] N. do Revisor: *Samadhi* é um estado de espírito de pura abstração e peculiar das almas santificadas. No Ocidente é conhecido pelo "êxtase" dos santos.

de uma ideia que ele associa a outras ideias mais ou menos sublimes, até estabelecer em si mesmo um ritmo psíquico cada vez mais ascendente.

Em consequência, o impulso inicial da oração também exige de vossa mente a projeção de uma palavra correspondente à emoção, à ansiedade ou ao sentimento que experimentais naquele momento, até configurar-se na vossa consciência. A prece exige sempre um motivo, um elo ou ponto de partida, para depois desatar-se na mente humana, quer seja a rogativa a Deus para restaurar o espírito combalido, quer seja a súplica para amenizar o sofrimento da alma de alguém falecido. Quando a prece se acende na intimidade da criatura, as palavras também lhe afloram vivíssimas na mente, correspondendo às figuras, às ideias e aos estados de espírito que ela vive naquele momento. Quer se trate de uma prece endereçada a Jesus, a um santo católico ou guia espírita, o homem quando ora tem de partir de algo já conhecido ou ideado na sua mente.

A prece maquinal, o recitativo displicente ou a ladainha fastidiosa são inócuas, porque lhes falta no seio das palavras o sentimento espiritual que faz a alma vibrar com a intimidade divina. E as preces dramatizadas, compungidas ou exaltadas, também se anulam nessa exteriorização, pois os recursos vulgares do mundo material transitório não possuem a força grandiosa de sublimar o Espírito eterno. A pose mental no ato da prece é um estado de fuga ou de liberação espiritual, em que a personalidade humana cede em favor da individualidade eterna.

Às vezes, o sacerdote católico, o pastor protestante ou o doutrinador espírita oram mediante longos gestos de súplicas e exclamações comoventes, mais preocupados quanto à opinião pública do que mesmo à sua comunhão espiritual com Deus. No entanto, um homem simples, analfabeto e destituído dos recursos de oratória, porém, humilde e confiante no seu Criador, pode obter facilmente os favores sublimes do Alto, em sua linguagem profana e singela, porque trata-se de uma rogativa sincera, pura e sem interesse pessoal.[30]

[30] N. do Médium: Estas palavras de Ramatís fazem-nos recordar um conto sertanejo, humorístico, em que alguns sacerdotes católicos, pastores protestantes, médiuns espíritas e adeptos esotéricos achavam-se impedidos de realizar uma

PERGUNTA: — *Que dizeis quanto às preces coletivas no seio das igrejas católicas, nos templos protestantes ou nas casas espíritas?*

RAMATÍS: — Insistimos em dizer-vos que a importância e a sublimidade da prece dependem fundamentalmente do grau espiritual, das intenções, da renúncia e dos sentimentos daqueles que oram. A prece coletiva ou a "prece-louvor" de hosanas ao Criador, que os fiéis e religiosos pronunciam comumente nas igrejas católicas, nos templos protestantes ou mesmo nas associações espíritas, atraem os bons espíritos que também se associam à beleza das vozes humanas, comungando e incentivando as vibrações harmoniosas desses hinos de gratidão a Deus. Durante os cultos religiosos de excelsitude espiritual, o magnetismo dos seus participantes evola-se em vibrações radiosas até as abóbadas do templo e depois desce em formosa chuva de pétalas diamantíferas, à feição de um bálsamo divino.[31]

Em tal momento os fluidos benfeitores expungem angústias, amenizam as reminiscências dolorosas e revitalizam a alma, pondo-a em contato feliz com as vibrações das esferas celestiais.

PERGUNTA: — *Em consequência, os cânticos religiosos também são uma espécie de oração coletiva. Não é assim?*

RAMATÍS: — Efetivamente, assim é, pois constituem uma exaltação à obra de Deus, rogam benefícios para a humanidade ou intentam a melhoria dos seus próprios celebrizantes. Aliás, os "coros" interpretativos da música sacra, de poemas ou canções que destacam os bens do Espírito acima
---
festividade campestre de confraternização, porque a chuva caía inclemente. Então, os sacerdotes católicos, compenetrados e compungidos, fizeram comovente apelo a Deus para cessar a chuva, mas sem obterem qualquer resultado. Em seguida, os pastores protestantes também rogaram, sem resultado, a mesma graça. Finalmente, os espíritas e os esoteristas recitaram enternecida prece. Contudo, apesar da linguagem culta, o fraseado castiço e o tom religioso, todos fracassaram, pois a chuva continuava a cair impiedosamente. Então o caboclo humilde, que os hospedava, bastante pesaroso ante a desilusão dos hóspedes, levantou-se, chegou à janela e olhando sério para o céu, exclamou num tom de censura: "Ué, meu Pai? Mecê tá zangado hoje? Num quê pará a chuva prôs coitados fazer sua festa?" Para espanto geral de todos, eis que a chuva cessou repentinamente.
31 N. do Revisor: Aconselhamos a leitura das páginas 121 e 122, do capítulo IX, "Perseguidores Invisíveis", da obra *Libertação*, de André Luiz, quando o autor espiritual focaliza o ato religioso da missa e destaca o valor sublime da prece.

dos interesses do mundo, chegam mesmo a influir no temperamento emotivo dos ouvintes, pois aquietam as paixões violentas e agressivas, despertam emoções e sentimento de beatitude, que jazem em estado latente no âmago da alma. Tal qual a prece serena, os cânticos religiosos e os coros de alta espiritualidade arrefecem os maus impulsos da criatura e acalmam as emoções de amargura.

PERGUNTA: — *Mas é evidente que nem todos os cânticos, coros ou hinos, influem de maneira benfeitora na alma dos ouvintes. Não é assim?*

RAMATÍS: — Há que distinguir, naturalmente, os cânticos e os coros que, embora sob a mesma técnica e natureza expressiva, despertam sentimentos e objetivos que exaltam o instinto inferior animal. De modo algum, não se pode considerar uma "prece coletiva" os brados guerreiros de cólera, vingança ou furor, instigados pela música agressiva dos hinos belicosos. São cânticos de vanglórias, de orgulho ou de desforras, que, apesar do seu motivo patriótico, separam e avivam o ódio entre os homens, contrastando negativamente com o sentido pacífico da oração que é mensagem de Amor e Vida Eterna.

Os cânticos religiosos de hosanas a Deus, os poemas sinfônicos que exaltam a beleza da vida e as virtudes dos homens; os hinos de incentivo ao dever cívico e às atividades criadoras da juventude, como mensagem do estímulo superior, erguem o coração e a alma dos ouvintes em favor de tarefas benfeitoras na face da Terra. Também servem de consolo e ânimo quando, em certos momentos da existência, o conjunto de vozes humanas emolduradas pelas melodias sublimes, avivam na alma a glória da vida imortal![32]

PERGUNTA: — *Que dizeis dos grupos corais ou conjuntos musicais, que executam melodias populares ou peças fol-*

---

[32] N. do Revisor: O ouvinte de sensibilidade musical apurada chega a gozar um estado de graça espiritual com o mundo angélico, quando, no final da "Nona Sinfonia" de Beethoven, as vozes humanas em magnificente coro, casam-se à harmonia da instrumentação orquestral. Nessa admirável fusão sinfônica de vozes humanas e instrumentos musicais, que traduzem um divino poema de exaltação ao Criador, os sons desfiam-se em nuances sublimes e os acordes, em geniais "fugas vibratórias", evocam, realmente, a vida da alma nas regiões paradisíacas.

clóricas? Apesar do sentido de suas execuções, eles também poderiam manifestar algo do sentido sublime da oração?

RAMATÍS: — A oração, em sua expressão inata, é o processo que permite ao homem manifestar os seus melhores pensamentos e sentimentos ao Criador. Em consequência, todos os atos, tarefas ou preocupações humanas, religiosas ou profanas, que exaltem a obra Divina, enalteçam os bens do Espírito e a conduta moral superior, também podem ser considerados como louváveis ensaios de oração.

A oração condiciona o espírito humano à meditação dos bens superiores, e por isso induz a alma às reflexões sadias. Não se ajusta a servir para exaltar os requebros do corpo ou para as agitações dos crentes supersticiosos ou fanáticos, que oram de forma gritante e desordenada.

A música popular, quando o seu conteúdo verbal e ritmo musical desperte anseios da alma para uma vida mais sadia e menos material, também é uma espécie de oração.

Aliás, no gênero da música clássica já existem inúmeras peças e composições decalcadas de temas religiosos ou de tradições litúrgicas, que são executadas nos ambientes profanos; e não perdem o sentido simbólico de uma prece sonora. Mesmo entre as óperas de assunto trágico, impregnadas da violência das paixões humanas, há trechos de melodias e partes corais, que significam verdadeiros "oásis" no turbilhão da música áspera, opressiva e contundente.[33]

As composições de baixo teor musical, que invocam os instintos inferiores da alma, em vez de libertá-la dessas emoções tóxicas, são cantorias fesceninas ou debochadas, que, por lei de sintonia psíquica, avivam e exaltam nos seus ouvintes os estímulos perniciosos das paixões e dos vícios censuráveis.

PERGUNTA: — *Explicam alguns videntes que, durante as preces tecidas pelos sentimentos mais puros dos homens, formam-se halos e auras luminosas com desenhos ou símbo-*

---

[33] N. do Revisor: Entre as peças admiráveis de essência elevada e agrado espiritual, podemos destacar "Regina Coeli", da ópera "Cavalaria Rusticana", a "Casta Diva", ária de profunda sensibilidade da ópera "Norma", ainda os coros de Bach, as peças de Haendel, as missas de Haydn, a "Ave Maria" de Schubert, de Bach, Gounod e, acima de todas, impõe-se a majestosa "Nona Sinfonia" de Beethoven, verdadeiro monumento sinfônico e admirável "Coral" de hosanas ao Criador.

Elucidações do Além 111

los de cores fascinantes a flutuarem sobre as cabeças daqueles que oram. Isso é certo?

RAMATÍS: — Em qualquer circunstância em que os homens se reúnem na prece individual ou coletiva, impregnada dos sentimentos mais puros e dos pensamentos mais excelsos, as suas vibrações traçam no Espaço símbolos, figuras e alegorias belas e comoventes, em perfeita sintonia com a qualidade espiritual e as intenções dos seus autores. É a essência elemental, estranha manifestação semi-inteligente que circunda e interpenetra todos os seres e coisas, que vivifica a matéria mental e astralina, modelando os aspectos, as formas e as cores de acordo com as emoções vibradas pelo pensamento humano.

Assim, enquanto o grau espiritual do ser fundamenta a luminosidade das auréolas humanas, a qualidade do pensamento determina-lhe o tipo de cor e a sua forma de expressão simbólica. Muitas vezes, quando o homem pensa fortemente em algum lugar distante, onde desejaria se manifestar no momento, ele também pode projetar uma forma de "pensamento-cópia" de sua própria figura humana; e se for identificado pelos videntes é julgado como se fora realmente um espírito. No entanto, se ele pensa em coisas, objetos ou seres, os seus pensamentos caldeiam a forma daquilo que pensa e tão nítido e identificável conforme seja a precisão da ideia forjada pelo pensador. E assim, as "formas-pensamentos", com suas cores peculiares e contornos exóticos, não só influem nas outras criaturas afins, como atraem outras imagens semelhantes e reforçam a natureza mental do que já foi pensado. Eis por que, no vosso mundo, de vez em quando, certas invenções, teorias, obras literárias, poesias e composições musicais surgem, simultaneamente, reveladas por mais de um indivíduo. Este fenômeno é resultante da reciprocidade mental entre aqueles que nutrem ideias semelhantes. Tem, pois, real fundamento a sentença de que "as ideias andam no ar".

Obviamente, a formação dessas imagens e símbolos em torno do halo mental do homem, impregnadas de cores de radiações luminosas que surgem à medida que ele pensa ou se entrega à oração, dependem da natureza dos seus pensamentos e emoções. Os pensamentos e sentimentos nobres geram cores translúcidas, claras e límpidas, que vibram sob focos de luz radiosa; no entanto, as formações mentais subversivas mostram-se escuras, deformadas e sujas, num aspecto oleoso, cujas cores são depressivas e desagradáveis. De conformidade com a natureza cromática do mundo astral, o ódio e a maldade, por exemplo, mostram-se em cores negras e espessas, enquanto o amor e a bondade expressam-se em tons róseos, lilases formosos e imaculados. Os pensamentos produzidos pelo fanatismo religioso, fetichismo ou devoção egoísta projetam-se em uma cor azul-escuro desagradável; no entanto, o sentimento religioso elevado, altruístico e puro devoção, retrata-se num esplendoroso azul-celeste balsâmico e sedativo à alma.[34]

Assim, os bons videntes, ao examinarem as cores e as radiações que se projetam na auréola em torno da mente humana, podem avaliar as qualidades do espírito e as intenções dos seus autores. Mas, insistimos, é justamente no momento da prece, como exaltação íntima do ser buscando a fonte de sua origem, que é Deus, quando tudo se clarifica em torno e os seus pensamentos se aformoseiam tecendo imagens deslumbrantes e irradiando esplendores de luz do mais encantador colorido.

---

[34] Vide cap. III, "Oração Coletiva", da obra *Nosso Lar*, de André Luiz, quando no final do mesmo, o autor espiritual descreve a oração coletiva dos componentes principais da Colônia, cujas vibrações excelsas terminam por configurar um formoso coração azul com estrias douradas, em correspondência às vibrações de paz e de alegria expandindo-se de harmonioso hino.

12. Relato e análise da psicometria

PERGUNTA: — *A psicometria é também uma faculdade mediúnica?*

RAMATÍS: — Sem dúvida, pois também exige um medianeiro ou intermediário como as demais faculdades. Entretanto, não é faculdade comum; é mais rara, pois exige avançada sensibilidade psíquica para seu bom êxito.

PERGUNTA: — *Que é, em si, a faculdade psicométrica?*

RAMATÍS: — É a faculdade que têm algumas criaturas de poderem "ler psiquicamente", em contato com objetos ou coisas, as impressões ou imagens em sua aura etérica pelas vibrações dos acontecimentos ou cenas a que os mesmos objetos "assistiram". Em cada objeto que usamos grava-se a imantação do nosso fluido no seu duplo etérico; e mais tarde possibilitará ao psicômetro treinado, identificar e descrever os fatos de nossa vida, ocorridos durante o tempo em que o possuímos. A psicometria, pois, consiste em se fazer a leitura da aura dos seres e das coisas, por intermédio de pessoas dotadas de especial sensibilidade, ou seja um hipersensitivo.

PERGUNTA: — *Os espíritos podem intervir no fenômeno da psicometria e colaborar com o psicômetro?*

RAMATÍS: — Desde que haja utilidade ou interesse no caso, os espíritos desencarnados podem ajudar o médium--psicômetro a "ver" ou "sentir" até os fatos registrados na aura etérica das criaturas, a fim de adverti-las ou orientá-las com sugestões benfeitoras.

PERGUNTA: — *Poderíeis referir melhores detalhes sobre a psicometria?*

RAMATÍS: — Em torno de cada objeto, animal, planta e do próprio homem existe uma "aura" invisível e receptiva, que capta, registra ou fotografa na sua "chapa" etérica todas as imagens ou vibrações que ocorreram na sua "presença". Como analogia, podemos dizer que, assim como gravais as vibrações sonoras na cera de carnaúba para a confecção dos discos fonográficos, o Éter Cósmico grava ou registra todos os fatos circunjacentes. A mais sutil vibração de gesto ou de um pensamento, desde a queda de uma folha seca até a violência do furacão, permanece eternamente fixada na tessitura delicada do éter, num tipo de faixa vibratória que poderíamos denominar de "campo refletor". Sons, odores, imagens e demais frequências vibratórias são fenômenos que, no futuro, quando a vossa ciência estiver uníssona com a fé que "remove montanhas", poderão ser captados através do aparelhamento indescritível aos vossos conhecimentos atuais. O cientista, no futuro, conseguirá captar as ondas sonoras registradas no éter, tornando-as audíveis, e proporcionará fascinante estudo investigando o passado, quando então o homem terreno usufruirá a grata alegria de ouvir cânticos, ruídos, melodias e a multiplicidade de sons que vibram na aura do orbe. A frase evangélica que diz: "não cai um cabelo de vossa cabeça, que Deus não saiba", resguarda uma grande verdade psicométrica.

Quando a vossa ciência dispuser da faculdade dessa visão etérica, então, em face dos inúmeros elementos materiais das épocas remotas do passado e que ainda existem, espalhados por todos os recantos do vosso orbe, será possível trazer à superfície e constatar a verdade autêntica e imaculada de muitos fatos e acontecimentos ocorridos no vosso mundo, que a tradição secular registrou na vossa história, porém, completamente adulterados. E, como decorrência de tais revolações, a Humanidade conhecerá, então, sem qualquer equívoco, certos fatos que se acham sepultados na noite dos tempos.

PERGUNTA: — *Gostaríamos que nos explicásseis como é*

que o psicômetro exerce a sua faculdade.

RAMATÍS: — O psicômetro, concentrando-se profundamente na "aura" do objeto ou coisa material que pretende auscultar, pouco a pouco vai captando os eflúvios psíquicos da frequência vibratória que os envolve; e então começa a sentir, pela sua projeção no perispírito, a série de imagens que, em ordem decrescente, vão-lhe assinalando os fatos na ordem inversa. Supondo que um competente psicômetro, tomando um anel ou joia que pertenceu a um fidalgo da corte de Luís XV, submete o espectro áurico dessa joia a uma análise de investigação vibratória, logo, então, ele começa a se aperceber de todos os acontecimentos que se desenrolam em torno do referido objeto ou, para melhor definição, de todos os fatos a que o anel "assistiu", desde o momento em que o dito fidalgo começou a usá-lo. Porém, os acontecimentos surgirão em ordem inversa, isto é, do presente para o passado.

Na chamada literatura ocultista encontrareis suficientes comprovações de fatos verídicos revelados pela psicometria. Às vezes, é suficiente um fragmento de papel, pano, metal ou mesmo de pedra, que permaneceu nas adjacências de importante cerimônia pública, de uma batalha ou mesmo de fatos sem grande importância; mas o psicômetro bem desenvolvido relata os acontecimentos "assistidos" pelo objeto.

PERGUNTA: — *Quais os recursos que melhor auxiliam o desenvolvimento do psicômetro e o êxito do seu trabalho?*

RAMATÍS: — Os principais elementos necessários ao psicômetro são os seguintes: habituar-se à meditação; dominar bastante as sensações pessoais para ter bom controle mental. Deve aprender a isolar-se do mundo externo físico, numa espécie de "auto-hipnotização", a fim de se tornar um núcleo receptivo, captador de vibrações psíquicas. Necessita imergir numa suave passividade de auscultação espiritual, de modo a permitir que as imagens chegadas através de sua sensibilidade psíquica despertem-lhe os ajustes do raciocínio identificador. Comumente, antes de o psicômetro "ver imagens" na tela imponderável, a sua mente é invadida por ideias que lhe criam o estado mental de sintonia necessária à perfeita receptividade dos acontecimentos que então se manifestam mais clara e perfeitamente. Em certos casos, é uma espécie de "voz interior", que parece enunciar com antecedência os detalhes mais relevantes dos fatos que serão projetados ou revelados pelo objeto em análise. O psicômetro deve ser um homem de alma bastante cristianizada pois, tanto quanto mais lograr o afinamento psíquico do seu perispírito, também há de torná-lo cada vez mais transparente e sensível para auscultar o Éter Cósmico.

PERGUNTA: — O psicômetro não deveria ser considerado um médium profético ou de premonição?

RAMATÍS: — Sem dúvida, a essência de todas as faculdades psíquicas é uma só: a Alma do Cosmo. A classificação dos diversos tipos de mediunidade, estabelecida pelo homem, não lhes invalida a origem de uma só fonte, que é Deus. Daí a semelhança que entre si guardam as faculdades mediúnicas diferentes, assim como a psicometria, que poderia ser confundida com a vidência, a audição ou a premonição intuitiva, porque todas se manifestam no mesmo tom psíquico, embora distinguindo-se perfeitamente quanto à sua aplicação, em que se pode traçar a fronteira onde termina uma e começa a outra. O vidente "vê" mentalmente ou astralmente os espíritos desencarnados, quando de sua focalização mediúnica, enquanto o médium audiente "ouve" nas mesmas condições e o médium de premonição "pressente" os avisos ou advertências sobre coisas futuras.

O psicômetro "lê" os fatos e as impressões existentes na própria aura dos objetos, das coisas ou dos seres que examina, assim como pode mergulhar no passado, rever os acontecimentos e os contatos que os produziram. Sendo capaz de relacionar-se telepaticamente com o psiquismo do dono do objeto que investiga, porque todas as coisas se ligam etericamente no seio da Criação, ele não somente recepciona as impressões, as influências, os sentimentos e as vibrações psíquicas contidas no eterismo do mesmo, como ainda pode alcançar a fonte que produziu tais acontecimentos.

Quando essa faculdade, aliás, rara ainda, é bastante avançada, fica aumentada a faixa de auscultação psíquica e, assim, o psicômetro tanto mergulha no passado através da psicometria como, libertando-se espiritualmente do tempo e do espaço, pode prever o futuro com louvável certeza. Assim como, lançando-se um foguete em noite escura, poderemos prever ou profetizar que dentro de certo tempo haverá um clarão fosforescente no céu, o psicômetro percebe certos fatos que ocorrerão no futuro, como aqueles que se imantaram aos objetos ou coisas que são psicometradas.

O psicômetro revê na aura daquilo que examina os acontecimentos ali gravados, assim como lê e sente as impressões deixadas pelos seus donos, podendo tomar conhecimento de diversos fatos passados com eles. Sabem os reencarnacionistas que a alma traz impressa no seu perispírito o programa cármico do seu futuro, pois terá de se submeter a experiências que lhe avivem certas qualidades embrionárias e retifiquem-lhe determinadas arestas espirituais. Deste modo, o bom psicômetro consegue profetizar certas sequências futuras, referentes aos que deixaram refletidos na aura etérica dos objetos os seus sentimentos ou temperamento particular. O objeto ou coisa investigada nesse caso expõe o passado ao psicômetro e o relaciona com a subconsciência do seu antigo dono, quer ele esteja encarnado ou desencarnado, porquanto não há rupturas nem descontinuidade na ligação dos fenômenos psíquicos ocorridos, independentemente do tempo e do espaço.

PERGUNTA: — Se pudéssemos confrontar o fenômeno da psicometria com qualquer descoberta científica moderna, no campo das forças físicas ou magnéticas do nosso mundo, a qual delas ele se compararia?

RAMATÍS: — Não cremos que possa ser feita qualquer analogia nesse sentido, uma vez que o fenômeno psicométrico se processa num plano de dimensões completamente diverso das do ambiente material. No entanto, tratando-se de uma faculdade algo semelhante a um "detector", porque transforma as impressões etéricas em sinais compreensíveis para o entendimento do psicômetro, revelando a presença de acontecimentos ocultos, ela se situa mais perto do conceito eletrônico moderno, das últimas conquistas do "radar". Aliás, esse é o caminho mais certo para os futuros cientistas construírem aparelhos que terminarão transformando as impressões e ondas sonoras, gravadas no Éter Cósmico ou conhecido *Akasha* da escola oriental, em fenômenos perceptíveis aos sentidos físicos do homem.

PERGUNTA: — Supondo-se que um mesmo objeto tenha sido de propriedade de vários donos e que, por coincidência, tenha sido influenciado por vários acontecimentos importantes ocorridos com todos os seus possuidores, porventura durante o exame psicométrico surgirão ao mesmo tempo todas as impressões gravadas na sua aura etérica?

RAMATÍS: — Em tal circunstância, o psicômetro sintoniza-se espontaneamente com os fatos e com o dono do objeto que ali houver deixado o fluido mais enérgico, mais vivo, da mesma forma como as ondas hertzianas podem ser recepcionadas de tão longe quanto seja a capacidade da emissora. Durante o processo de psicometria, domina o grau de simpatia ou a relação afetiva do psicômetro para com o tipo de acontecimentos mais importantes gravados na aura etérica dos objetos e seres, o que, em linguagem técnica, é chamado o "recurso seletivo".

PERGUNTA: — Supondo-se o exame psicométrico de um anel ou joia que tenha pertencido durante muitos anos a determinada pessoa, seria possível ao psicômetro identificar a existência pregressa dela, antes de possuir esse objeto?

RAMATÍS: — Que faz a criatura quando se recorda pessoalmente das existências passadas? Apenas transforma em conhecimento atual aquilo que na sua memória etérica vive na forma de sinais, impressões ou influências, isto é, efetua um exame "autopsicométrico". Lembrar-se do passado é "sustar" ou "deter" os fatos etéricos gravados no próprio perispírito, transformando-os em imagens reconhecidas pelo cérebro físico e compreensíveis pela comparação com os fenômenos atuais. Revela-se com tanto sucesso a memória etérica para a consciência física em vigília, tanto quanto forem a sensibilidade psicométrica e a transparência perispiritual do ser. É por isso que o psicômetro muito sensível também se recorda facilmente de suas vidas anteriores, pois o fenômeno que ele vive através dos fatos e das impressões que recolhe dos

Elucidações do Além 119

objetos alheios pode vivê-lo em si mesmo, pela auscultação daquilo que se gravou na sua própria aura etérica.

PERGUNTA: — Alhures lemos em certa obra que os objetos podem exercer forte influência nas criaturas que muito se apegam a eles. Isso é verdade ou trata-se de simples superstição?

RAMATÍS: — Pouco a pouco o terrícola irá comprovando que detrás de muita superstição do passado escondem-se as mais inconfundíveis verdades. É óbvio que os objetos e as coisas do mundo físico são apenas núcleos de energias ali concentradas, mas sem consciência formada e capaz de exercer domínio sobre os seres vivos. Na realidade, as criaturas é que se deixam influenciar pelas coisas do mundo exterior, pois abdicam de sua vontade, escravizam-se a caprichos tolos e obsessões de posse, terminando por imantarem-se imprudentemente àquilo que na Terra é alvo de sua adoração fanática ou avareza.

Em inúmeras habitações terrenas ainda perambulam espíritos recém-desencarnados, bastante debilitados pelo sofrimento e demasiado apego e ciúme do que possuíam na matéria. Bastante saudosos, eles ainda hesitam em se afastar da rica biblioteca que adoravam egocentricamente, da coleção de selos raros, fruto de anos de labor infatigável, das joias valiosas ou da vivenda luxuosa que haviam edificado para o "descanso" da velhice interrompido pela morte cruel. Há seres desencarnados ainda presos fortemente ao cachimbo de espuma, ao disco invulgar da radiola, à medalha exótica, ao troféu do melhor atirador de pombos, à relíquia pertencida a certo fidalgo inescrupuloso, ou então ao anel de brilhante herdado do bisavô.

São almas que atravessam a existência humana sofrendo mil sustos e angústias cada vez que, por descuido, esquecem onde ficou a joia ou o objeto a que se encontram imantados. Giram em torno daquilo que os escraviza; narram detalhes voluptuosos e assoma-lhes o prazer ao rosto ante a posse da coisa rara, exótica ou cobiçada por outrem. Algumas empenham toda a sua fortuna e o seu tempo colecionando as coisas mais exóticas, grotescas ou tolas, vivendo a existência terrena exclusivamente ligadas a motivos e fatos que se relacionem com a sua mania.

Desnecessário é dizer que essas criaturas, tão facilmente dominadas pela fixação mental dos objetos do mundo material transitório, logo em seguida à sua desencarnação deixar-se-ão arrastar inapelavelmente para junto das mesmas coisas com que em vida se deixaram fascinar. Os seus protetores não conseguem afastá-las das quinquilharias terrenas, a que se imantam derramando lágrimas de dor e soluços de desespero. Às vezes, demoram-se alguns anos interferindo no seio da família terrena, interpondo-se nas tricas domésticas, como se ainda vivessem no corpo físico. Doutra feita, angustiam-se, gritam discutem e até criam ódio aos parentes que resolvem se desfazer dos objetos ou bens que ainda os ligam fanaticamente à vida material.

PERGUNTA: — *Qual a ideia mais clara que poderíamos formular sobre o modo como se imantam essas criaturas aos objetos materiais?*

RAMATÍS: — Elas se imantam em demasia, com suas próprias impressões e sentimentos fanáticos, às coisas que possuem na vida terrena; e depois de mortas, sofrem a cruel escravização de não poderem se furtar à sua influência psicométrica. A mente cristaliza-se de tal forma, apegada às coisas da matéria, ou àquilo que lhe requer demasiada atenção, que termina gerando um forte liame de fascinação sobre o perispírito. Entre o objeto e a mente fascinada produz-se verdadeiro circuito magnético, impedindo o espírito desencarnado de pensar noutra coisa ou mobilizar energias para devotar-se a outros misteres. A libertação será tão breve quanto seja o afinamento perispiritual do ser, ou então pela volatização natural da substância mental-magnética, que se enfraquece por falta de nutrição.

Os fluidos incessantemente projetados por nós sobre os objetos, quer devido à posse, à atração, ao encanto, ou pelo medo de perda, produzem certos estados obsessivos. Muitas vezes nos distanciamos deles, mas deixamos a nossa mente colada à sua aura etérica. Assim há perigo do apego fanático à joia de estimação herdada do parente famoso ou que pertenceu ao personagem importante, em que os mais exagerados muitas vezes preferiam ter cortado um braço ou uma perna, a perdê-la para sempre.

É refletindo sobre esse processo de imanização ou imantação da mente humana aos objetos da matéria, pela influência dos atos e dos sentimentos das criaturas naquilo que amam, que melhor entendemos certos conceitos do Mestre Jesus. Reconhecemos, assim, que além de iluminado Instrutor Espiritual da Terra, o Divino Amigo é abalizado Psicólogo e genial Cientista Sideral, que resumia em seus ensinamentos as leis imutáveis da vida macro e microcósmica. Detrás de suas máximas sublimes, que para muitas criaturas só despertam um misticismo lacrimoso, ocultam-se as advertências de um indiscutível "energetismo evangélico" tal como se certifica quando Jesus adverte e aconselha: "Não acumuleis tesouros na terra, onde a ferrugem e os vermes os comem e onde os ladrões os desenterram e roubam". (Mateus, 6:19) ou então: "Não vos afadigueis por possuir ouro, ou prata, ou qualquer outra moeda em vossos bolsos". (Mateus 10:9).

Embora em sua época o povo ainda ignorasse as descobertas modernas e a comprovação do inumerável contingente de forças ocultas que atuam sobre os seres vivos, Jesus já ressaltava o valor dos bens espirituais, enquanto advertia quanto aos perigos da fascinação da criatura pelos tesouros perecíveis do mundo material. Sem dúvida o Divino Cientista ainda não podia explicar aos homens imaturos que toda posse fanática, cúpida e avara dos objetos e das coisas da Terra termina por "imanizar" o seu dono, mesmo depois de sua morte física, fazendo-o sofrer as maiores aflições e impedindo-o na sua ascensão espiritual. A advertência de Jesus, embora em época tão recuada, já deixava entrever que os objetos fascinam e exercem influência escravizante nos seres avaros e imprudentes que os adoram pela sua cegueira espiritual. Aconselhou o Mestre, legando-nos a lição admirável e oculta de que é perigosa a posse do ouro, da prata ou dos bens do mundo, quando ainda não podemos fugir de seu indesejável poder de imantação.

PERGUNTA: — Baseando-nos em tal conceito evangéli-

co, parece-nos que deveríamos abdicar da posse de qualquer objeto ou coisa do mundo material. Não retornaríamos, então, à vida selvagem, pela nossa renúncia absoluta às atuais formas de civilização?

RAMATÍS: — Jesus não advertiu quanto ao perigo da "posse" dos objetos do mundo material e sim referiu-se fundamentalmente ao perigo de o homem ser "possuído" por aquilo a que ele se devota avara ou fanaticamente. O Mestre não baixou à Terra para defender a tese da pobreza absoluta; Ele apenas advertiu quanto aos prejuízos que a riqueza causa aos espíritos imprudentes e cobiçosos. Ele destacou profundamente a ideia sadia de que é mil vezes preferível sermos pobres, mas libertos da escravidão dos objetos do mundo, a possuirmos uma riqueza que nos transforme em infelizes escravos do mundo. Erram profundamente aqueles que julgam ser a pobreza um índice de "melhoria" espiritual. Se pudéssemos consultar o Criador a esse respeito, não há dúvida de que Ele nos recomendaria que nos servíssemos mais daquilo que fosse o melhor e o mais agradável para nossas vidas.

Quando o Alto emite alguma censura contra a riqueza, não o faz para que nos tornemos paupérrimos se quisermos alcançar a ventura espiritual. Deus não nos censura por vestirmos seda ou veludo, alimentarmo-nos em pratos de porcelana, bebermos em vasilhame de cristal, residirmos em casas confortáveis ou transportarmo-nos em veículos luxuosos; o que Ele recomenda pelos seus prepostos siderais, é que todas as criaturas também possam usufruir prazenteiramente de tais benefícios da riqueza.

Não há mérito no fato de um homem vestir trapos, nutrir-se com as mãos sujas ou deixar crescer os cabelos e a barba para identificar-se com os objetivos da vida espiritual. Quem, deliberadamente, é pobre e sujo vale menos que o rico escanhoado e limpo que emprega em suas fábricas ou escritórios outras criaturas que vestem, alimentam e proporcionam o conforto no lar aos seus familiares. Não é o desprezo pela riqueza do mundo o que caracteriza o espírito superior, pois este se revela na aplicação benfeitora e no serviço útil prestado ao próximo que está em pior situação econômica.

Se Deus alimentasse qualquer prevenção contra a riqueza, determinando que o padrão angélico seria a pobreza franciscana, sem dúvida não teria favorecido o homem para deixar a caverna "pré-histórica" e perder os pelos no contato com a civilização. Muitas criaturas que batem de porta em porta pregando a pobreza como símbolo celestial de sua religião, assim o fazem porque a vida lhes tem sido madrasta e elas ainda não sentiram o sabor hipnótico da riqueza. Quando as condições as favorecem, no futuro, elas então conseguem harmonizar habilmente a posse da fortuna com a sua devoção para com Deus.

13. Relato e análise da radiestesia

PERGUNTA: — *Que podeis nos dizer sobre a Radiestesia?*

RAMATÍS: — É a faculdade de o indivíduo sondar através das ondas eletromagnéticas os veios d'água, lençóis minerais, influências magnéticas, locais benéficos para plantações ou efetuar diagnósticos sobre enfermidades, podendo assim indicar os medicamentos apropriados. Essas descobertas e diagnoses são feitas com o auxílio de varinhas de pessegueiros ou aveleiras, pêndulos de metal ou de madeira, que captam as ondas eletromagnéticas emitidas pelos objetos, lençóis d'água ou pontos auríferos.

PERGUNTA: — *A radiestesia pode ser considerada também uma faculdade mediúnica?*

RAMATÍS: — Toda capacidade humana que permite ao homem sentir ou ver os fenômenos ocultos aos sentidos físicos também pode ser considerada uma faculdade mediúnica. E o radiestesista, que é um indivíduo com a sensibilidade psíquica de poder captar as ondas eletromagnéticas que emanam dos seres vivos e dos vários reinos da natureza, é também um médium, porque se interpõe qual ponte viva entre o mundo astral e o físico. Mesmo que não seja espírita, é realmente um médium, pois mediunismo independe de espiritismo.

PERGUNTA: — *Qual a diferença característica entre o psicômetro e o radiestesista?*

RAMATÍS: — O psicômetro e o radiestesista guardam bastante afinidade entre si, pois ambos possuem faculdades receptivas muito semelhantes, quanto à sua técnica de investigação. O primeiro pode "ver" psiquicamente, na aura dos seres e dos objetos, as cenas mais remotas que ocorreram na sua "presença"; alguns psicômetros de invulgar capacidade chegam a sentir, durante a visão psicométrica, a temperatura, os odores, assim como ouvem a música ou os sons que remotamente vibram em torno daquilo que eles examinam. O radiestesista, em lugar de ser um "ledor" de aura etérica, é um captador de ondas eletromagnéticas emitidas pelos objetos e seres vivos.

Ele as pressente ou percebe servindo-se da varinha de aveleira ou da forquilha de pessegueiro; ou então pelas oscilações positivas ou negativas dos pêndulos feitos de madeira, de metal ou de ebonite. É mais um interceptador das ondas eletromagnéticas que emitem os objetos, alimentos, minérios, medicamentos, lençóis d'água do subsolo, animais, homens e até substâncias mórbidas que podem lhe servir de elementos para obter surpreendentes diagnósticos. Conforme sejam as oscilações, o giro negativo ou positivo ou a imobilidade desses pêndulos, que se movem pelo magnetismo, o radiestesista comprova e assinala as condições favoráveis ou desfavoráveis dos objetos ou das pessoas que examina.

O psicômetro, no entanto, mediante sua visão psíquica, observa no éter, ou *akasha* dos orientais, as vibrações, as imagens ideoplásticas interiores ou os reflexos dos fenômenos vividos ante os objetos ou coisas, em cujo duplo etérico se imprimiram. E conforme já vos dissemos, os fatos sucedidos junto à aura etérica do que o psicômetro examina, vão-lhe ocorrendo de modo inverso, ou em sentido regressivo, pois os acontecimentos mais novos superpõem-se aos mais velhos. O radiestesista, no entanto, alcança o mesmo êxito, mas captando as radiações eletromagnéticas na forma de eflúvios negativos ou positivos.

PERGUNTA: — Poderíeis informar se o êxito da radiestesia também depende dos tipos de metais ou minérios com que são fabricados os pêndulos para esse fim? Varia também a sensibilidade dos pêndulos conforme seja o seu feitio ou a substância com que são confeccionados?

RAMATÍS: — A radiestesia é inerente ao homem e não se subordina especificamente aos tipos e às qualidades das varinhas, forquilhas, galhos ou pêndulos de metal, de madeira ou de ebonite. Esse objetos, em seus movimentos, servem apenas para transmitir aos sentidos psicofísicos o fenômeno que se processa no mundo oculto das energias primárias e os assinala tão fortemente quanto seja a sensibilidade eletromagnética do radiestesista. Quanto mais vivas e intensas forem as oscilações dos pêndulos, ou o curvamento das varinhas, tanto melhor o radiestesista avalia a intensidade, o volume ou a radioatividade daquilo que examina.

Todos os corpos existentes na Natureza desprendem emanações que são os seus corpúsculos imponderáveis, tal como o rádio. Essas emanações fluídicas e infinitesimais passam despercebidas às criaturas, pois não há um dispositivo especial ou órgão para captá-las na forma de ondas eletromagnéticas, como mais propriamente elas se desprendem de todos os materiais e seres vivos. Quando armado da varinha ou do pêndulo, o radiestesista é semelhante a um aparelho receptor de rádio, em que o seu braço funciona como antena. O pêndulo, varinha ou forquilha representam o detector que transmite e amplia os movimentos espontâneos produzidos pelas emanações, ondas radiantes ou magnéticas que se exsudam dos corpos.

O seu principal papel é o de revelar e depois ampliar aos sentidos físicos as vibrações imponderáveis que interceptam ou captam, mas de forma alguma esses objetos de sondagem e prospecção radiestésica podem criar a faculdade no homem, a qual lhe é congênita. Não há dúvida de que operando-se com pêndulos de material tanto mais neutro quanto possível, ou forquilhas e varas de vegetais mais seivosos e cortados no crescente, também se obtêm melhores resultados na pesquisa, porque eles assim permitem maior fluência e receptividade às ondas eletromagnéticas em pesquisa. No caso dos pêndulos de material mais neutro, eles também exercem menor influência no magnetismo, que se escoa em circuito fechado pelo perispírito do radiestesista, enquanto as forquilhas ou varas de árvores cortadas no crescente, isto é, na fase de melhor seiva, também ficam mais sensíveis, porque estão sobrecarregados do magnetismo e da eletricidade vegetal.

PERGUNTA: — Mas não existe algum metal ou minério que ofereça mais êxito no exercício da radiestesia, embora seja a faculdade mediúnica independente do tipo e da qualidade dos objetos usados para a prospecção?

RAMATÍS: — A nosso ver, o pêndulo de quartzo ainda é um dos elementos mais apropriados e favoráveis para a sondagem radiestésica, pois trata-se de material neutro e de reduzida interferência no campo eletrônico dos corpos em exame, diminuindo assim a porcentagem dos desvios eletromagnéticos. Uma vez que o sucesso da radiestesia é inerente ao agente que faz a prospecção, com o decorrer do tempo e maior treino experimental nas pesquisas e estudos, o radiestesista de boa acuidade poderá mesmo dispensar os pêndulos, as baquetas, as varas ou as forquilhas que servem para acusar as ondas eletromagnéticas emitidas pelos objetos e os seres.

Graças à sensibilidade psíquica, que se afina pela continuidade de auscultação radiestésica, ele termina sentindo o fenômeno vibrar psiquicamente no seu próprio perispírito, pois sonda-o na intimidade do seu ser muito antes de ser acusado pelo movimento pendular ou pela distorção de varas ou forquilhas. Há os que, aproximando a mão dos objetos ou locais escolhidos para a prospecção, sentem na ponta dos dedos a direção positiva ou negativa das ondas eletromagnéticas, os sinais de dependência de outros fatores ou a estática que lhes permite identificar as vibrações neutras. Outros, de apurada auscultação magnética e muito sensíveis, sentem no seu todo psíquico as perturbações orgânicas das pessoas que apenas os tocam com as mãos.

A faculdade radiestésica, conforme dissemos, é inerente ao indivíduo e não aos objetos de prospecção, motivo porque ela pode ser corretamente desenvolvida e altamente sensibilizada, quer pelas experimentações, quer através do estudo, para então confirmar-se num sentido valioso de percepção oculta do homem.

PERGUNTA: — Podeis explicar-nos por que motivo o radiestesista, através de pêndulos ou baquetas, comprova o mesmo fenômeno que o psicômetro também alcança pela leitura psíquica da aura etérica dos seres ou objetos?

RAMATÍS: — Conforme já temos dito, os objetos, as substâncias, os cabelos, os órgãos dos seres vivos, as cartas, os apetrechos de vestuários, a água corrente ou estagnada, os lençóis radioativos ou minerais do subsolo tanto são portadores de vigorosos fluidos peculiares à sua natureza, como também captam ou acumulam no campo etérico de suas auras as emanações fluídicas do meio em que atuam ou de que participam.

O mineral, o vegetal e os seres vivos são constituídos simultaneamente de átomos etéricos e físicos, os quais se interpenetram numa contínua sucessão de forças, atritando-se e influenciando a manifestação da vida em ambos os planos etérico e material. Os átomos étericos formam o duplo etérico como o fiel e imutável registro de tudo o que se sucede em seu redor ou na sua intimidade. É justamente esse duplo etérico, que o radiestesista ausculta pelo pêndulo no seu campo vibratório, identificando-lhe o teor vibratório positivo ou negativo, enquanto o psicômetro o lê de modo regressivo, isto é, de diante para trás.

Sob tal condição de lei sidérea, todos os acontecimentos já sucedidos no vosso planeta também se fixaram em definitivo no seu campo etérico ou no *akasha* da terminologia hindu; embora de modo imperfeito, eles podem ser lidos na sua aura pelos psicômetros invulgares ou sondados pelos radiestesistas. Esse fenômeno, embora se suceda noutro plano vibratório, lembra algo do processo com que a técnica terrena grava a voz e a música nos sulcos de cera de carnaúba ou de bronze das matrizes dos discos fonográficos ou fitas magnetizadas, para depois serem reproduzidos pela agulha de vitrola ou pelo alto-falante do gravador. O mesmo acontece com os filmes fonográficos, que gravam na sua emulsão virgem ver imagens retratadas do mundo e depois o fotógrafo as revela pela reação das substâncias químicas apropriadas.

Se o homem pode gravar a música e a voz na substância material, que é bem mais grosseira e imprópria do que o éter e o fluido astral, esse fenômeno ainda é mais lógico e viável quando o psicômetro e radiestesista auscultam-no direta-

Elucidações do Além 129

mente nas matrizes etéricas. Semelhantes a transformadores vivos, eles depois transferem pelos sentidos incomuns as imagens e as impressões ali encontradas. A diferença fundamental, nesse caso, está em que o psicômetro ou radiestesista sonda no éter dos objetos ou dos seres as imagens e as vibrações dos acontecimentos ali gravados, enquanto os discos fonográficos e os filmes fotográficos são reproduções da matéria para a própria matéria.

PERGUNTA: — *Temos observado que, tanto o radiestesista como o psicômetro, embora operem de modo diferente, costumam encontrar objetos perdidos e identificar acontecimentos ocorridos no passado. Porventura ambos não operam de modo diferente, entre si?*

RAMATÍS: — Há certa semelhança nos processos sensíveis da psicometria e da radiestesia quanto ao seu método de investigação, porque ambos exercem-se na intimidade da matéria, no campo energético do seu éter planetário e completamente interpenetrado pelo fluido astralino, o qual a mente humana influencia com muita facilidade. O radiestesista ausculta o fenômeno oculto nos corpos através da captação das ondas eletromagnéticas irradiadas pelo magnetismo que flui por todos os interstícios da substância e dos seres, enquanto o psicômetro examina o corpo áurico para "ver" ou "sentir" a revivência dos acontecimentos que lhe ficaram gravados.

Embora a sondagem radiestésica seja diferente da leitura psíquica feita pelo psicômetro, em ambos os casos a pesquisa é feita diretamente através do mundo etéreoastral e no campo magnético dos seres e das coisas. Enquanto o psicômetro consegue ver etericamente chaves, agulhas, moedas, ou objetos dentro de caixas hermeticamente fechadas, o radiestesista pode obter o mesmo sucesso examinando as oscilações positivas ou negativas que o pêndulo lhe assinala em resposta às suas indagações mentais sobre a natureza daquilo que pesquisa. O primeiro "vê" psiquicamente os objetos pelas radiações etéricas que ultrapassam o limite material da caixa; mas o radiestesista também os reconhece no seu tipo e forma, pelas ondas eletromagnéticas que vibram pelo pêndulo ou pela baqueta de prospecção.

PERGUNTA: — A radiestesia é conhecida há muito tempo?

RAMATÍS: — O primeiro êxito de radiestesia que se conhece historicamente no mundo foi quando Moisés, que possuía faculdades mediúnicas incomuns, durante o êxodo dos hebreus do Egito buscou água no deserto para o seu povo sedento. Conforme narra o Velho Testamento, ele tomou de sua vara e sondou a rocha, logrando o sucesso de ali encontrar um veio d'água, tal como refere o Êxodo, 17:5,6: "E o Senhor disse a Moisés: caminha adiante do povo; e leva contigo alguns anciãos de Israel; e leva na tua mão a vara com que feriste o rio, e vai. Olha que eu hei de estar diante de ti sobre a pedra de Horeb; e ferirás a pedra e dela sairá água, para que beba o povo. E Moisés assim o fez na presença dos anciãos de Israel".

Em verdade, Moisés saíra com os anciãos à procura d'água, munido de sua vara, que devia ser de aveleira, pois ele era hábil radiestesista; quando pela sua intuição avançada pressentiu água nas proximidades da rocha, tratou de auscultar-lhe as emanações radiestésicas. Partida a rocha e cavado o solo, jorrou a água desejada e os hebreus mataram a sede ardente. Este feito, explicável pelas leis terrenas, Moisés transformou-o em acontecimento miraculoso, dizendo que o Senhor o avisara do local onde existia o precioso líquido. Aumentara, assim, mais uma vez, a sua fama mediante aplicação de suas faculdades mediúnicas.

Também nesse caso de Moisés, não foi a varinha, em si, o que identificou a presença do veio d'água no seio da rocha, pois isso verificou-se pela faculdade radiestésica do seu portador, graças à sua sensibilidade psíquica de poder sondar os eflúvios eletromagnéticos que se irradiavam do local. A faculdade radiestésica, portanto, existia em Moisés e não propriamente na vara, a qual, em suas mãos revelou aos seus sentidos desenvolvidos a fonte líquida, no movimento de sua curvatura para o solo.

14. Os trabalhos de fenômenos físicos

PERGUNTA: — *Que podeis dizer sobre a mediunidade de fenômenos físicos?*

RAMATÍS: — O médium de efeitos físicos serve de intermediário em todos os fenômenos audíveis, sensíveis e visíveis aos sentidos humanos, como sejam a materialização, a voz direta, a tiptologia,[35] a levitação, a escrita direta, a

---

[35] N. do Revisor: É voz corrente entre a maioria dos espíritas, que a tiptologia (fenômeno das mesas girantes) é um processo mediúnico de baixo teor, em que só operam espíritos inferiores. No entanto, Ramatís, na sua obra *Mediunismo*, reportando-se ao dito fato, adverte que, qualquer que seja a espécie das sessões espíritas, a "qualidade" dos espíritos seus assistentes e a categoria e êxito dos trabalhos dependem, essencialmente, de sua expressão moral e intuito; e não do processo mediúnico adotado para recebimento das comunicações.
Por conseguinte, é evidente que através da tiptologia também podem ser recebidas comunicações sensatas e estabelecer intercâmbio mental entre os espíritos desencarnados e os terrícolas.
Aliás, as comunicações dos espíritos mediante pancadas e ruídos estranhos começou a despertar a atenção do mundo desde o ano de 1848, quando na aldeia de Hydesville (na América do Norte) na residência da família Fox, ocorreram tais fenômenos, os quais, mais tarde, também foram identificados por Allan Kardec.
É intuitivo que os trabalhos espíritas mediante as mesas girantes são de amplitude muito restrita pela morosidade em identificar as letras pelas batidas equivalentes ao número das letras do alfabeto, composição das palavras e do texto.
No entanto, como prova de autenticidade e mérito do que é possível conseguir-se pela tiptologia, vou relatar um fato que, pelo seu ineditismo e singularidade, merece ficar arquivado neste obra. É o seguinte:
No mês de fevereiro de 1910 embarquei em Lisboa num vapor que me trouxe a Belém, capital do Estado do Pará, onde cheguei após dez dias de viagem.
Nessa época, grassava na dita cidade a endemia da febre amarela, causando bastantes vítimas fatais entre as colônias estrangeiras ou imigrantes. Dois amigos que tinham sido companheiros de viagem, tiveram morte súbita no período de uma semana. Então, apoderou-se de mim o pavor de ser atacado pela dita febre e morrer sem ter a meu lado qualquer pessoa da minha família.
Atormentado por essa amargura, decidi telegrafar a minha mulher a fim de que

repercussão de toques, os ruídos ou barulhos nas paredes, nos móveis e no próprio ar. É mediunidade que também permite aos desencarnados fabricarem moldes de parafina, pro-

ela embarcasse para Belém num vapor que sairia de Lisboa daí a seis dias. Fui, pois, à agência telegráfica da Western (cabo submarino) passar um telegrama urgente, que chegaria lá no mesmo dia. Porém, chegado à agência, fui informado de que, por causa de um defeito no cabo submarino, estava suspenso o serviço telegráfico e se ignorava quando seria restabelecido.

Decepcionado com tal imprevisto fui tomado por grande aflição; mas, logo depois, lembrei-me de que na casa do meu amigo Humberto C. Branco, em Lisboa, realizava-se todas as terças-feiras uma sessão espírita, justamente, mediante uma simples mesa de três pés, que dava pancadas conjugadas às letras do alfabeto. Tratava-se de uma reunião movida por curiosidade um tanto jocosa, pois os seus participantes eram absolutamente ignorantes em matéria doutrinária do Espiritismo.

Então, pensei: — Quem sabe se eu poderia mandar, pelo espírito do meu pai, um recado ao meu dito amigo, para que ele diga a minha mulher que eu me encontro doente e que ela embarque para Belém no vapor que sairá de Lisboa daí a seis dias? Estávamos numa segunda-feira. Ela embarcaria no sábado ou domingo.

Decidi, então, adquirir uma pequena mesa de três pés e, então, à noite eu e um colega de moradia, fizemos a tentativa. Sentamo-nos junto à mesa e de mãos abertas e ligadas sobre a mesma, iniciamos a sessão, invocando o espírito de meu pai. Logo, de imediato, a mesa ergueu-se, dando uma pancada forte como sinal de sua presença. Em seguida, anotadas as pancadas, as letras e a resposta às nossas perguntas, o espírito de meu pai comprometeu-se a estar presente na sessão a realizar-se na casa do meu amigo, em Lisboa, na terça-feira, no dia seguinte, à noite, e lhe transmitiria o recado que era: — "O vosso amigo, irmão Fuzeira, encontra-se doente e pede que avise a esposa dele para que ela embarque para Belém, sem falta, no vapor Ambrose, que parte domingo". Agradeci com lágrimas, senti-me aliviado... e foi encerrada a sessão.

Porém, no dia seguinte, tanto eu como o meu amigo, já acalmados, ao comentarmos a dita reunião terminamos por soltar ruidosas gargalhadas, rindo-nos de nós próprios, por admitirmos a possibilidade de um fato de tal natureza. E o nosso amigo, em tom irônico, arrematou: — "Se fosse possível semelhante fato, então fundaríamos uma agência de comunicações intercontinentais, que nos proporcionaria muito dinheiro e que causaria assombro em todo o mundo."

Decorridos quinze dias, foi anunciada a chegada do vapor Ambrose.

Ora, naquele tempo era hábito, quando chegava o vapor da Europa, o cais onde o navio atracava ficar lotado por uma multidão, cuja maioria se compunha de curiosos, entre os quais me encontrava eu e o meu colega da sessão espírita.

O vapor aproximando-se, foi encostando ao cais. Nisto, as pessoas que estavam junto a nós observaram que, da amurada do vapor, uma senhora agitava um leque, apontando o ponto onde nos encontrávamos. Cada um entreolhava-se, buscando identificar a quem ela se dirigia. Afinal, eu também olhei; e sob emoção indescritível certifiquei: — era minha esposa! Então, já em terra, ela entregou-me uma carta do meu amigo de Lisboa, que dizia: — "Amigo Fuzeira. Na última sessão da mesa falante, meu pai nos disse o seguinte: O teu amigo Fuzeira encontra-se doente; e pede que avises a mulher dele para embarcar, sem falta, para Belém, no vapor Ambrose, que segue no domingo. Se é verdade ou não, Deus é quem sabe. Mas ela aí vai"! Humberto C. Branco.

O fato relatado é assombroso e destrói, de modo absoluto, todas as dúvidas quanto ao intercâmbio entre os espíritos dos chamados "mortos" e os terrícolas, chamados "vivos"; mas estes, na verdade, estão mais mortos do que aqueles outros.

Elucidações do Além   133

duzirem fenômenos luminosos, transportes, materializações ou desmaterializações de objetos. Eles utilizam para esse fim, o fluido ectoplásmico que extraem do médium em transe cataléptico, ou mesmo em vigília, sendo esta uma faculdade rara em alguns sensitivos desse gênero. Em geral, os espíritos precisam juntar ao ectoplasma do médium os fluidos que obtêm dos assistentes ao trabalho mediúnico, adicionando-lhe ingredientes ainda desconhecidos dos encarnados. Para ativarem tais fenômenos e predispor os presentes à fenomenologia do médium de efeitos físicos quando os frequentadores se mostram alegres, joviais e otimistas, é aconselhável usarem-se nessas sessões os discos de música leve, prazenteira e conhecida de todos, pois ajudará a harmonizar a vibração mental do ambiente, de modo a favorecer a fenomenologia comandada do "lado de cá".

Os trabalhos de efeitos físicos produzidos pelos desencarnados, através dos médiuns especializados, quase sempre requerem, em seu início, o concurso de espíritos mais primitivos, de forte vitalidade astralina, tais como os silvícolas do Brasil, os peles-vermelhas da América do Norte ou os nativos de outros países, cujo perispírito é estuante de energias telúricas e serve com êxito para a conexão mais íntima com os "elementais", ou as forças vivas que impregnam a vida oculta dos reinos mineral, vegetal e animal. Com essa providência, resulta a combinação vigorosa de energias magnéticas oriundas do mundo oculto, que auxiliam a redução da frequência vibratória dos fenômenos para melhor comprovação dos sentidos físicos dos encarnados. As energias primárias do magnetismo seivoso do orbe recebem o toque sábio de forças descidas dos planos mais elevados, que as transformam no "revelador" da vontade e da ação dos espíritos desencarnados sobre a matéria.

Embora os trabalhos de fenômenos físicos requeiram a ajuda de energias mais primitivas para obter o seu êxito inicial, em seguida ao ajuste técnico e espiritual entre as equipes de trabalhadores encarnados e desencarnados, aperfeiçoa-se a realização do fenômeno, podendo, então, dispensar-se as energias elementares; e a própria música profana, das primeiras reuniões, pode ser substituída por música sacra, que melhor induza os presentes às emoções de alta espiritualidade.

PERGUNTA: — Temos assistido a certos trabalhos de fenômenos físicos em que o espírito materializado permitiu--nos auscultar-lhe o coração, o qual, para nossa surpresa, batia de modo perceptível, enquanto também lhe ouvíamos a débil respiração, própria do ser vivo no plano físico. Alguns dos presentes surpreenderam-se ao comprovar nos desencarnados uma fisiologia semelhante à do organismo carnal. Que dizeis?

RAMATÍS: — Através de inúmeras mensagens de espíritos desencarnados, e também em nossas obras anteriores, já temos explicado que o perispírito é um organismo cuja fisiologia etereoastral é muito mais complexa e avançada do que a do vosso corpo. Embora funcione num plano vibratório imponderável aos vossos sentidos físicos, ele é o molde preexistente ou a matriz original do corpo físico, possuindo as contrapartes etéricas de todos os órgãos carnais. Essas contrapartes etéricas do perispírito, pouco a pouco, também se atrofiam pelo desuso por causa do progresso espiritual da alma, que então se ajusta a planos cada vez mais sutis.

O perispírito, mesmo desligado do corpo físico e apesar de liberto das exigências da vida material, apresenta ainda uma fisiologia etereoastral que lembra o velho casulo de carne. Durante as sessões de fenômenos físicos, o ectoplasma fornecido pelo médium em transe cataléptico ou em vigília atua com êxito no limiar do mundo etérico e físico, incorporando-se à fisiologia do perispírito através de avançados processos de técnica e de química transcendental. Quando, pela vontade do espírito comunicante, ele circula por toda a vestimenta perispiritual, esta é que se materializa à visão ou toque dos encarnados. Mas desde que o desencarnado prefira efetuar um acúmulo de fluidos ectoplásmicos apenas num dos seus órgãos, seja o fígado, o pulmão ou o coração, então, tal órgão torna-se palpável ao exame dos sentidos físicos e apresenta todas as reações e o ritmo idênticos aos do corpo carnal.

No caso da vossa pergunta, o espírito materializou preferencialmente o seu coração etereoastral, destacando-o dos

Elucidações do Além 135

demais órgãos do perispírito, o qual revelou corretamente os seus movimentos de diástole e sístole cardíaca, graças à cota de ectoplasma do médium e da parte extraída dos assistentes. Não há discrepância ou anormalidade no fato de os encarnados apalparem ou ouvirem as pulsações dos órgãos de espíritos materializados, pois o seu invólucro perispiritual é anatômica e fisiologicamente idêntico às suas contrapartes do organismo físico. A diferença consiste em que esses órgãos palpitam noutra frequência vibratória mais sutil e cumprem a função adequada ao plano em que se manifestam.

PERGUNTA: — Podeis dizer-nos algo sobre o ectoplasma?

RAMATÍS: — O ectoplasma é a parte da célula que fica entre a membrana e o núcleo, ou a porção periférica do citoplasma, conforme vos explica a ciência acadêmica. Entre os espíritas é geralmente conhecido como um plasma de origem psíquica, que se exsuda principalmente do médium de efeitos físicos e algo das outras pessoas em comum. Quando os espíritos desencarnados podem dispor dele em bastante quantidade, então o usam para a produção de fenômenos mediúnicos como levitação, ruídos, materializações, voz direta, moldes de parafina, composição de flores etc., após combinarem-no com outras substâncias extraídas do reservatório oculto da Natureza.

O ectoplasma apresenta-se à nossa visão espiritual como massa de gelatina pegajosa, ou substância albuminóide, branquíssima e semilíquida, que se exsuda através de todos os poros do médium, mas em maior porção pelas narinas, pela boca ou pelos ouvidos, pelas pontas dos dedos e ainda pelo tórax. Os longos cordões ectoplásmicos que se formam por esses orifícios serpenteiam em movimentos ondulatórios. Não é substância que possamos seccionar ou manusear sob absoluta independência dos médiuns, os quais, mesmo em transe completo, ligam-se mentalmente a esse prolongamento vivo, inquieto e influenciável até pelos assistentes.

Os trabalhos de efeitos físicos exigem um cuidadoso tratamento por parte dos espíritos operadores, pois o ectoplasma do médium é elemento fácil de ser contaminado pelos miasmas e certos tóxicos que invadem o ambiente pela imprudência ou descaso de alguns frequentadores dos trabalhos mediúnicos. Trata-se de substância delicadíssima que, na realidade, situa-se entre o perispírito e o corpo físico. Embora seja algo disforme, é dotada de forte vitalidade, motivo pelo qual serve de alavanca para interligar os planos astralino e físico. É matéria viva do próprio médium que, pela sua vontade, admite a intromissão dos espíritos amigos e benfeitores quando a usam para fins proveitosos; no entanto, caso se trate de criatura desregrada, os espíritos inferiores e malévolos podem assenhorear-se dessa energia acionável pela vontade desencarnada, causando perturbações nos trabalhos de efeitos físicos ou mesmo fora do ambiente mediúnico.

PERGUNTA: — *Algumas vezes tendes feito referência à participação de técnicos e espíritos auxiliares no desempenho de certas tarefas e obrigações no Além, com o fito de processarem os trabalhos de efeitos físicos para a Terra. Há, realmente, necessidade de equipes de espíritos especializados para atender a tal realização?*

RAMATÍS: — O sucesso da fenomenologia mediúnica não depende exclusivamente do médium que fornece o ectoplasma ou dos assistentes que auxiliam pela doação de fluidos aproveitáveis ao trabalho, mas também fica dependente da eficiência e do conhecimento da equipe de espíritos que operam do "lado de cá". Hábeis no manuseio da química transcendental, eles operam sobre as substâncias etereoastrais que, depois, devem ser combinadas com o ectoplasma do médium. Subdividem-se nas suas funções delicadas de acordo com a aptidão individual, participando ativamente da fenomenologia mediúnica condicionada ao plano físico. Disciplinados, sensatos e conscientes de sua responsabilidade, desempenham suas tarefas com mais segura eficiência do que os encarnados.

Há um diretor ou supervisor responsável por todas as operações medianímicas; em seguida, situa-se o químico-chefe, que examina o teor do ectoplasma disponível do médium, em afinidade com certas substâncias próprias do plano astral; seus auxiliares estudam e higienizam os fluidos

dos assistentes, destinados a serem misturados com outros ingredientes que apressam a fenomenologia física. Do grupo de trabalho espiritual também faz parte um coordenador, cuja tarefa principal é a de ensinar os espíritos comunicantes a "falarem" para a assistência, ensinando-os a manejarem as cordas vocais dos médiuns pela condensação de ectoplasmas, ou então, a moverem a máscara com o aparelho de fonação estruturado na substância etereoastral. Outros cooperadores orientam os comunicantes para se ajustarem, em tempo certo, ao círculo de operações atingível pelo ectoplasma do médium; ou então movem as "trombetas", ligam o tubo astral de ampliação das vozes e fabricam as "varetas" para levitações de objetos, produção de ruídos ou pancadas nos móveis.

Finalmente, tratando-se de um trabalho de redução vibratória e, portanto, mais vulnerável à ação de entidades malfeitoras ou irresponsáveis, existe, também, a "tropa de choque" ou equipe de defesa dirigida por hábil espírito experimentado no comando, o qual se encarrega de proteger a área em que se registram os fenômenos e o intercâmbio com os encarnados. Além do conjunto que opera praticamente na produção de fenômenos físicos, é necessário não esquecer o elemento que serve de ligação entre os desencarnados e os encarnados, espécie de sentinela encarregada de avisar os técnicos siderais de quando vai se realizar uma sessão, a fim de se efetuarem as providências de higiene do ambiente, proteção fluídica, ionização e recursos preventivos contra as emanações tóxicas dos assistentes viciosos.

PERGUNTA: — É verdade que certos espíritos não podem se comunicar, porque se encontram em esferas inacessíveis ao contato terreno?

RAMATÍS: — No mundo astral ocorre outra transição completa do espírito para o plano mental, fato que a tradição oriental esotérica chama de "**segunda morte**". É quando o espírito abandona o corpo astral, que é o veículo revelador da emoção e ingressa no plano mental, onde então passa a viver instantaneamente aquilo que pensa e não o que sente. É isto, na realidade, o que se concebe como "segunda morte", porém, muitos espíritos abnegados e heroicos a protelam por longo tempo, a fim de não perderem o contato com os seus tutelados na Terra.

Após a perda do corpo astral, que reflete as emoções algo terrenas do espírito, é dificílimo para este reconstruí-lo a tempo de atender a qualquer materialização ou manifestação de voz direta nos trabalhos de efeitos físicos. Aliás, também não compensa o consumo energético "mental-astral" e a colaboração exaustiva de entidades técnicas para procederem a uma fugaz exposição aos encarnados. Eis por que nem sempre se encontra presente nos trabalhos medianímicos a entidade que foi convocada ou se presume falar, porquanto pode faltar-lhe o elo intermediário do corpo astral, já desintegrado e somente sintetizado no átomo-semente muito conhecido dos ocultistas.

O espírito então transmite a sua mensagem para aqueles que operam em esfera abaixo do seu plano de moradia, os quais, por sua vez, a transferem para os encarnados. Por isso, em cada equipe de trabalhadores desencarnados, no astral, há sempre um elemento medianímico responsável pela transmissão dos recados daqueles que não podem se manifestar diretamente na matéria.

PERGUNTA: — Poderíamos considerar simples superstição o fato de os espíritos recomendarem aos frequentadores das sessões de fenômenos físicos que não cruzem as pernas?

RAMATÍS: — As leis que governam o magnetismo humano são bem mais sensíveis e avançadas do que as que regem a manifestação da eletricidade. Em consequência, se o corpo humano é um organismo governado pelas leis magnéticas que comandam as polaridades positivas e negativas responsáveis pelo equilíbrio "psicofísico" do ser, não há dúvida de que é necessário ao homem submeter-se a determinadas exigências, que lhe parecem superstição, quando também se relacionam com os fenômenos extraterrenos. Durante o trabalho mediúnico de efeitos físicos exige-se o máximo de expansão magnética e fluídica dos presentes, a fim de se processar com êxito a "ligação" do mundo etereoastral ao mundo material.

Em consequência, aqueles que cruzam as pernas ou as

Elucidações do Além 139

mãos no transcurso do trabalho isolam-se em "circuito magnético fechado" e constituem-se em pontos neutros que perturbam a fluência e o ritmo dos fenômenos. O ectoplasma flui através de todos os poros do ser mas, em obediência à lei da fuga eletromagnética, ele converge para um ponto de atração mais positivo, que na fenomenologia mediúnica é o "círculo imantado" onde operam os espíritos técnicos responsáveis pela execução do trabalho. Os cabelos, os pés e as mãos dos circunstantes então funcionam à maneira de "pontes" por onde se escoa o fluido ectoplásmico, desde que não se cruzem as pernas ou os braços.

PERGUNTA: — *Certa feita ouvimos alguém explicar que o médium perde peso enquanto fornece o ectoplasma para os fenômenos mediúnicos. É verídico tal fato?*

RAMATÍS: — Convém refletirdes que, se a laringe e as cordas vocais materializadas com o ectoplasma do médium podem ser tocadas e reconhecidas em suas peças anatômicas, isso prova que elas são revestidas com matéria concreta do vosso orbe, a qual, repetimos, foi extraída do médium. O médium e os assistentes, portanto, "dão" algo de si; fornecem os fluidos para que as providências empreendidas no mundo astral se concretizem em direção ao mundo físico. Em consequência, tanto o médium quanto os assistentes perdem peso durante os trabalhos de fenomenologia física, porque a sua matéria sólida transforma-se em fluidos que flutuam no ambiente e tornam-se imunes à ação da gravidade. No entanto, assim que se encerram os trabalhos, o ectoplasma e demais fluidos dispersos retornam imediatamente para sua fonte de origem e se transformam outra vez nos elementos orgânicos e por esse fato todos recuperam seu peso perdido.

PERGUNTA: — *Poderíeis explicar por que motivo os trabalhos de fenômenos físicos variam tanto em seu êxito mediúnico, pois, enquanto há certas noites em que tudo corre otimamente, doutra feita há insucesso de materializações inconscientes, vozes débeis e manifestações confusas?*

RAMATÍS: — Cremos que só depois da vossa desencarnação é que realmente podereis avaliar as inúmeras dificuldades que se opõem ao bom êxito desse gênero de fenômenos medianímicos. O seu pleno sucesso e a identificação indiscutível das entidades comunicantes exigem a harmonização de energias e fatores mais heterogêneos, que nem sempre obedecem ao comando e ao controle dos desencarnados. O médium, que é principalmente uma das peças mais importantes dos trabalhos de efeitos físicos, raramente é criatura capaz de cumprir com integridade a sua obrigação espiritual. Sendo homem ou ser independente, vivendo no mundo físico a seu modo e, muitas vezes, de conduta e sentimentos até opostos à exigência do intercâmbio com o Além, constitui uma barreira com que as entidades técnicas têm de se defrontar num labor heroico.

Há médiuns de todos os tipos: um é glutão, demasiadamente afeito às gorduras em momentos antes do trabalho fenomênico, empanturra o estômago com a carne de animais sacrificados; outro ingere álcool em quantidade, que deprime o sistema nervoso e fere a sensibilidade do ectoplasma. O medianeiro esquecido do compromisso assumido no Espaço frequenta lugares viciados, une-se às más companhias e cerca-se de entidades malévolas, que tentam isolá-lo de sua atuação útil.

Os espíritos amigos e benfeitores tudo fazem para sanar esses inconvenientes e protegê-lo da infiltração subversiva do astral inferior durante a manifestação medianímica. Higienizam-lhe a aura, ionizam o ambiente de trabalho e projetam raios terapêuticos de extinção bacteriana, para evitar o contágio nocivo. Cercam-no de extremos cuidados e intuem-no para agir de modo a encontrar-se em condições favoráveis para o trabalho da noite. No entanto, há outros fatores que ainda desgovernam os médiuns. Aqui, é o médium disciplinado, frugal e adverso ao álcool, mas presunçoso e prepotente; ali, é de conduta louvável, porém desconfiado, retardando o seu progresso mediúnico pelo pavor da mistificação; acolá, o sensitivo é atencioso, hábil e laborioso, mas negocia com sua faculdade espiritual.

Quando os espíritos "guias" dos trabalhos fenomênicos conseguem dispor de medianeiros razoáveis e bem-intencionados, eis que se exaurem para então ajustar os frequentadores ávidos de fenômenos, mas quase sempre os principais

Elucidações do Além 141

causadores dos fracassos; há entre eles os alcoólatras que intoxicam o ambiente; os glutões cujo estômago é sarcófago de vísceras em decomposição; os sexuais, cuja mente ficou presa na aventura excitante ocorrida horas antes. Afora esses adversários do sucesso da fenomenologia mediúnica ainda é preciso contar-se com os sarcásticos, que depois achincalham quem os serviu; os desconfiados, os procuradores de "provas", os egoístas que tentam monopolizar a sessão; os curiosos, à cata de novidades; os negadores sistemáticos que, mesmo ante o fenômeno palpável e indiscutível, trazem na ponta da língua a "explicação científica" terrena; os capciosos que invertem o sentido do que observam; os "fiscais" gratuitos que buscam mistificações em toda oscilação mediúnica; os intelectuais exigentes das minúcias descritivas. Finalmente, há que contar, também, com os decepcionados que, apesar de toda sua fé, não "viram" nem "falaram" com o parente querido recém-desencarnado, e os interesseiros, que esperam dos desencarnados as soluções diretas e os conselhos seguros para os seus interesses particulares.

Além disso, alguns outros participam das sessões de efeitos físicos depois de acaloradas discussões no lar, de atitudes hostis no local de serviço, no transporte ou na rua, carreando para o ambiente os fluidos de irascibilidade ou violência, enquanto olvidam que o éter desempenha função de suma importância na transmissão dos fenômenos para a tela física. Tais atitudes e viciações exercem forte influência nociva na produção dos fenômenos mediúnicos, e não só enfraquecem o nível fluídico do ambiente, como ainda reduzem a qualidade do ectoplasma mediúnico. A esfera mental do médium em transe é o centro convergente de todas as operações no tocante aos fenômenos físicos, motivo pelo qual os raios mentais nocivos e as explosões emotivas dos assistentes ferem-no de modo a imprimir direção contrária à desejada pelos espíritos comunicantes.

PERGUNTA: — Em alguns trabalhos de efeitos físicos, temos notado que os médiuns, depois, ingerem muita água. Isso é provocado por qualquer distúrbio orgânico pelo fornecimento de ectoplasma?

RAMATÍS: — Alguns médiuns de fenômenos físicos "desidratam-se" mais do que outros durante o tempo em que fornecem o ectoplasma para os espíritos operarem na matéria; isso também pode acontecer em trabalhos muito demorados, em noites de atmosferas sobrecarregadas de eletricidade ou demasiadamente úmidas. Quando da produção de ectoplasma, também se processa nos médiuns acentuada volatização dos fluidos orgânicos que, em seguida, constituem-se nos fluidos de auxílio à fenomenologia mediúnica. Alguma parte, às vezes, perde-se no próprio ambiente; certa porcentagem é deliberadamente recusada pelo organismo, no seu retorno, caso tenham-lhe aderido os germes psíquicos ou bacilos astrais indesejáveis, o que pode acontecer pela insuficiente proteção do médium no "lado de cá", ou por interferência imprevista.

Acontece, às vezes, que os próprios técnicos e protetores do médium resolvem dissolver no meio do ambiente a porção fluídica que poderia enfermá-lo na sua reabsorção orgânica. Reduz-se então a cota de líquidos orgânicos volatizados e que se tornam nocivos a qualquer reaproveitamento, fazendo com que o médium, ao despertar, sinta intensa sede e ingira certa quantidade de água para compensar a que é desperdiçada e se faz necessária ao equilíbrio do seu corpo físico.

PERGUNTA: — Por que motivo os espíritos, quando se materializam, quer se tornem visíveis, luminosos ou apenas palpáveis pelo tato, às vezes, parecem-nos "vazios" e deformados em certas partes do seu perispírito? Apalpamos-lhes as mãos flácidas e reconhecemos-lhes perfeitamente as formas anatômicas, mas, subitamente, não lhes sentimos os braços. Doutra feita tocamos-lhes os pés ou a cabeça, mas faltam-lhes as mãos. Certa vez tivemos contato com o espírito de uma jovem cearense que, além de se materializar satisfatoriamente, executou algumas danças folclóricas de sua terra natal; no entanto, em determinados momentos desaparecia parte de seu corpo e só podíamos ver-lhe o rodopio dos pés. Como se explica isso?

RAMATÍS: — A nitidez, o êxito e a comprovação dos fenômenos mediúnicos sempre dependem do tipo do médium em transe e, também, da maior ou menor afinidade, cooperação e intenções dos assistentes. Conforme vos dissemos há pouco, muitos fracassos da fenomenologia mediúnica física devem-se mais à frequência de indivíduos ignorantes das exigências do trabalho. Malgrado o empobrecimento da massa ectoplásmica e a incompreensão dos frequentadores irresponsáveis, alguns espíritos de boa vontade ainda conseguem a materialização parcial do seu perispírito, movem alguns objetos e tentam a "voz direta". No recurso heroico de satisfazerem aos presentes, mobilizam todos os recursos disponíveis para dar-lhes o toque físico das mãos ou dos pés, a fim de não os decepcionarem por completo.

Assim, quando tocais as mãos de algum espírito materializado e, com surpresa, verificais que ele não tem braços, isso não vos prova a presença de excêntrico fantasma que aberra das leis do mundo físico. Na realidade ele procura condensar só nas mãos perispirituais todo o fluido que desvia da materialização dos braços e demais partes do seu corpo, tornando-se palpáveis aos presentes. É apenas questão de economia fluídica, tal como os técnicos siderais também o fazem na voz direta, em que utilizam todo o ectoplasma disponível para a confecção da laringe provisória, enquanto cessam os demais fenômenos, como levitação, ruídos ou materializações.

Nos trabalhos de efeitos físicos, os fenômenos só ocorrem simultaneamente quando os espíritos manifestantes também dispõem de bastante ectoplasma. É o que, às vezes, sucede nas operações mediúnicas diretas, quando os presentes identificam as vozes e os movimentos do médico operador, dos enfermeiros e auxiliares desencarnados em face de existir bastante ectoplasma. No entanto, quando a massa ectoplásmica é deficiente, o espírito operador enrijece e materializa apenas as suas mãos, a fim de poder manejar os instrumentos cirúrgicos sobre o corpo do paciente, embora ele continue ali presente atuando pela ação integral do seu perispírito. E assim o faz porque, na operação mediúnica sem a intervenção física do médium, são as mãos as peças mais importantes para tal função.

15. O fenômeno da "voz direta"

PERGUNTA: — *Como se processa a "voz direta" nos trabalhos de fenômenos físicos?*

RAMATÍS: — Não ignorais que a mente funciona em planos cujas oscilações estão muito acima do campo vibratório comum da atmosfera física; a mente, pois, vibra no éter, enquanto a voz vibra no ar. Assim, quando os espíritos querem falar com os encarnados, eles necessitam de um elemento intermediário que tanto lhes baixe o tom vibratório da "voz etérica", como também a faça repercutir de modo audível no ambiente do mundo material. Esse elemento medianeiro, que conheceis e que já foi explicado anteriormente, é o ectoplasma, substância fluídica de origem psíquica, exsudada pelos médiuns através dos centros de forças do seu perispírito, em conjugação com o sistema nervoso do corpo físico. Em conexão com as forças vitais dos assistentes, o ectoplasma transforma-se em ponto de apoio para a repercussão da voz dos espíritos ou demais fenômenos comprovados pelos sentidos físicos dos encarnados.

A "voz direta", em geral processa-se da seguinte forma: os espíritos agregam em torno dos órgãos vocais do seu perispírito o ectoplasma mediúnico e, por um vigoroso esforço de emissão mental, conseguem fazê-los vibrar para o mundo físico; noutro caso, os químicos desencarnados misturam substâncias específicas (do plano astral) à energia ectoplásmica obtida do médium e dos fluidos dos assistentes; depois, modelam a máscara anatômica artificial, mas possuindo boca, língua e garganta, que possibilitam a mesma função da voz dos encarnados.

Então, os espíritos que desejam falar para o mundo material passam a exercitar-se com essa máscara; e o seu mais breve ou demorado êxito fica dependendo do treino e da habilidade com que a utilizam para vibrar e transmitirem suas palavras aos terrícolas. Pela presença do ectoplasma humano, que reduz bastante a frequência vibratória desse apetrecho de fonação, o seu bom resultado entre os planos físico e etereoastral exige muito esforço dos desencarnados. Nem todos os espíritos submetem-se aos treinos exaustivos com a máscara ectoplásmica, alegando alguns que nem sempre são compensados pelos esforços heroicos que efetuam para conversar com os seus parentes e amigos encarnados.

Em alguns casos, o espírito comunicante pode utilizar-se diretamente da laringe do médium em transe, fazendo-a vibrar sob sua vontade e dando-lhe a entonação desejada, e os sons articulados nas suas cordas vocais são ampliados pela trombeta ou megafone que flutua no ar, através de um tubo de substância astral ligado diretamente aos órgãos vocais do médium. Os espíritos operantes controlam o médium, condicionam-lhe a voz para a trombeta, ajustando-a no diapasão ou tom de voz que o comunicante possuía quando estava encarnado.

O som produzido pela laringe do médium e sob o controle do espírito comunicante não resulta de repercussão do ar sobre as suas cordas vocais. Essa operação é executada do "lado de cá" exclusivamente no éter, depois do que é ampliada pelo megafone e ouvida pelos encarnados. O fenômeno processa-se primeiramente na laringe etereoastral do perispírito do médium, repercutindo logo em seguida, no mundo físico, através do ectoplasma catalisado pelas ondas sonoras da palavra falada, da música ou do cântico dos presentes.

PERGUNTA: — De que forma os espíritos podem dar a entonação da voz que possuíam quando encarnados, uma vez que falam diretamente pela laringe do médium?

RAMATÍS: — Embora isso vos pareça impossível, eles

fazem exatamente aquilo que os exímios ventríloquos logram realizar aí no mundo material, quando imitam a voz humana dos outros e até o canto das aves.

Quando há ensejo de bom ectoplasma, eles optam pela confecção da laringe ectoplásmica, da máscara etereoastral ou mesmo agem no interior dos megafones sem luminosidade, passando a produzir as palavras em conexão com as ondas sonoras emitidas, tal como se operassem pela garganta do médium.

PERGUNTA: — Pelo que explicais, deduz-se que é muitíssimo dificultoso aos desencarnados emitirem a sua voz para a Terra.

RAMATÍS: — Conforme já dissemos, nos trabalhos de voz direta os técnicos desencarnados podem moldar a máscara com o aparelho completo de fonação, estruturando-a na substância etereoastral conjugada ao ectoplasma do médium, ou então plasmar a laringe no centro do megafone, fazendo vibrar as cordas vocais artificiais e controlando o tom da voz até conseguir as características tonais que possuíam quando encarnados. Acionam do "lado de cá" a aludida máscara etereoastral, encaixando sua língua perispiritual no interior do molde ectoplásmico ou língua artificial, que é oca e flexível. Quando já dominam completamente o fenômeno de movê-la com facilidade no seio da máscara ajustada ao rosto, e logram o êxito de vibrar no éter as palavras fortemente mentalizadas, então os técnicos intervêm e os sons etéricos repercutem no ambiente fazendo-o ouvir entre os encarnados.

Ante essas dificuldades, que exigem muita disciplina e perseverança, nem todos os espíritos desencarnados submetem-se aos cursos e exercícios fatigantes que a técnica sidérea exige a fim de se produzir a voz direta, pois o treino pode levar dias, meses e até anos. Assim como o homem terrícola, às vezes, precisa mobilizar intensos esforços e recursos para lograr sucesso em certas experimentações físicas, químicas ou pesquisas médicas, os espíritos desencarnados, no caso em apreço, para lograrem êxito integral, também são obrigados a despenderem esforços equivalentes.

PERGUNTA: — Aliás, nós mesmos, durante longo tempo

Elucidações do Além 147

frequentamos excelentes trabalhos de efeitos físicos, mas não fomos agraciados com a materialização ou a voz de algum amigo ou parente dos que muito estimávamos no mundo, e cuja palavra ser-nos-ia de imenso conforto. Não opomos dúvida quanto à veracidade do fenômeno que presenciamos, nem subestimamos os nossos amigos desencarnados que ali operavam. No entanto, apesar de termos evocado insistentemente alguns espíritos que mais desejávamos ouvir, eles não se fizeram presentes.

RAMATÍS: — Comumente os encarnados queixam-se de ter comparecido assiduamente aos trabalhos de fenômenos físicos, sem nunca terem sido agraciados pela presença materializada ou pela voz direta de algum parente ou amigo desencarnado, que poderia fortificar-lhes a convicção na sobrevivência do espírito.

Daí os motivos por que nem sempre os frequentadores aos trabalhos de fenômenos físicos logram satisfazer o desejo ardente de "ouvir" a voz ou "ver" o parente desencarnado, motivo por que passam a alimentar dúvidas capciosas sobre a procedência das demais vozes ou materializações que observam, uma vez que não se manifesta aquele que lhes mobiliza toda a ansiedade espiritual. As sessões de fenômenos físicos são convincentes e maravilhosas para os frequentadores que logram a sorte de ver e trocar ideias com o familiar desencarnado e que se preste docilmente a todas as provas e sutilezas indagativas.

Mas, como a impaciência humana ainda é um dos atributos mais comuns dos homens, há assistentes que desistem de frequentar determinados trabalhos de efeitos físicos, justamente às vésperas de confabularem com o seu familiar querido, o qual há muito tempo treinava com a máscara ectoplásmica, afinando a laringe etérica a fim de conseguir comunicar-se.

No entanto, tais casos e decepções resultam de motivos justificáveis. Além dos que já referimos, de ordem específica e técnica dos dois planos, o físico e o astral, há a considerar que, às vezes, o espírito familiar ou o amigo que um ou outro dos assistentes desejaria ver materializado ou ouvir a sua voz, pode estar impossibilitado de apresentar-se por encontrar-se nas "cercas" purgatoriais e de onde não pode sair. Também, se a sua desencarnação é recente, neste caso, pode acontecer que ele ainda esteja imerso no "sono psíquico", de repouso, que sucede após a morte física. De outras vezes, o espírito solicitado encontra-se distante, cumprindo tarefas inadiáveis, em regiões astrais ou superiores. Há, também, os casos em que, pelos traumatismos, desgostos e amarguras profundas que o espírito sofreu na sua existência terrena, ele não tem qualquer saudade do "vale de lágrimas" onde muito sofreu e chorou. Portanto, desinteressa-se completamente de quaisquer trabalhos que o façam voltar à Terra.

PERGUNTA: — Temos observado que alguns grupos espíritas de fenômenos físicos logram sucesso quase de imediato, enquanto outros despendem alguns anos para obter os primeiros efeitos satisfatórios. Que dizeis sobre isso?

RAMATÍS: — Realmente, há grupos de criaturas interessadas nos trabalhos de fenômenos físicos que, logo de início, estabelecem com os desencarnados tal grau de simpatia, confiança e propósito salutar, que conseguem acelerar a dinâmica psíquica necessária para o êxito da esperada fenomenologia. A confiança, o otimismo e a disposição espiritual eletiva de todos, transformam-se no elemento catalisador dos fenômenos. Rapidamente ultrapassam a fase das incertezas e dos fracassos dos primeiros dias, logrando o clima etérico sensível para a ação positiva dos desencarnados.

Ao contrário, certos trabalhos arrastam-se por alguns anos, logrando apenas a graça de alguns *raps* ou fugazes cintilações de luzes, porque a tela etérica de projeção dos fenômenos encontra-se verdadeiramente enrugada pela demasiada ansiedade, pessimismo ou afoiteza dos seus companheiros muitíssimo preocupados com o fenômeno imediato que deslumbra os olhos, mas esquecidos da renovação íntima que atende aos sentidos da alma.

Elucidações do Além 149

16. A música nos trabalhos mediúnicos de efeitos físicos

PERGUNTA: — *Para sucesso dos trabalhos de fenômenos físicos, a música tem alguma influência especial?*

RAMATÍS: — A música nos trabalhos de efeitos físicos contribui para apurar e sintonizar as vibrações mentais dos assistentes e do ambiente onde se realizam ou processam tais fenômenos, favorecendo assim o seu êxito; pois embora os sons da música repercutam na atmosfera e não no éter, eles influenciam os assistentes integrando-os em uma só frequência vibratória, e também favorecem os espíritos no sentido de eles conjugarem o ectoplasma do médium às energias psíquicas que são mobilizadas do "lado de cá".

A música auxilia vibratoriamente esse gênero de trabalhos mediúnicos, podendo ser canções regionais, hinos, trechos de operetas, aberturas, peças clássicas ou populares, inclusive certas composições de fundo religioso. As ondas sonoras estimulam e combinam-se com as vibrações perispirituais dos desencarnados e dos encarnados, resultando assim maior exsudação de ectoplasma do médium e das energias vitais dos presentes. Mas, como a música exerce profunda influência na alma dos seres, é sempre conveniente preferir canções, peças ou trechos musicais isentos de melodramas, tragédias, situações lúgubres, burlescas ou de profunda tristeza, a fim de se evitar a degradação emotiva dos assistentes durante a fenomenologia mediúnica. O papel da música, portanto, é o de nutrir o otimismo dos assistentes, evitando-se que seja perturbada a coesão da harmonia mental e psíquica essencial ao sucesso de tais trabalhos, aliás, bastante complexos e de certa responsabilidade.

PERGUNTA: — Que dizeis da adoção da música popular ou folclórica, para esses trabalhos de efeitos físicos?

RAMATÍS: — Não há nisso inconveniente algum, mas é desaconselhável a música de baixo padrão, de estridências desconexas e a de caráter burlesco e sensual.

PERGUNTA: — E que dizeis quanto à preferência pela música denominada clássica?

RAMATÍS: — Quanto a esse gênero de música, evitem-se também as composições exóticas, enfadonhas ou tempestuosas, assim como os trechos melodramáticos de certas operetas e as composições lúgubres, que excitam os nervos, despertam o temor ou mortificam a alma dos assistentes, pois não se afinam com tal gênero de trabalho as peças como a "Noite no Monte Calvo", de Mussorgsky, a "Dança Macabra" de Saint Saëns, a "Marcha ao Suplício", da "Sinfonia Fantástica", de Berlioz, os trechos ásperos de "El Amor Brujo", de Falla, ou então as composições wagnerianas de tom selvagem, aterrador e lendário.

Em geral, o nível de sensibilidade e de compreensão da maioria dos frequentadores de tais sessões ainda é muito pobre; razão por que as peças complexas, de temas bizarros e enigmáticos não os emocionam a contento do nível psíquico vibratório indispensável ao ambiente.

Quando se preferir a música clássica, convém, então, optar pelas melodias ou peças de trechos musicais mais leves, alegres e otimistas, pois a "Dança Chinesa", a "Dança Árabe", "Valsa das Flores" ou a ruidosa "Dança Russa" da suíte "Quebra Nozes", de Tchaikovsky, pela sua agradável sonoridade, podem animar e elevar o tom vibratório do ambiente; mas, já o "Adágio Lamentoso" da "Sexta Sinfonia", a "Patética" são músicas impróprias para tal gênero de trabalho mediúnico, uma vez que traduzem desespero e tristeza.

Seria também desfavorável exigir-se jovialidade e desafogo dos assistentes impondo-lhes músicas "cerebrais" como a "Petrushka", o "Pássaro de Fogo" ou a "Sagração da Primavera" de Stravinsky, ou então obrigá-los à preocupação mental de decifrarem a babel sonora da "Primeira Sinfonia" de Dimitri Schostakovich. Mesmo certas composições extensas, de Bach ou Haendel, apesar de serem de compositores geniais, causam a fadiga auditiva e cansam a mente dos que estão habituados à singeleza das melodias populares ou dos trechos alegres, inspirativos de expressões otimistas.

Da mesma forma, também não se pode aproveitar toda a obra sonora e intelectiva de Beethoven, nem a exigente "matemática" dos sons tão do agrado de Brahms. Malgrado se admita extrema sensibilidade de Chopin nas suas composições, os seus "Noturnos" e "Baladas" são prolongadas queixas, que pouco se afinam à exigência jovial psíquica de tais trabalhos.

PERGUNTA: — *Se vos fosse solicitada a indicação de algumas composições de música clássica ou música fina para os trabalhos de efeitos físicos, quais as peças que vos parecem mais adequadas a esse fim?*

RAMATÍS: — Evidentemente, a nossa indicação seria apenas uma opinião oriunda de simpatia toda pessoal, pois é muitíssimo variada a preferência das criaturas. Repetimos que, embora as peças escolhidas sejam de bons compositores, considerando o dito ambiente "sui generis" onde são ouvidas, devem preferir-se apenas os trechos alegres, inspirativos de expressões otimistas.

Malgrado a fama de cada compositor clássico e já consagrado no cenário do vosso orbe, ele também diverge bastante na sua produção sonora, porque nem sempre é o mesmo o seu estado de alma quanto compõe cada uma de suas peças musicais. Há notável diferença entre o estado de alma de Tchaikovsky quando compôs a dolorosa mensagem introspectiva de sua "Patética", comparado à marcialidade da "Overture 1812" evocando a epopeia napoleônica na Rússia; ou então, entre a doçura infantil com que ele marcou a suíte "Quebra Nozes", a beleza estética da "Bela Adormecida no Bosque" e o quase angélico esoterismo do "Lago dos Cisnes".

Em Beethoven também se manifesta fortemente essa

mudança de temperamento e emotividade na confecção de cada um dos seus portentos sonoros, os quais revelam várias facetas de sua alma já envelhecida na jornada sideral. Em "Fidélio", sua música é dramática; na "Sonata Apassionata", é trágica; heroica na "Terceira Sinfonia", tranquilíssima e amorosa na "Quarta Sinfonia" e inconformada na "Quinta Sinfonia", quando descreve a criatura em luta insana contra o seu próprio destino. Na "Pastoral", embora Beethoven deseje expressar o sentimento venturoso daqueles que se amam e se extasiam ante a natureza agreste, ele revela um estado de graça e encanto pela vida, um "intermezzo" de bonança, que depois se angeliza expondo o seu cântico esplendoroso na "Nona Sinfonia", a célebre "Coral".

Em consequência dessas variações emotivas dos compositores, que marcam suas peças com a força do estado de alma que os domina no momento de comporem, nem todas as suas obras se prestam ou se ajustam ao ambiente dos trabalhos mediúnicos de efeitos físicos. Entre centenas de peças de merecido valor, diversas podem contribuir para o êxito da fenomenologia mediúnica, porque, para serem sentidas ou assimiladas, não exigem demasiada introspecção crítica e também não predispõem à tristeza. Citamos as seguintes: "Ave Maria" de Bach-Gounod e "Ave Maria" de Schubert; "Meditação de Thais", de Massenet, "Danças Húngaras" de Brahms, "Sylvia" de Delibes; inúmeros trechos das sinfonias de Haydn, principalmente da "Sinfonia Surpresa"; trechos da "Rapsódia n- 2", de Liszt; "Capricho Espanhol" de Rimsky-Korsakov, as aberturas alegres de Rossini, principalmente "La Gazza Ladra" e "Scala di Seta"; as Valsas de Strauss, algumas fantasias e movimentos de concertos e sinfonias de Mozart; "Ouvertures" e grande parte da "Pastoral" e da "Sétima" de Beethoven, o "Quebra Nozes", o "Lago dos Cisnes", "A Bela Adormecida no Bosque", "Aurora" e o primeiro movimento do "Concerto n° 1" de Tchaikovsky; as "Danças", a "Serenata" de Schubert; "Sílfides", "Prelúdios", "Fantasias"; as Valsas ligeiras de Chopin; os trechos "Alvorada" e "Dança de Anita", a "Dança Árabe", das suites números 1 e 2, de "Peer Gynt", de Grieg; vários trechos de danças de "A Papoula Vermelha" de Glière.

PERGUNTA: — Por que motivo os espíritos manifestam certa simpatia pela composição "Meditação de Thais", pois é raríssimo o trabalho de efeitos físicos em que não seja executada essa peça musical?

RAMATÍS: — Thais é a ópera que traduz intensa espiritualidade no seu entrecho, pois refere-se à dedicação heroica de um monge tentando atrair para o culto de Deus uma cortesã que se devota ao culto de Vênus. É, pois, a luta entre o sensualismo pagão e o ascetismo cristão; simbolicamente é o esforço do Bem tentando superar o Mal. O trecho da "Meditação", tão preferida em trabalhos espíritas, em que o delicado solo de violino é acompanhado suavemente pela orquestra, reflete, justamente, os pensamentos, os novos anseios de integração espiritual e o desejo de paz que domina a alma de Thais, a cortesã, que realmente termina convertendo-se ao cristianismo.

PERGUNTA: — Aliás, os trabalhos mediúnicos de efeitos físicos, ainda são raros, mesmo no Brasil, onde o espiritismo e todos os seus fenômenos estão mais divulgados do que nos outros países. Em tais condições, o campo da música aplicada ou entrosada em tais trabalhos é muito restrito. Que vos parece?

RAMATÍS: — Efetivamente, se considerardes apenas o **hoje**, a música conjugada à fenomenologia espírita ainda está circunscrita a um campo bastante limitado. Porém, nós, do "lado de cá", dispomos de uma visão mais ampla, que não se restringe a fixar apenas as contingências do **presente**. Em alguns casos conseguimos ver os horizontes luminosos do **amanhã**. E, por isso, em certas matérias que abordamos nas obras que transmitimos à Terra, algumas das nossas "divagações" já constituem esclarecimentos fundamentais para o **futuro**.

Está neste caso, justamente, a extensa dissertação que expomos quanto à utilização da música conjugada aos fenômenos do espiritismo. E afirmamos que, antes do término deste segundo milênio, a música de amplitude e sentimento espiritual será elemento integrante e até obrigatório em todos os ambientes onde se processem os fenômenos de psiquismo mediúnico. E não somente nessas sessões complexas, mas, igualmente, em todas as reuniões doutrinárias. Mesmo porque, no vosso mundo de vibrações grosseiras, a música é a única arte que participa e reflete expressões sublimes daquela espiritualidade em que a alma, embora prisioneira de um corpo carnal, já consegue mergulhar no êxtase que a faz aspirar o perfume suavíssimo das alegrias celestiais.

Entre vós, a música é a única arte que para ser "produzida", dispensa a utilização de quaisquer acessórios materiais, pois as outras, como a estatuária e a pintura, para manifestarem-se, exigem elementos "brutos" como sejam a pedra, o mármore, o cinzel, as tintas, os pincéis e as telas.

É tal a ressonância espiritual de suas harmonias no seio do Cosmos, vibradas pelos Anjos ou Gênios da Música, que o taciturno Beethoven, já completamente surdo, teve o singular privilégio de escutar, escrever e transmitir ao mundo algumas sinfonias simplesmente maravilhosas e imortais.

Por conseguinte, sem nos enfeitarmos com a "comenda" de profetas, a longa dissertação que fizemos a respeito da música como veículo de espiritualidade, é uma espécie de roteiro que, no futuro, quando o espiritismo já for uma trombeta sonora ouvida em todos os quadrantes da Terra, servirá como orientação técnica quanto à sua função espiritual nos trabalhos e reuniões processados sob a égide da Doutrina Espírita.

17. Os fenômenos de efeitos físicos no caso das assombrações

PERGUNTA: — *Os fenômenos de efeitos físicos podem manifestar-se sem haver no ambiente o elemento energético denominado ectoplasma?*

RAMATÍS: — A produção de tais fenômenos é possível existindo no ambiente um médium que possua a faculdade de exsudar ectoplasma. Em tais condições, é possível a uma equipe de espíritos desencarnados tecnicamente habilitados, coordenarem e controlarem uma sessão de efeitos físicos, de modo a ser obtido bom êxito nas suas manifestações. Porém, há casos em que o fenômeno se manifesta de modo imprevisto em qualquer local ou ambiente, fazendo-se ouvir risos, vozes, gemidos, deslocamento de objetos, portas ou janelas que se abrem ou fecham e outros efeitos estranhos. Estes casos são os apontados como "assombrações".

Quando acontecem à revelia de qualquer disciplina ou controle, é que no lugar onde ocorrem estão presentes quaisquer pessoas que, mesmo sem saberem, são médiuns que exsudam ectoplasma. Então, é comum alguns indivíduos mais animosos irem ao local e os ditos fenômenos não se repetirem. Isso acontece, justamente, porque os "curiosos" que foram certificar o caso não possuem a dita faculdade mediúnica.

PERGUNTA: — *Mas essas sessões que são previamente determinadas atendem a algum objetivo sensato ou o seu motivo é para satisfazer a curiosidade dos que a organizam?*

RAMATÍS: — Os trabalhos mediúnicos de efeitos físicos, sob o comando de equipes de espíritos que operam no Além, obedecem sempre a desígnios úteis de esclarecimento moral e espiritual. Porém, quando esses acontecimentos se produzem de modo imprevisto, são manifestações acidentais resultantes, conforme já dissemos, da presença de pessoas que possuem a faculdade de exsudar ectoplasma. E a espontaneidade do fenômeno, algumas vezes, chega a assustar os espíritos desencarnados ao perceberem que, à sua chegada, ocorrem essas manifestações físicas.

Aliás, na própria Bíblia encontramos o relato de vários casos em que o fenômeno da audição da "voz direta", à luz do dia, foi testemunhada sem megafone ou quaisquer outros recursos no gênero. O Livro de Jó conta o seguinte: "Parou diante de mim, um, cujo rosto não conheci; um vulto estava diante dos meus olhos e eu ouvi uma voz que dizia: — Seria porventura o homem mais justo de que Deus"? (Jó, 4:16,17). Samuel surge diante de Saul e diz-lhe (pela "voz direta"): "Por que me inquietaste fazendo-me vir cá"? (I Samuel, 28:15). Os apóstolos reunidos no dia do Pentecostes, ouviram "vozes diretas" (Atos, 2:2). Saulo, a caminho de Damasco, ouve a voz do Senhor (Atos, 9:4,5). Os profetas Paulo e Barnabé são guiados pela "voz direta" (Atos, 13:2). Ainda, Paulo de Tarso recebe a visita de um macedônio, à noite, que lhe fala diretamente (Atos, 16:9).

Tais casos ocorrem quando o Alto precisa comunicar-se com as criaturas a fim de condicionar quaisquer providências ou fatos de ordem social ou espiritual. E quando isto acontece é porque aqueles que se acham presentes exsudam o ectoplasma que os espíritos desencarnados utilizam.

Igualmente, conforme relata a História Sagrada, o Anjo "falou" a Isabel anunciando-lhe a encarnação de João Batista; e também, a Maria, predizendo-lhe o nascimento de Jesus. Mais tarde, outros fenômenos de "voz direta" se produziram, pois Joana D'Arc afirmava que em todos os seus atos intervinha a "Voz do Céu", orientando-a quanto à sua missão de salvadora da França. Ora, é evidente que a intervenção de tais vozes atende a planos estabelecidos pelo Alto.

Elucidações do Além 157

PERGUNTA: — Podereis explicar-nos a causa dos fenômenos imprevistos, de assombração, que ocorrem nos lugares ermos ou em casas "mal-assombradas", onde se produziram certas tragédias de homicídios ou mortes misteriosas?

RAMATÍS: — Não vos é desconhecido que o magnetismo difere em seu teor conforme se manifeste no reino mineral, vegetal, animal ou humano; e, embora seja sempre um efeito da causa "vida", ele se revela de qualidade superior no homem, que é o ser mais evoluído da Criação. Assim, o ectoplasma, à feição do magnetismo, também é energia disseminada e presente em toda a Natureza, mas por lei evolutiva, é mais apurado no homem do que no mineral ou no vegetal.

O "tônus vital" que os espíritos obsessores e malfazejos vampirizam dos encarnados (à altura do cerebelo), também é dosado com ectoplasma, que lhes serve de ponto de apoio para atuar com êxito sobre o corpo humano. Nos lugares ermos, onde ocorreram homicídios tenebrosos e tragédias brutais, em que a vida foi cortada subitamente, os "cordões vitais", que através do duplo etérico ligam o perispírito ao corpo físico, rompem-se violentamente. Pelos seus fragmentos, ainda palpitantes, expele-se então o tônus vital das vítimas, ficando impregnado no solo adjacente, assim como também adere à "seiva" etérica dos arbustos ou dos vegetais em derredor. E os espasmos das vítimas, na sua luta para não morrerem, projetam, igualmente, forte saturação no éter circunvizinho; e só decorrido certo tempo, o seu duplo etérico, desligando-se do perispírito e do corpo físico, desintegra a toxidez mórbida que satura o ambiente.

Acresce, ainda, que nos lugares mais inóspitos e de pouco trânsito humano o fluido telúrico, substancioso e virgem, é imune às vibrações estranhas; e por isso, o éter torna-se mais acessível à captação vibratória dos fluidos emitidos pelos sentidos. Conforme já vos explicamos, o tônus vital que flui das "pontas" do cordão vital, quando este é seccionado na desencarnação, fica bastante impregnado de ectoplasma, tornando os lugares onde ocorrem crimes e tragédias horripilantes num ambiente "ectoplasmizado".

Nos lugares "assombrados" existe uma espécie de cortina etereoastral de fluido ectoplásmico muito densa; e este fato possibilita aos espíritos sofredores, vingativos, zombeteiros ou traumatizados, do astral inferior, fazerem ouvir suas vozes e ameaças, seus gritos ou gemidos, causando pavor aos "vivos" que surgem nesses lugares. Tais fenômenos assustadores ainda se manifestam mais perceptíveis aos sentidos dos encarnados se o viandante ou a pessoa que permanece na zona "assombrada" for portadora de mediunidade.

PERGUNTA: — Poderíeis explicar por que motivo essas assombrações de vozes, gritos, ruídos, gemidos lúgubres ou aparições tenebrosas só ocorrem em zonas ermas, lugares isolados, escuros e somente à noite? Por que tais fenômenos não se produzem à luz do dia, ou então à noite, no asfalto das cidades iluminadas? Sempre que se ouve algum caso de assombração, invariavelmente nota-se que isso aconteceu longe de qualquer povoação e a altas horas da noite.

RAMATÍS: — O ectoplasma é muito sensível à luz solar e mesmo à luz branca artificial, embora, através de graduações lentas da luz vermelha para a amarela, com o tempo, ele chegue a resistir à ação da própria luz do dia. É por isso que somente à noite esses lugares "ectoplasmizados" apresentam condições de repercutir para a matéria os movimentos, os brados, os gemidos e demais fenômenos produzidos pelos espíritos sofredores que vagueiam pelo local. Muitas vezes, essas aparições ferem a retina dos animais, obrigando os cavaleiros a empregar esforços hercúleos para dominar sua cavalgadura empinada, ou fazer calar o cão aterrorizado.

Pela condensação do éter através da superabundância de ectoplasma exsudado daqueles que foram sacrificados brutalmente no local, o ambiente astral de tais lugares sensibiliza os sentidos dos encarnados, especialmente os que possuem mediunidade. Porém, à medida que os núcleos civilizados penetram essas zonas assombradas, a presença das criaturas e os seus pensamentos renovadores e sadios desempenham uma espécie de função profilática; e então, pouco a pouco, vai dissolvendo-se a "cortina ectoplásmica" saturada de paixões ou emoções deprimentes, até que o ambiente astralino fica purificado.

Elucidações do Além 159

O fenômeno que deixamos referido explica porque os crimes cometidos no ambiente da cidade iluminada não fazem que o local fique "assombrado" ou "ectoplasmizado", devido, justamente, às centenas ou milhares de criaturas que por ali transitam, as quais, pelos seus pensamentos mais equilibrados, dissolvem rapidamente os fluidos tóxicos que foram deflagrados no lugar.

18. Algumas noções sobre o prana[36]

PERGUNTA: — *Em diversas obras espiritualistas de procedência oriental, temos encontrado habitualmente a palavra prana e que, por vezes, também mencionais em vossas mensagens. Poderíeis dizer-nos alguma coisa sobre a natureza dessa força ou energia e qual a sua ação no intercâmbio entre o espírito e a matéria?*

RAMATÍS: — Entre as inúmeras forças que emanam do Sol, fertilizando e interpretando as próprias energias dos orbes físicos que compõem o seu sistema planetário, a pedagogia espiritual do Oriente destaca três que são as mais importantes e úteis ao conhecimento da humanidade atual. São elas: *fohat*, que é conhecido no Ocidente por **eletricidade**, e que pode transformar-se em calor, magnetismo, luz e força ou movimento; *kundalini*, ou fogo serpentino, energia solar muito vigorosa, que se concentra no seio da Terra e depois flui violentamente para a periferia, ativando as coisas e os seres num impulso dinâmico de alto poder transformativo e criativo; finalmente, a terceira força ou elemento é o "prana", cuja energia ou vitalidade em potencial é responsável por todas as manifestações da vida no Universo.

O prana está em todos os fenômenos do mundo exterior da matéria, assim como também nutre a vida no mundo oculto

---

36 N. do Revisor: Prana, do sânscrito, de "pra", para fora, e de "an", respirar, viver, significa a energia cósmica, força total e dinâmica, que vitaliza todas as coisas e todos os planos de atividade do Espírito imortal; onde se manifesta a vida, aí existe prana.

espiritual, mental, astral e etéreo. Essas três manifestações energéticas emanadas do Sol, que é o centro principal da vida na Terra, conhecidas no oriente por *fohat*, **kundalini** e *prana*, jamais se transformam noutras formas de energias, pois tais elementos são tipos específicos, à parte, que atendem exclusivamente às necessidades e funções que mencionamos.

Aliás, prana é palavra de origem sânscrita e traduzida textualmente, quer dizer "sopro de vida", ou energia vital. Para os orientais e principalmente entre os hindus ela possui significação mais ampla, sendo considerada a manifestação centrífuga de um dos poderes cósmicos de Deus. Para a escolástica hindu só há uma vida, o prana, tido como a própria vida do Logos.

Prana é a vida manifestada em cada plano de atividade do espírito eterno; é o sopro vital de cada coisa e de cada ser. Na matéria ele é a energia que edifica e coordena as moléculas físicas, ajustando-as de modo a comporem as formas em todos os reinos, como o mineral, o vegetal, o animal e o hominal. Sem prana, sopro indispensável, não haveria coesão molecular nem a consequente formação de um todo definido, pois é ele que congrega todas as células independentes e as interliga em íntima relação sustentando as formas. A coesão celular formada pelo prana assegura a existência de uma consciência vital instintiva, garantindo uma unidade sensível e dominante, que atua em todos os demais planos internos da Vida.

O espírito, ao "baixar" do seu mundo espiritual para formar sua individualidade consciente no mundo material, submete-se a um processo gradativo ou inerente a cada plano da vida, sendo um fenômeno uniforme em todo o Universo. No mineral, essa "consciência" em formação permanece estática e adormecida, mas depois evolui para a irritabilidade de "consciência" do vegetal ainda em "sonho"; em seguida, vivendo novos estágios de adaptações, ela alcança o estado de consciência instintiva animal; e, finalmente, atinge o raciocínio glorioso do homem. Entretanto, em todo esse modelamento progressivo e demorado, o prana, energia vital, é o fio dadivoso que une as contas de imenso colar de moléculas para plasmar as múltiplas formas da vida.

Recorrendo a rude exemplo, diríamos que assim como o cimento une os tijolos de um edifício, o prana é a liga, o elo vital, ou o elemento oculto, que associa os átomos, as moléculas e as células para compor o Universo.

PERGUNTA: — *Poderíamos admitir que o prana é uma consequência da Vida?*

RAMATÍS: — O prana não é um efeito da vida, como ainda supõem alguns espiritualistas do ocidente, pois o mineral, o vegetal, o animal e o homem é que são, realmente, seus produtos ou elementos resultantes, visto absorverem em sua intimidade o "quantum" dessa energia vital indispensável para se manifestarem no mundo. O prana está presente e atuante em todas as expressões de vida no Universo, porque ele é a essência vital que alimenta desde o "combustível" mental necessário ao homem para compor os seus pensamentos e ideias, assim como também vivifica a substância astralina que fotografa e manifesta todos os sentimentos das emoções do Espírito.

É "sangue vital" de incrível poder e amplitude cósmica, que se manifesta em todos os planos da vida, pois sua falta implicaria na desintegração e no desaparecimento instantâneo do Universo exterior, que é visível e sensível à consciência humana.

PERGUNTA: — *Alguns ocultistas explicam que os homens ricos de prana são os que "vendem saúde"! Isso é exato?*

RAMATÍS: — Os organismos vivos, quando em equilíbrio e harmonia, só absorvem a quantidade exata de prana indispensável para manterem o seu corpo sadio e eufórico. Quando há excesso de prana no homem, isso afeta-lhe a saúde, pois o sistema nervoso torna-se excitado e irregular. É um estado mórbido que se torna um campo favorável à enfermidade física; e, em certos casos, pode mesmo ocorrer a morte sob a paradoxal diagnose de "apoplexia vital". Esse fato é semelhante ao que acontece com a eletricidade, quando a voltagem muito elevada danifica e "queima" os equipos elétricos de capacidade reduzida, adequados a menor quantidade de força. É, também, caso idêntico ao do sangue que, em excesso, é danoso para o organismo humano, podendo resultar em ataque de apoplexia. Em sentido oposto, quando há prana em quantidade insuficiente para atender às necessidades vitais comuns, o homem torna-se anêmico e morre pela exaustão. Infelizmente, o terrícola ainda subestima os ensinamentos tradicionais esotéricos,[37] pois se ele realmente se dispusesse a investigar e conhecer a natureza, o potencial e a função do prana, sabendo ativá-lo nas entranhas do seu organismo, ele conseguiria eliminar certas moléstias ainda frequentes em sua existência. Através da purificação de sua respiração e pela graduação consciente e proporcional dessa maravilhosa energia vital para o seu corpo, o homem atilado viveria à semelhança de um seguro aparelho de precisão, com excelente transformador de estabilidade a regular-lhe a voltagem mais certa para o seu tipo biológico. Gozaria de um equilíbrio vital qual usina viva a fornecer energia vigorosa e criadora para vitalizar os próprios familiares e proporcionar saúde aos enfermos. Dominando o metabolismo e a função dos "chacras" do duplo etérico, então seria capaz de repor, de imediato, a carga vital faltante e consumida nas relações com as criaturas desvitalizadas. E em sentido oposto, poderia reduzir o excesso prânico que resulta em tensão nervosa, excita os movimentos e conduz o homem a atos violentos, como expansão equilibrante de seu vitalismo.[38]

Basta ao homem um conhecimento singelo da filosofia e dinâmica do chacra esplênico, que absorve o prana, à altura do baço físico, para ele saber melhorar a cota e a qualidade do seu sangue, logrando uma purificação sanguínea capaz de

---

37 N. do Revisor: Embora não seja realmente um tratado específico sobre o prana, recomendamos aos leitores ávidos de harmonizar a sua saúde, os livros: *A Ciência Hindu-Yogi da Respiração, Ciência da Cura Psíquica* e a *Cura Prática pela Água*, obras de Yogi Ramacharaka, onde encontrarão excelentes diretrizes para um bom desenvolvimento mental, físico, psíquico e espiritual. Obras editadas pela "Livraria do Pensamento".
38 N. do Revisor: Quando jovem, fui campeão de Ciclismo do Paraná durante três anos consecutivos e retornava das provas mais rudes e prolongadas refeito em minha vitalidade. No entanto, por gozar de um excesso de "prana", só mais tarde percebi que era obrigado a exercícios e caminhadas sem objetivos deliberados, a fim de manter-me equilibrado e sadio pelo próprio cansaço. Felizmente, ingressando no espiritismo, verifiquei que alcançava a mesma harmonia doando o meu excesso de fluidos prânicos nos passes magnéticos ou mediúnicos. Aliás, conheço confrade que não consegue conciliar o sono, caso transcorra um dia sem ele transfundir em passes ou exercícios fatigantes o excesso de "prana" de que é portador.

livrar sua pele e seu corpo de excrescências, verrugas, manchas e impurezas.

As mulheres que usam excesso de "maquillage" envelhecem bem mais cedo que as recatadas na pintura das faces, pois o prana físico que se renova pela pele, rarefaz-se e reflui para a intimidade do corpo ante o entupimento dos poros. Os antigos iniciados podiam apresentar-se remoçados e belos; a sua epiderme viçosa assemelhava-se à "pele" acetinada do pêssego, porque eles conheciam todos os segredos do prana, e o distribuíam harmoniosamente na sua constituição psicofísica. Muitos iogues, já no limiar da morte física, concentram tal dose de prana no seu corpo carnal que o seu cadáver resiste dias, meses e até anos sem decompor-se, mantendo-se num aspecto incomum.[39]

PERGUNTA: — O prana pode ser identificado pelos sentidos do espírito desencarnado e pela visão dos clarividentes encarnados, ou trata-se de uma energia sensível somente às entidades superiores? Enfim, o prana tem forma, cor ou estabilidade?

RAMATÍS: — O prana físico é de cor branca em sua manifestação unitária. No entanto, essa cor é a síntese ou a associação de outros sete matizes e tons diferentes, algo semelhante às cores do espectro solar ou do disco colorido de Newton. Em verdade, não se pode avaliar as cores ou os matizes que sintetizam o prana pela mesma nomenclatura ou convenção das cores conhecidas no mundo físico pela focalização vibratória do olho humano. Entre os próprios homens há diversidade na recepção vibratória ocular da cor, pois enquanto certas criaturas distinguem com absoluta nitidez, o azul do verde, outras enxergam outros tons nessas cores. Os chineses, antes de seus olhos despertarem para a sensibilidade cromática atual, só viam o céu num tom de amarelo claro e transparente, conforme ainda se pode comprovar pelas

---

39 N. do Revisor: E o caso do Iogue Paramahansa Yogananda, sepultado na Flórida, nos Estados Unidos; ao abrirem seu caixão após 20 dias, ele estava perfeitamente intacto, sem qualquer sinal de decomposição ou de mau odor. As faces estavam luzidias e até com ligeiro rubor, conforme declaração da própria Administração do Cemitério e da empresa funerária de Los Angeles. Vide comprovação do fato na obra *Autobiografia de um Yogi Contemporâneo*, Ediciones Siglo Veinte S.R.L. — Juncal I 131.

suas pinturas de alguns séculos atrás. Ainda hoje, na China, enquanto a maioria já percebe o matiz azul do céu, ainda há pessoas que só se sentem atraídas pelas cores amarela, vermelha e preta, conforme se caracterizam certas manifestações artísticas e gostos do chinês.

Esses matizes do prana que sintetizam a cor branca são o amarelo, o azul, o roxo, o verde, o alaranjado e dois tipos de vermelho; um destes é mais carregado e outro num tom róseo, que em certos casos emite reflexos lilases. É por isso que o prana ou energia vital, também, em sua cor branca, subdivide-se noutros matizes diferentes ao fluir pelos chacras do duplo etérico, que é o corpo etéreo intermediário entre o perispírito e o corpo físico. Esses centros de forças etéricas situados no duplo etérico funcionam como verdadeiros prismas energéticos, variando em seu diâmetro, velocidade e cores, conforme a região em que se situam perpendicularmente ao corpo carnal, e quanto à atividade ou função que desempenham nas suas relações com o perispírito. Assim, os chacras situados nas regiões mais instintivas do homem, como o centro umbilical, o genésico e o *kundalini*, mostram-se em cores mais densas, porém, mais robustas ou "materiais", assinalando atividades de ordem mais afins ao mundo físico. Mas, nesse caso, eles se apresentam com os matizes mais pobres, menor número de raias, divisões ou "pétalas".

No entanto, os chacras situados nas zonas mais elevadas do homem, como o centro cardíaco à altura do coração, o laríngeo defronte à garganta, o frontal entre os supercílios, e o coronário no alto da cabeça, também se manifestam nas pessoas de boa índole espiritual, sob aspectos cromáticos formosos, transparentes e contando maior número de raios ou "pétalas". Isso acontece porque o prana físico, ao filtrar-se pelos chacras das regiões instintivas do ser, mostra-se mais grosseiro e decai em sua frequência vibratória habitual, ao sustentar atividade mais animal. Mas assim que essas diversas cores fluem pelos chacras inferiores e depois atingem as regiões mais elevadas do homem, elas então se modificam, clareiam e sutilizam-se, aumentando em beleza e colorido, pois recebem a contribuição das energias sublimes descidas

das regiões angélicas através do sublime canal espiritual situado no alto da cabeça do homem: — o augusto chacra coronário de "união divina", permanentemente aberto para a região alta da vida do Espírito Imortal.

Os vegetais, os animais e os homens assimilam e irrigam-se de prana, como o elemento fundamental de sua vida, mas possuem uma cor em sintonia perfeita com o seu tipo biológico e suas atividades psíquicas. Enquanto Francisco de Assis desenvolveu o seu chacra cardíaco e pôde destacar-lhe a cor rósea, peculiar do matiz prânico do Amor, Nero, por exemplo, nutria-se de um prana vermelho sujo e arroxeado, de vitalidade extremamente sensual, vivificadora das práticas sexuais. Cada um dos sete matizes do prana possui função distinta na vida do homem, pois enquanto o tom amarelo-claro, formoso e transparente alimenta as atividades superiores do intelecto, já o amarelo sujo e opaco, de aspecto oleoso, é mais próprio do homem animalizado, cujas elucubrações cerebrais só operam nas regiões profundas do mundo instintivo.

Só em casos raríssimos o homem seria capaz de absorver em si mesmo todo o conteúdo setenário do prana, e então, adquirir a plenitude de consciência desde o mundo mental, astral, etéreo até o físico. O próprio Buda, cujo intelecto era de nível super-humano, revelava um tom dourado despedindo cintilações na transfusão prânica pelo chacra coronário, mas não manifestava, ainda, o branco absoluto da síntese total do prana. Em sentido oposto, Rasputin, o mago das trevas, nutria-se de um prana físico escuro, a síntese negativa dos sete matizes inferiores, mas que puderam fortalecê-lo a ponto de resistir fisicamente a toda sorte de tentativas de assassinato na corte de Nicolau II, tendo mesmo neutralizado as reações tóxicas de fortes doses de arsênico e enfrentado a metralha de projéteis destruidores.

PERGUNTA· — *Conheceis exemplo de alguma criatura que tenha assimilado todos os sete matizes coloridos do prana?*

RAMATÍS: — Não temos lembrança de homem que, seja pela magia ou mediante exercícios iniciáticos, conseguisse desenvolver a capacidade de assimilar o prana em sua total manifestação setenária. Conforme as tradições do Espaço, somente Jesus, até hoje, em alguns raros instantes de sua vida terrena e durante os seus êxtases, conseguiu revelar o aspecto níveo e imaculado do prana, em sua integridade lirial absoluta.

No reino animal, no entanto, existe o gato, que é capaz de absorver o prana físico de baixa qualidade, em todos os seus matizes inferiores. Há alguns séculos, quando ainda habitávamos, em corpo físico, no Egito, já se sabia que o gato possui "sete fôlegos" ou "sete vidas", como um dos animais capazes de enfeixar em si a síntese das sete cores prânicas físicas, animalizadas. O sacerdócio egípcio já o considerava um animal sagrado e os magos negros o utilizavam com frequência, como condensador vivo nos trabalhos de magia, assim como hoje os feiticeiros terrenos servem-se do sapo para o êxito de suas feitiçarias. A vida do gato ainda está envolta por certo mistério e lenda do passado, assim como tem servido para o fundo mórbido de várias narrativas excêntricas e mórbidas.[40]

PERGUNTA: — Apesar de todas essas nuanças e matizes coloridos do prana, na realidade, tudo não passa de diferenças vibratórias em sua essência. Não é assim?

RAMATÍS: — Realmente, a cor é vibração, e, por isso, ela corresponde simultaneamente a outros diversos fenômenos conforme a nossa capacidade de auscultação psicofísica. Aliás, em nossa vida espiritual podemos sentir, ao mesmo tempo, o odor, a temperatura, o peso, a densidade e o próprio som correspondente a cada matiz de cor.[41]

Em suma, o prana age em equilíbrio com cada plano de vida e manifesta-se também em perfeita correspondência vibratória com a cor e a natureza vibratória desse plano. No plano físico ele constrói os minerais, as plantas, os animais e os homens, mas também está presente como energia vital da sensibilidade nervosa, na oxigenação, na excitabilidade muscular, na vibração sanguínea, e na pressão do empuxo cardíaco; na contração e dilatação dos brônquios, na diástole e sístole do coração; nos cinco sentidos, nas modificações atô-

---
40 Vide o *Gato Preto*, de Edgard Allan Poe.
41 Vide *A Vida no Planeta Marte e os Discos Voadores*, cap. XII, "Música", com referência aos fenômenos simultâneos das cores, sons e perfumes.

micas ou fisiológicas, e, também, nos estímulos endocrínicos que fabricam os hormônios.

Sem o prana o perispírito também não poderia aglutinar os átomos e as moléculas do mundo físico, para materializar a sua forma fetal no útero materno, nem o duplo etérico conseguiria modelar-se em torno da figura humana em gestação. É o prana, enfim, a rede energética vital que interpenetra, afina e compõe a estrutura das coisas e dos seres em qualquer latitude ou longitude cósmica. Mas ele não é o éter, o oxigênio ou o azoto, tidos como fonte criadora de vida na intimidade dos seres vivos, pois, na realidade, estes elementos é que vivem do prana, o qual, em síntese, não é efeito, é causa.

PERGUNTA: — O prana pode ser considerado o próprio magnetismo que flui por tudo e principalmente pelo homem?

RAMATÍS: — O prana, que estrutura e nutre os nervos é independente e distinto do conhecido magnetismo do homem ou fluido nervoso, porquanto estes são originários do éter físico exsudado do próprio corpo, ou seja, energia radioativada. O prana, no entanto, é energia independente; ele flui pelos nervos do homem, mas não é o seu magnetismo nem o fluido nervoso.

PERGUNTA: — E que nos dizeis então sobre essa substância ou fluido nervoso que, através do cérebro humano, assegura-nos o intercâmbio entre o que pensamos e o que sentimos? Nesse caso, qual é a função ou importância do prana?

RAMATÍS: — O prana, tornamos a repetir, é a vitalidade em todos os planos de manifestação dos seres e das coisas. Assim, há prana espiritual virginal que mantém a figura iniciática do espírito no seu primeiro plano para a individualização; ha prana mental responsável pela vida do pensamento, prana astral nutrindo o desejo, o sentimento e a emoção, prana etérico alimentando o duplo otórico e os chacras, assim como também há o prana físico, que enseja e produz a ação concreta da consciência "física" ou humana. O prana manifesta-se, subdivide-se ou encorpa-se, conforme a necessidade e a natureza vibratória de cada plano em que o espírito do homem atua. A matéria nervosa é que faculta ao homem a condição dele tanto sentir o prazer como a dor, gozar ou sofrer; no entanto, se tal matéria fosse composta unicamente de prana físico, ela, então, seria insensível no homem, assim como é no mineral. Os seres e as coisas que já possuam sensibilidade extramaterial, seja o vegetal, o animal, ou o homem, é porque além do prana da vitalidade física, eles também possuem o prana ou substância astralina, que é o fundamento vivo da emoção, do desejo e do sentimento, mesmo sob manifestações primárias ou muito rudimentares. Em consequência, a matéria nervosa é fruto da combinação harmoniosa do prana astral e do prana físico e que, ao darem vida à célula nervosa, concedem-lhe também a sensibilidade própria das emoções e dos sentimentos humanos do plano astral. No entanto, quando o homem pensa, ele pratica uma ação mais íntima do que "sentir" ou "emocionar-se", pois ele o faz pelas células nervosas do cérebro, que além de estarem associadas ao prana astral da emoção, acham-se também impregnadas do prana mental ou sopro vital sustentador do mundo do pensamento. Graças ao prana, diz a tradição oriental, o "Verbo se fez homem", porque a vitalidade do Universo e dos seres é, enfim, o próprio prana. Ante a manifestação incondicional e ilimitada do prana, dizem os sábios orientais que o "espírito mesmo desprovido da palavra é um Ser que fala". O Sol, sublime condensador e reservatório de prana, ele o distribui para os seus "filhos planetários", na forma de energias e fluidos, que alimentam todo o ser vivo e asseguram a estabilidade no Cosmo.

Na contextura do mineral predomina o prana físico, e a vida nele não vai além de um adormecimento profundo, cuja atividade só é perceptível pelo desgaste; nos vegetais, principalmente os de forte odorância ou carnívoros, o prana astral equilibra-se com o prana físico, e por esse motivo eles reagem pela irritabilidade através das nervuras ou espécie de sistema nervoso rudimentar. Nos animais, a maior proporção prânica astralina já lhes faculta uma consciência astral instintiva, tão desenvolvida ou avançada conforme seja a espécie, dando-lhes, por vezes, uma capacidade de sentir quase humana, como o cão, o cavalo, o elefante, o gato, o carneiro, o macaco e mesmo o boi.

Finalmente, o homem, que além do "sentimento" também é um "pensador", abrange, então, numa associação ou síntese trifásica, o prana físico, o astral e o mental, razão por que ele possui as faculdades de pensar, sentir e agir simultaneamente em três planos diferentes. Durante seu "descenso" através dos planos vibratórios cada vez mais densos do mundo interno, o espírito vai incorporando o prana de cada plano em que se manifesta, até poder atuar na matéria através do corpo físico.

Os elementos inorgânicos, como a pedra e o mineral, e também os vegetais e ainda os animais e o homem, que já manifestam vida, todos nascem, crescem, desgastam-se e morrem. Porém, é graças ao prana, que isso acontece, porque ele está presente em todas as metamorfoses da Vida, substituindo as formas estáticas ou cansadas, vivificando o mecanismo da procriação, selecionando as espécies mais puras e as inferiores e concretizando assim o programa do pensamento não-gerado e incriado de Deus. O prana, enfim, é o elemento que permite ao Espírito baixar do seu reino sutil até a vida física e despertar-lhe a consciência individual de "ser" e de "existir" no seio do Cosmo. É, enfim, o sublime revelador da vida espiritual à periferia dos mundos materiais.

19. O duplo etérico e suas funções

PERGUNTA: — Que dizeis sobre o duplo etérico, como veículo intermediário entre o corpo carnal e o perispírito do homem?

RAMATÍS: — O duplo etérico é um corpo ou veículo provisório, espécie de mediador plástico ou elemento de ligação entre o perispírito e o corpo físico do homem. É constituído de éter físico emanado da própria Terra;[42] e conforme já dissemos, dissolve-se no túmulo depois da morte física do homem. Ele recebe os impulsos do perispírito e os transfere para a carne, agindo também em sentido inverso.

Em rude analogia, citamos a função valiosa do fio elétrico, o qual recebe a carga de eletricidade da usina ou fonte produtora e depois ilumina a lâmpada ou move o motor. Sem esse fio modesto, aparentemente sem importância, o mundo oculto da eletricidade não poderia atuar sobre o mundo visível da matéria. O duplo etérico, portanto, à semelhança de um fio elétrico, cumpre a função de mensageiro submisso, que transmite ao corpo o que o espírito sente no seu mundo oculto, ou sejam, as emoções que a alma plasma na sua mente

---

42 N. do Revisor: Conforme a concepção oriental, o Éter Cósmico é a essência virgem que interpenetra e alenta o Universo; é a substância "Virgem" da escolástica hindu. O Éter físico, no entanto, é mais propriamente uma exsudação, o qual éter ou radiação desse Éter Cósmico, flui através dos poros da terra, que funciona à guisa de um condensador de Éter. Sob tal aspecto, o Éter Cósmico perde a sua característica de essência "virgem" ou "pura", para tornar-se uma substância impregnada das impurezas do planeta durante a sua exsudação. Se considerarmos o Éter Cósmico semelhante à água pura, no seu estado natural, o éter físico então será a água com as impurezas depois de usada pelo homem.

O DUPLO ETÉRICO DO HOMEM

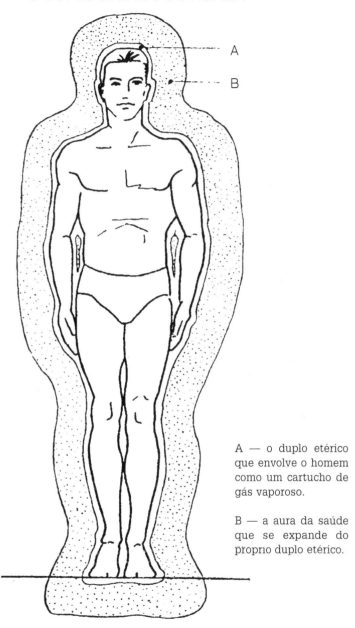

A — o duplo etérico que envolve o homem como um cartucho de gás vaporoso.

B — a aura da saúde que se expande do próprio duplo etérico.

espiritual imponderável.

PERGUNTA: — Dissestes, alhures, que o duplo etérico é um veículo já conhecido e estudado há muitos séculos por outras doutrinas espiritualistas?

RAMATÍS: — O duplo etérico, com o seu sistema de chacras, ou centros de forças etéricas situados à sua periferia[43] é, realmente, conhecido há muitos séculos pelos velhos ocultistas e iniciados hindus, egípcios, essênios, caldeus, assírios e chineses, embora só agora os mentores espirituais resolvessem popularizá-lo entre os espiritualistas do Ocidente.

Aos espíritas, cumpre-lhes conhecer e divulgar a anatomia e a fisiologia do perispírito, que é o principal veículo de relação entre o espírito e a matéria; e também precisam estudar o duplo etérico, já conhecidíssimo dos rosa-cruzes, teosofistas, esoteristas e iogues. Isso não contraria nem perturba os objetivos dos postulados espíritas, pois conhecendo bem o duplo etérico, os médiuns poderão melhorar a sua tarefa mediúnica e dinamizar suas forças magnéticas; e os espíritas doutrinadores elucidarão as inúmeras incógnitas e percalços dos trabalhos de materializações, voz direta, levitações, transportes e operações fluídicas. Em todos esses fenômenos, o duplo etérico é o principal responsável pela elaboração de ectoplasma e da coordenação dos fluidos nervosos dos médiuns de efeitos físicos.

Eis por que insistimos nesse assunto junto à área espírita, pois trata-se de matéria de magna importância para os seus adeptos. O espiritismo é doutrina evolutiva e de incessante pesquisa no campo da espiritualidade. Já é tempo de se abandonar a velha fórmula do médium "analfabeto", mas de muito "boa intenção" e que, por isso, compensa suas tolices e ridículos só porque é humilde. A humildade é virtude muito discutível entre os homens, pois quase sempre se confunde com o servilismo, que é fruto de circunstâncias que obrigam a criatura a um comportamento melhor, mas acidental, não sendo, portanto, uma atitude resultante da evolução espiritual.

PERGUNTA: — O duplo etérico ainda é matéria algo desconhecida para nós, estudiosos do Espiritismo, porque

---
43 Vide o capítulo desta obra, "Os Chacras".

não temos sido orientados para tais ensinamentos.[44]

RAMATÍS: — A estrutura, o mecanismo, a fisiologia do duplo etérico e o seu funcionamento ainda é matéria desconhecida à maioria dos médiuns; e por isso, quase todos eles aventuram-se em realizações imprudentes sem o mínimo conhecimento das funções primárias dos diversos veículos que constituem o perispírito e servem ao Espírito imortal para condicionar a fenomenologia mediúnica na Terra. Ignoram, mesmo, a sua verdadeira composição fisiológica, em atuação num campo vibratório superior ao da vida material.

O duplo etérico, em face da pronunciada influência que o espiritismo irá exercer doravante na humanidade, deve ser investigado e divulgado sob todos os seus aspectos.

Certos mentores invisíveis já estão transmitindo maiores conhecimentos quanto ao perispírito e ao duplo etérico.[45] É verdade que neste assunto ainda falta muita receptividade aos espíritas algo ortodoxos, presos dogmaticamente àquilo que Kardec "disse" ou "não disse". Porém, em face das exigências impostas pelo progresso atual, os movimentos espiritualistas tendem a desenvolver-se continuamente, no seio da massa comum.

Assim, qualquer doutrina que se obstine numa ortodoxia sectarista, de postulados exclusivos, tidos como superiores aos outros setores espiritualistas, será como peça de um museu e incapaz de explicar os múltiplos aspectos ou realidades da Vida Imortal.

PERGUNTA: — *Qual é a natureza do duplo etérico?*

RAMATÍS: — O duplo etérico é um veículo invisível à vista do homem comum, e ainda desconhecido à medicina terrena, pois os seus anatomistas e fisiologistas só se preo-

---
44 N. do Revisor: Ressalvando a pergunta, cremos que a Federação Espírita de S. Paulo, de há muito tempo estuda com proficiência esse tema, graças à sua última escola de médiuns e à orientação progressista de Edgar Armond. Vide *Pontos da Escola de Médiuns*, e *Mediunidade, Passes e Radiações*, em que a matéria do duplo etérico, chacras e demais acorvos dos velhos ocultistas são tratados com eficiente sistema didático.
45 N. do Revisor: Realmente, essa matéria está sendo tratada com certo carinho na área espiritista codificada por Kardec. Vide as obras *Entre a Terra e o Céu*, páginas 126 e 127, capítulo "Conflitos da Alma"; *Evolução Em Dois Mundos*, páginas 26 e 27, ambas de André Luiz; a obra *Roteiro* de Emmanuel, capítulo VI, "O Perispírito", todas psicografadas por Chico Xavier. Vide *Mediunidade*, e *Passes e Radiações*, capítulo "Os Chacras", de Edgar Armond, edição "Lake".

cupam com o corpo físico, no qual efetuam os seus exames "positivos", fora de quaisquer conjecturas metafísicas. Trata-se de um corpo etéreo, cuja contextura, como já dissemos, é um produto específico do éter físico, isto é, do éter impuro exalado através do orbe terráqueo. Deste modo, o duplo etérico pode funcionar com êxito no limiar do mundo astralino e no do mundo físico, pois enquanto a sua composição exterior é do éter terráqueo, a sua base íntima e oculta é o próprio Éter Cósmico.

Malgrado o duplo etérico ser um corpo invisível para os olhos carnais, ele se apresenta à nossa visão espiritual como uma capa densa algo física, que é sensível ao perfume, frio, calor, magnetismo e também afetada pelos condimentos, ácidos, substâncias hipnóticas, sedativos ou entorpecentes e pelo toque humano em certos momentos de maior condensação. Os médiuns deveriam ter o máximo cuidado em evitar os alimentos que possam ofender o seu duplo etérico, pois é dele que derivam os fenômenos medianímicos de natureza mais física.

PERGUNTA: — *Quando o duplo etérico afasta-se do corpo físico pode ocorrer algum acidente?*

RAMATÍS: — O duplo etérico, ao separar-se do corpo carnal, seja durante a anestesia ou no transe mediúnico, ou quando o espírito, à noite, vaga fora do corpo carnal adormecido no leito, isso provoca no homem uma redução de vitalidade física e queda de temperatura. Em tal condição, o duplo também adquire mais liberdade de ação, aumenta o seu energismo e torna-se hipersensível, porque o corpo físico estando adormecido ou em transe, mantém-se com reduzida cota de Prana para nutrir-se. Não é difícil, pois, que o corpo físico depois manifeste em sua contextura material os efeitos de qualquer acontecimento ofensivo ocorrido durante a separação do seu veículo etérico.

PERGUNTA: — *Se pudéssemos observar o duplo etérico através de nossa visão física, como o veríamos na sua realidade imponderável?*

RAMATÍS: — Os clarividentes treinados veem o duplo etérico como um veículo vaporoso, que cobre o corpo em todos os sentidos e interpenetra-lhe os poros físicos e perispirituais. A sua configuração é transparente e a sua emanação etéreo-física ultrapassa o corpo do homem de 1/4 de polegada em todos os sentidos. E além de sua configuração ainda se forma uma aura radioativa semelhante a um imenso ovo que despede, por vezes, umas chispas argênteas. É a "aura da saúde", muito conhecida dos ocultistas e magos, a qual atinge de cinco a dez centímetros além do corpo físico. Vemo-lo também num tom róseo esbranquiçado, fracamente luminoso, impregnado ainda por tons azulíneos e emitindo algumas fulgurações violáceas. Há casos em que a sua cor pende para os matizes do alumínio transparente ou do vidro fosco, dependendo tudo isso do estado de saúde do homem e de sua maior ou menor capacidade de absorção de prana. A contextura do duplo etérico varia conforme seja o tipo biológico humano, pois ele será mais sutil e delicado nos seres superiores e mais denso nas criaturas primitivas.

O éter físico que nutre o duplo etérico irradia-se dele para todas as direções. Quando o médium ou o magnetista estende as mãos para administrar passe aos enfermos, o éter físico converge febrilmente para as extremidades das mesmas e flui de modo tão intenso e pródigo para o enfermo, conforme seja a capacidade prânica vital do passista.

PERGUNTA: — Qual é a principal função do duplo etérico?

RAMATÍS: — A sua função mais importante é transmitir para a tela do cérebro do homem todas as vibrações das emoções e impulsos que o perispírito recebe do Espírito ou Alma imortal. E ele também absorve o prana ou a vitalidade do mundo oculto, emanada do Sol, conjugando-a com as forças exaladas no meio físico; e em seguida as distribui pelo sistema nervoso e por todas as partes do organismo do homem. Embora seja um intermediário entre os centros sensoriais da consciência perispiritual e os centros da consciência cerebral física, o duplo etérico é resultante da emanação radioativa do próprio corpo físico da Terra. Não é um veículo consciente, pois é incapaz de atuar por si ou de modo inteligente, mesmo quando desligado do homem. Embora realize certos ajustes e tome providências defensivas, isto sucede pelo automatismo

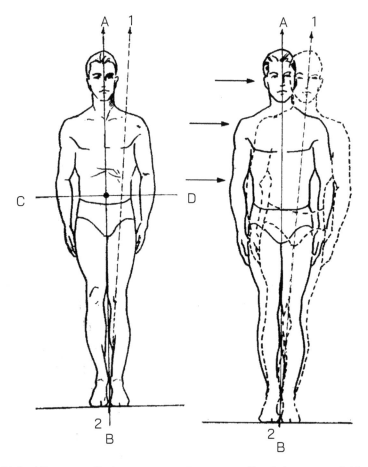

Linha AB, a perpendicular que passa entre os supercílios do homem e o divide em duas metades, passando entre os pés.

Linha "1" "2" (interrompida), a mesma perpendicular desviada à esquerda, sobre a altura do baço, o "abre" à mediunidade prematura, pois o perispírito e o duplo etérico ficam algo desviados à esquerda do corpo físico, como janelas vivas entreabertas para o Além.

instintivo e biológico do próprio organismo carnal, pois este, quando se move independentemente do comando direto do espírito imortal, revela um sentido fisiológico inteligente e disciplinado, nutrindo e reparando as células gastas ou enfermas, substituindo-as por outras, sadias, de modo a recuperar-se de todas as perdas materiais.

O duplo etérico, além de suas importantes funções de

intercambiar todas as reações do perispírito e do corpo carnal, é também um reservatório vital indispensável.

PERGUNTA: — *Existe alguma diferença entre um homem comum e um médium, quanto à natureza e à função do seu duplo etérico?*

RAMATÍS: — Os médiuns de "prova", isto é, aqueles que se encarnam na Terra com a obrigação precípua de cumprirem o serviço mediúnico e especialmente os de fenômenos físicos que elaboram e consomem ectoplasma, já renascem com certo desvio na linha magnética vertical dos polos positivo e negativo do seu perispírito. Por causa de uma intervenção deliberada que os técnicos siderais processam no seu perispírito antes deles encarnarem-se, então a linha magnética perpendicular que desce do alto da cabeça, passa pelo umbigo e cruza entre os pés do homem para dividi-lo hipoteticamente em duas metades iguais, desvia-se mais à esquerda, em diagonal, atravessando assim a zona do baço.

O perispírito, com esse desvio magnético inclinado alguns graus à sua esquerda, cuja linha deveria cruzar-lhe os supercílios, e dali por diante passa sobre o olho esquerdo findando-lhe entre os pés, termina por também modelar no útero feminino um duplo etérico com esse mesmo desvio à esquerda do corpo físico. Desta forma e em obediência às linhas de forças que lhe forçam o desvio à esquerda do corpo físico, o duplo etérico se transforma na janela viva constantemente aberta para o mundo oculto e pondo o homem em contato mais íntimo com os fenômenos extraterrenos. Então, esse homem é um médium, ou seja, o indivíduo que pressente e ausculta a vida invisível mediante fenômenos incomuns.

Repetimos: o duplo etérico, durante o nascimento e o crescimento do homem com a prova da mediunidade, também se modela obedecendo à mesma inclinação da linha magnética do perispírito e assim fica algo deslocado à altura do baço físico e do chacra esplênico, facilitando o transe mediúnico de modo mais frequente. O epiléptico também é criatura cujo duplo etérico afasta-se com frequência do seu corpo físico; mas em vez de tratar-se de um fenômeno disciplinado pela intervenção da Técnica Sideral antes do espírito

Elucidações do Além 179

encarnar-se, ele ocorre com violência e absoluta imprevisão do seu portador.

Por isso, o transe mediúnico do médium de fenômenos físicos e o ataque do epiléptico apresentam certa semelhança entre si. A diferença, no entanto, é que o médium ingressa no transe de modo espontâneo e no momento oportuno, para o cumprimento do seu trabalho mediúnico determinado antecipadamente pelo "lado de cá"; o epiléptico, no entanto, é atirado ao solo, assim que o seu duplo etérico satura-se dos venenos expurgados pelo perispírito e afasta-se violentamente, para depois escoá-los no meio ambiente. Em certos casos, verifica-se que o epiléptico é também um médium de fenômenos físicos em potencial, pois a incessante saída do seu duplo etérico abandonando o corpo físico, termina por abrir-lhe uma brecha mediúnica, que depois o sensibiliza para a fenomenologia mediúnica.

No entanto, a dupla inclinação do perispírito e do duplo etérico, que faculta a mediunidade de efeitos físicos, a psicografia mecânica ou a incorporação completa, nada tem a ver com as faculdades espirituais inatas do homem superior, como o poder da Intuição Pura ou da Clarividência Espiritual, qualidades sublimes que dependem fundamentalmente da formação moral e do grau sidéreo da alma, em vez de uma simples intervenção técnica extemporânea.

Através dessa "frincha" etérica aberta para o Além por causa do desvio da linha perispiritual magnética, o médium é então o homem hipersensível em contato mais demorado com os fenômenos do mundo oculto. No entanto, isso também lhe é faca de dois gumes, pois caso falseie em seus costumes, devote-se às paixões violentas e cultive os vícios degradantes, arrisca-se ao fracasso espiritual na vida física, conforme já tem acontecido para muitos médiuns imprudentes.

PERGUNTA: — *Poderíeis dar-nos um exemplo mais concreto desse desvio magnético do perispírito e do duplo etérico, que se processa à esquerda do homem e à altura do baço, facultando-lhe um contato mais frequente ou de maior intercâmbio com o Invisível?*

RAMATÍS: — Tratando-se de um assunto transcendental, que não podemos exemplificar de modo substancioso por falta de vocábulos adequados ou exemplos técnicos familiares, nós só podemos compará-lo ao fenômeno ainda inexplicável pela ciência do mundo, qual seja a diferença que também existe entre os polos geográficos e os polos magnéticos da Terra. É evidente que a Terra também possui o seu duplo etérico, o qual é composto da soma do éter físico de todos os corpos etéricos e seres existentes à sua superfície. Considerando-se que o duplo etérico da Terra a interpenetra por todos os seus poros e interstícios físicos, transbordando numa aura gigantesca radioativa que se irradia a alguns quilômetros do seu contorno esférico, o certo é que também não coincidem no orbe a sua linha vertical magnética com a linha geográfica do polo Norte ao polo Sul.

Verifica-se, assim, que também existe uma diferença entre a linha perpendicular dos polos geográficos com a perpendicular dos polos magnéticos, coisa que facilmente se pode comprovar pelo desvio da agulha magnética da bússola, sempre a apontar o polo Norte magnético mais à esquerda do mesmo polo geográfico. Embora tal acontecimento seja um fato comum e explicável para os iniciados e fique no terreno das conjecturas para os cientistas terrenos, o certo é que esse desvio do duplo etérico da Terra é também uma hipersensibilidade natural do orbe em seu progresso para desideratos superiores.

No entanto, se a maior abertura etérica do orbe terráqueo para o mundo oculto só traz benefícios à sua humanidade, no caso dos médiuns eles necessitam de constante vigilância aos seus atos no mundo físico, pois as entidades malfeitoras do Invisível os espreitam a todo momento através desse pórtico psíquico vulnerável. Raros médiuns de fenômenos físicos puderam atingir o final de sua existência terrena de modo lisonjeiro, pois, em geral, os maquiavélicos "das sombras" conseguiram perturbar-lhes o mandato sideral expondo-lhes o orgulho, a vaidade, a cupidez e despertando-lhes interesses mercenários na especulação censurável de sua mediunidade.[46]

---

[46] N. do Revisor: Corroborando os dizeres de Ramatís, recomendamos aos leitores a leitura das obras *Instruções Psicofônicas*, pp. 101 e 161, e, também, a intitulada *Vozes do Grande Além*, p. 192, em que alguns médiuns de fenômenos físicos, aliás, muito conhecidos no vosso país, terminaram sua existência em

PERGUNTA: — Explicou-nos, alguém, que os médiuns são indivíduos mais vulneráveis aos efeitos tóxicos secundários das medicações sedativas, drogas hipnóticas, anestesias operatórias ou entorpecentes porque também são mais sensíveis do que o homem comum. Isso é verdade?

RAMATÍS: — Os médiuns, em geral, são nervosos e doentios, facilmente afetados pelos fenômenos materiais do meio onde vivem, das reações morais, emotivas e mentais dos demais seres que os cercam no mundo. Eles vivem superexcitados pelas preocupações mais comuns, enquanto as coisas mais simples avolumam-se e os afligem por causa da mente hipersensível e do contato mais frequente do seu duplo etérico com o mundo oculto. O desvio parcial do duplo etérico e do perispírito, o que ainda é bem mais acentuado nos médiuns de efeitos físicos do que nos outros medianeiros, mantém-se em sintonia frequente com a humanidade desencarnada e fazendo-os sofrer a influência dos sentimentos e das emoções boas ou más, projetadas daqui pelos espíritos desencarnados.

Acresce, ainda, que as substâncias alopáticas, tóxicas, agressivas e entorpecentes deixam resíduos cruciantes no éter físico que flui pelo sistema nervoso dos médiuns, assim como também pressionam o seu perispírito e o duplo etérico, aumentando a "frincha" ou "janela viva" que se entreabre para o lado de cá.

Isso exige do médium vigilância constante nas suas emoções, pensamentos e atos, aconselhando-o a fugir das paixões e dos vícios lesivos, caso deseje resistir à vontade subvertida, às desmedidas ambições e aos projetos sinistros dos espíritos malévolos e mistificadores.

Mas a verdade é que os mentores siderais só concedem a faculdade mediúnica para os espíritos que se prontificam a cumprir, leal e corretamente, na Terra, todos os preceitos e as normas necessárias para um aproveitamento espiritual a seu favor e da humanidade. No entanto, eles não podem prever a ganância, a vaidade, a subversão ou desonestidade dos seus pupilos quando, depois de encarnados, se deixam fascinar pelas tentações, vícios e convites pecaminosos que os fazem

---

condições espirituais precárias, conforme eles mesmos narram pela psicografia de Chico Xavier.

fracassar na prova da mediunidade.

Os espíritos endividados rogam aos técnicos siderais a sua hipersensibilização perispiritual, para então desempenharem um serviço mediúnico que os faça ressarcirem-se de seus débitos clamorosos do passado. Em geral, depois de encarnados, deixam-se influenciar pelas vozes melífluas dos habitantes das Trevas e passam a comerciar com a mediunidade à guisa de mercadoria de fácil colocação. Sem dúvida, quando percebem sua situação caótica espiritual, já lhes falta a condição moral e o potencial de vontade para o seu reerguimento ante o abismo perigoso.

PERGUNTA: — *De que modo as drogas hipnóticas, os entorpecentes ou anestesiantes são prejudiciais aos médiuns de fenômenos físicos, mecânicos, psicógrafos ou de incorporação total?*

RAMATÍS: — As anestesias operatórias, os antiespasmódicos, os gases voláteis, os sedativos hipnóticos, os barbitúricos, o óxido de carbono, o fumo e certos alcaloides, como a mescalina, o ácido lisérgico e outros, são substâncias que operam violentamente nos interstícios do duplo etérico, pois a catalepsia, o transe mediúnico, a anestesia total, a hipnose e o ataque epiléptico resultam mais propriamente do afastamento súbito desse corpo delicado e responsável pela absorção vital do meio. Embora a necessidade obrigue o médium a se utilizar de tais substâncias, em momentos imprescindíveis, é sempre imprudente abusar delas sob qualquer pretexto ou motivo.

As drogas entorpecentes e os gases anestesiantes, em geral, afastam o duplo etérico pelo lado esquerdo, à altura do baço físico e sobre o qual funciona o "chacra" esplênico; isso provoca transes, hipersensibilizações e inconvenientes, caindo a temperatura do corpo e reduzindo-se a vitalidade orgânica.

Durante a materialização, a hipnose, a anestesia e o sono, reduz-se a taxa do prana ou vitalidade que é absorvida comumente através do meio ambiente por esse chacra ou centro esplênico. Então o duplo etérico, nessa ocasião, tende a projetar-se para o mundo oculto, no qual ele se sente "à vontade" e se mostra mais sensível e eufórico, enquanto

Elucidações do Além 183

revigora-se de prana, sem necessidade de alimentar o corpo físico adormecido.[47]

PERGUNTA: — Há pouco dissestes que as drogas hipnóticas, os barbitúricos, o fumo e certos gases causam prejuízos graves aos médiuns porque são homens cujo duplo etérico permanece algo afastado do corpo físico. Poderíeis dar-nos algum exemplo de tal assunto?

RAMATÍS: — Há pouco tempo, ocorreu no vosso mundo um acontecimento que deu causa aos mais divergentes comentários e despertou graves censuras nas esferas médicas e científicas. Referimo-nos ao uso imprudente da "talidomida", ou "droga maldita", pelas mulheres em gestação. A "talidomida", conforme assegura a ciência terrena, provoca o nascimento teratológico de crianças cujas mãos nascem diretamente nos ombros, pendendo-lhes dali como folhas atrofiadas. Indubitavelmente, essa droga pode agir nos genes formadores do nascituro e alterar-lhes as linhas de forças que comandam o processo normal dos cromossomos, gerando criaturas deformadas. No entanto, os cientistas, anatomistas e fisiologistas ignoram que o impacto tóxico e deformante dessa droga exerce-se através do duplo etérico em formação no feto. Na sua ação anestesiante ou isolante a droga interpõe-se entre a contextura do duplo etérico do nascituro e a matriz perispiritual, principalmente na região "mater" dos membros superiores. No entanto, sob o mesmo processo, os tóxicos perniciosos como os barbitúricos, entorpecentes e anestésicos também atuam e produzem alterações de modo nocivo na estrutura vital etérea dos médiuns, levando-os a deformações de ordem psíquica.

O médium abusando de entorpecentes que atuam com demasiada frequência no seu duplo etérico e no sistema nervoso, também pode se tornar um aleijão psíquico, pois se transforma num alvo mais acessível ao assédio do mundo inferior. Assim como a "talidomida" age na contextura do feto em crescimento no ventre materno, e o deforma, certas

---

47 N. do Médium: O duplo etérico, às vezes, projeta-se na hora da morte até junto dos parentes distantes ou amigos do agonizante, e faz-se sentir pela repercussão vibratória de batidas ou ruídos, que se assemelham a areia lançada no telhado da casa ou lixa esfregada no assoalho.

drogas, quando usadas em excesso pelos médiuns, podem deformar-lhes os hábitos comuns e enfraquecê-los na sua defesa psíquica, deixando-os ao desamparo nas suas relações com o mundo físico e oculto.

PERGUNTA: — E qual é a função do duplo etérico durante os trabalhos de materializações, que tendes mencionado?

RAMATÍS: — Em geral, nos trabalhos de efeitos físicos, o duplo etérico ao afastar-se do médium, mais à sua esquerda e à altura do baço, torna-se um ponto de apoio para os espíritos desencarnados operarem com mais eficiência no limiar dos dois mundos. É o responsável pela exsudação de ectoplasma do médium e transferência de fluidos nervosos, servindo para a materialização, voz direta, levitações ou transportes. É o mediador plástico e também o catalisador de energias mediúnicas, aglutinando-as de modo a servirem, ao mesmo tempo, entre o plano espiritual e o mundo físico.

Os espíritos desencarnados não podem materializar-se servindo-se unicamente do seu perispírito, mas eles o revestem e o interpenetram com a substância plástica ectoplásmica, que se exsuda do duplo etérico projetado pelo médium ou das pessoas presentes. Às vezes, ele dá ensejo a materializações algo deformadas, espécie de nuvens esbranquiçadas e vaporosas, lembrando a figura humana recortada entre uma cerração leitosa e pastosa.

Isso acontece porque os espíritos só podem impressionar os sentidos dos "vivos" pelo emprego e o uso dessa massa leitosa etéreo-física, movediça e inconstante, constituída pelo ectoplasma do médium e fornecido através do seu duplo etérico. Assim, os encarnados, muitas vezes estranham as figuras deformadas, que por vezes se manifestam nos trabalhos de fenômenos físicos, ou então decepcionam-se, crentes de que os espíritos são realmente criaturas lúgubres, disformes e fantasmagóricas.[48]

Quando se trata de espíritos bons, os mortos têm muito melhor aparência do que os vivos mais belos da Terra, pois o seu perispírito é um organismo de contextura anatomo-

---
48 N. do Médium: Vide as obras *Trabalho dos Mortos* e *Materializações do Padre Zabeu*, onde se verifica esse aspecto disforme de algumas materializações.

Elucidações do Além 185

-fisiológica muitíssimo superior à configuração letárgica do corpo físico, sujeito às transmutações celulares e ao envelhecimento precoce. Mas acontece que nas materializações os espíritos, ao servirem-se do duplo etérico dos médiuns, têm de adaptá-los à sua plástica perispiritual, tal qual se enche um balão de gás, em que a menor deficiência de ar ou toque exterior o deforma.

Em virtude da indocilidade do éter físico, que é difícil de submeter-se completamente ao domínio do "lado de cá", às vezes, os espíritos veem-se obrigados a aparecer aos encarnados de modo grotesco, ora recortando nitidamente a sua cabeça, mas deformando o resto de sua figura perispiritual, ora encorpando as mãos, mas sacrificando a delicadeza da fisionomia. No entanto, apesar de sua deformação à visão física dos encarnados, os espíritos, quando são evoluídos, apresentam-se como focos de radiações de luzes e cores deslumbrantes. Sem dúvida, surgem sob denso nevoeiro opaco ou aura sombria, quando se trata de seres primitivos ou diabólicos.

Os santos, tão consagrados na Terra nos lugares onde costumam aparecer aos campônios simples ou às crianças, como no caso de N. S. de Fátima, Aparecida, das Graças ou de Lourdes, não passam de espíritos de intensa luminosidade e beleza angélica, mas confundidos com "Nossa Senhora" ou "Senhor Bom Jesus", que mais tarde inspiram a fonte rendosa das especulações religiosas. Nesse caso, o ectoplasma exsudado pelas crianças e pessoas humildes, simples e boas, combina-se com a mesma substância existente no duplo etérico da própria Terra, que é de forma rudimentar mas sobrecarregado de magnetismo virgem e que assim presta-se magnificamente para emoldurar a projeção de espíritos formosos, dando azo às santas tradicionalmente cultuadas pela Igreja Católica. Esses fenômenos de aparições sublimes, ainda são mais frequentes nas proximidades dos regatos, bosques encantadores, das zonas desimpedidas dos maus fluidos, como as grutas deliciosas ou as pradarias verdejantes.

PERGUNTA: — Desde que o médium, em face da forte separação congênita do seu duplo etérico, seja propenso a enfermidades e mais vulnerável ao ataque dos espíritos inferiores, isso não é um sacrifício exagerado e algo incompatível com o senso de Justiça do Alto?

RAMATÍS: — Nenhum espírito encarna-se na Terra com a tarefa obrigatória de ser médium psicógrafo, mecânico, incorporativo ou de efeitos físicos, mas, na verdade, cada um o faz por sua livre e espontânea vontade, pois solicitou do Alto o ensejo abençoado para redimir-se espiritualmente num serviço de benefício ao próximo, uma vez que no pretérito também usou e abusou dos seus poderes intelectuais ou aptidões psíquicas em detrimento alheio. Mesmo na Terra, as tarefas mais perigosas devem ser aceitas de modo espontâneo, para que o seu responsável não venha a fugir posteriormente de cumpri-la por desistência pessoal. Sem dúvida, a escolha para o serviço perigoso sempre recai sobre o homem mais apto e capacitado para o bom êxito. A mediunidade de fenômenos físicos, portanto, é um serviço incomum, difícil e perigoso, cujos óbices vultosos e surpresas exigem o máximo de prudência, humildade, heroísmo e segurança moral.

O médium, antes de encarnar-se, sabe disso; se, depois, ele comercia com os bens espirituais e fracassa no desempenho contraditório de sua função elevada, o Alto não deve ser culpado disso, só porque lhe proporcionou o ensejo redentor. A culpa, é evidente, cabe ao próprio fracassado ante a imprudência dele aceitar tarefas mediúnicas que estão além de sua capacidade normal de resistência espiritual. As oportunidades mediúnicas redentoras são concedidas aos espíritos faltosos, mas quanto à responsabilidade do êxito ou fracasso, somente a eles deve ser atribuída. Conforme já dissemos, o médium é quem produz as próprias condições gravosas ou favoráveis no desempenho de sua tarefa mediúnica.

Quando faz uso indiscriminado de anestésicos, entorpecentes, fumo, álcool e carne, essas substâncias tóxicas expulsam com violência o duplo etérico do corpo físico; entrega-se desbragadamente às paixões violentas, aos vícios e prazeres condenáveis, então isola-se imprudentemente dos próprios guias responsáveis pela sua segurança mediúnica no mundo terreno. O certo é que Jesus, Buda, Francisco de Assis, Ramakrisna, Teresinha de Jesus, Antônio de Pádua, Vicente de Paula e outras almas de elevada estrutura espiritual foram médiuns poderosos e colocavam-se em contato frequente com as entidades desencarnadas, durante sua existência heroica, sem risco de serem vítimas do poderio e fascinação das Trevas.

Infelizmente, os médiuns de provas são criaturas que vivem a atual existência humana onerados por grandes responsabilidades ou débitos do passado; por isso, em face de qualquer descuido ou invigilância espiritual, eles se tornam vulneráveis às investidas perniciosas do mundo invisível, pois os de efeitos físicos, com raras exceções e por causa da expulsão do seu duplo etérico, entram em transe à semelhança de ataques de epilepsia ou dos viciados de entorpecentes.

No entanto, os médiuns regrados, serviçais e magnânimos, alcançam o seu transe mediúnico sob a assistência dos espíritos técnicos benfeitores, que do "lado de cá" os protegem e os livram das interferências nocivas e consequências prejudiciais.

Sob esse controle espiritual amigo, o médium afasta ou retoma o seu duplo etérico sem o desperdício inútil de energias, uma vez que fica amparado contra a investida do astral inferior. Assim, ele se protege de infiltração de microrganismos perigosos à sua contextura etéreo-física, de uma desvitalização que lhe abale a saúde física.

PERGUNTA: — O duplo etérico também se afasta do homem, no caso de acidente ou de desmaio?

RAMATÍS: — O acidente, a prática mesmérica, o passe magnético, o passe espírita, a hipnose e o transe mediúnico podem afastar parcialmente o duplo etérico, enquanto a morte, sem dúvida, o separa definitivamente do corpo físico.

PERGUNTA: — Considerando que o duplo etérico é um veículo intermediário entre o corpo físico e o perispírito, e que se dissolve no túmulo em seguida à decomposição cadavérica, então, indagamos: — o corpo astral citado pelos ocultistas é o mesmo duplo etérico que referis ou é o perispírito da elucidação feita por Allan Kardec?

RAMATÍS: — O corpo astral, muito familiar dos esoteristas, teosofistas, rosa-cruzes e iogues, é o mesmo veículo que Allan Kardec generalizou sob o nome de perispírito, especificando "aquilo que envolve o Espírito e o acompanha no Além depois da desencarnação!"

O duplo etérico, às vezes, confundido com o corpo astral por algumas escolas ocultistas do passado, é a reprodução exata do corpo do homem; distancia-se da epiderme quase um centímetro, formando uma cópia vital e de contornos iguais. Mesmo quando ele se afasta do organismo físico, ainda conserva a sua forma humana, lembrando o homem como recortado em massa nebulosa um tanto brilhante e movediça. Do duplo etérico irradia-se uma aura radioativa resultante da exsudação do prana que, depois de absorvido pelo organismo etéreo-físico, é novamente expelido para o exterior. É a conhecida "aura da saúde", citada desde os Vedas, a qual ultrapassa, em sua forma ovoide, várias polegadas da periferia do corpo humano.

Durante a gestação do feto no ventre materno, processa-se uma retenção e acúmulo de éter físico do meio em que o espírito encarna, éter que então penetra elétron por elétron, átomo por átomo e molécula por molécula, na intimidade da carne em formação, modelando, pouco a pouco, a figura física e etérica do homem; surgindo assim o duplo etérico indispensável para o perispírito agir na matéria. No entanto, como esse éter físico é tão grosseiro ou transparente conforme também o seja a própria natureza biológica do ser humano, então é óbvio que o duplo etérico dos jupiterianos ou dos marcianos, por exemplo, é um corpo mais perfeito e delicado do que o dos terrícolas, porque são espíritos mais evoluídos. Assim, nos planetas inferiores, os seus habitantes também são portadores de um duplo etérico mais grosseiro e opaco, de acordo com o ambiente físico mais compacto em que vivem.

Os clarividentes treinados podem verificar a grande diferença que existe entre o duplo etérico de um troglodita, e o de um iniciado ou espírito superior. No primeiro, o duplo etérico é de aspecto sujo e oleoso; no segundo é translúcido, luminoso e róseo. Igualmente, a "aura da saúde" exsudada pelo duplo etérico de um antropófago é um ovoide gorduroso, denso, a escorrer um visco de alguns centímetros além do corpo físico. Em Jesus essa aura era como rica vestimenta fluídica e cristalina; e de vitalidade tão poderosa, que o fazia curar instantaneamente os enfermos portadores de moléstias as mais estranhas e cruciantes.

É por isso que os lugares onde sepultam criaturas de elevada estirpe espiritual ficam impregnados de uma aura vitalizante ou energismo terapêutico capaz de curar certos doentes mais sensíveis. Porém, esses lugares, com o decorrer do tempo também se tornam inócuos e, pouco a pouco, perdem a sua fama, conforme já está sucedendo com as águas de Lourdes, cujo éter físico "miraculoso" já se exauriu por causa da lei centrífuga de expansão de gases.

PERGUNTA: — O duplo etérico ainda pode servir ao espírito desencarnado, depois da morte física, antes de dissolver-se?

RAMATÍS: — Em virtude de o duplo etérico ser composto de éter físico, isto é, de uma substância emanada da própria crosta terráquea, ele exerce a sua ação exatamente no limiar do mundo material e do mundo espiritual, ou seja, onde terminou o primeiro e começa o segundo. Durante a desencarnação ele funciona como um "amortecedor" ou espécie de "colchão etérico", uma vez que ao afastar-se do corpo físico cadaverizado também suaviza a passagem do perispírito para o Além. Nesse caso, o duplo etérico desliga-se do perispírito como se fizesse a sua devolução suave e gradativa ao verdadeiro "habitat", sem provocar comoção ou choque pelo abandono ou rompimento brusco da vida física.

Enquanto o corpo do falecido repousa no seu ataúde e antes de ser sepultado, os espíritos técnicos ainda podem servir-se do duplo etérico e intercambiar energias de amparo energético para o perispírito do desencarnado; em concomitância, também eliminam para o cadáver os resíduos psicofísicos que ainda existam ligados ao perispírito.

Servindo-nos de uma explicação algo rudimentar, diríamos que em vez do perispírito promover um salto brusco e arrancar-se violentamente do corpo físico para ingressar no mundo espiritual, ele, a bem dizer, "escorrega" de leve através do duplo etérico, possibilitando-lhe uma libertação suave. Porém, no caso de morte por acidente, suicídio ou síncope cardíaca, tudo se processa de modo diferente por causa

190   Ramatís

da expulsão violenta do duplo etérico e do perispírito pelo rompimento brusco dos cordões fluídicos, que se desligam instantaneamente pela desintegração dos motos vorticosos dos chacras ou centros de forças etéricas. Quando isso acontece o duplo etérico e o perispírito, em vez de se desligarem lenta e suavemente do corpo, sem choques inesperados, são projetados com violência no ambiente astral que lhes corresponde.

PERGUNTA: — *As emoções e os pensamentos daninhos, que perturbam o nosso perispírito e depois causam efeitos enfermiços no corpo carnal, também se refletem e prejudicam o duplo etérico? Porventura este corpo não é sem inteligência e sem sensibilidade consciente, como dissestes há pouco? A sua função não é apenas a de um intermediário passivo entre o perispírito e o organismo carnal?*

RAMATÍS: — Considerando que os pensamentos desatinados provocam emoções indisciplinadas, gerando ondas, raios ou dardos violentos, que depois se lançam da mente incontrolada sobre o cérebro físico através do duplo etérico, é claro que o sistema nervoso do homem se destrambelha sob esse mar revolto de vibrações antagônicas. Em seguida, perturba-se a função delicada do sistema endocrínico, do linfático e do sanguíneo, podendo ocorrer a apoplexia pelo derrame de sangue vertido em excesso pela cólera, ou surgir o eczema, suceder a síncope cardíaca pelo frenamento súbito da corrente sanguínea alterada pelos impactos de ódio ou pela repressão violenta da vesícula em razão de uma "explosão" de ciúme. Todas as emoções rudes afetam o duplo etérico na sua tarefa de medianeiro entre o perispírito e o corpo físico. Porém, quando submetido a impactos agressivos do perispírito perturbado, o duplo etérico baixa o seu tom vibratório impedindo que os raios emocionais que descem da consciência perispiritual afetem o corpo carnal. É uma espécie de fuga vibratória como acontece à sensitiva quando é molestada na sua epiderme vegetal.

PERGUNTA: — *Podeis citar mais alguns detalhes quantos aos recursos que o duplo etérico mobiliza para a sua autoproteção, nos momentos de excessiva turbulência proje-*

Elucidações do Além 191

tada no perispírito pelo Espírito imortal?

RAMATÍS: — Apesar de o duplo etérico ser um corpo desprovido do atributo mental do raciocínio, ele é movido por um seguro automatismo de instinto ou sensibilidade diretora própria do éter físico, que é exalado da Terra e lhe possibilita, até certo ponto, deter a carga deletéria dos aturdimentos mentais que baixam do perispírito para o corpo físico. Do contrário, bastaria o primeiro impacto de cólera para desintegrar o organismo carnal e romper sua ligação com o perispírito.

Nos momentos de perturbações muito agudas, o duplo etérico adensa-se ou encorpa-se e este fenômeno, aumentando a sua carga de éter físico, faz que ele se imunize contra a frequência vibratória violenta do perispírito. Ele contrai-se, isola-se, acontecendo como se diria na gíria dos vossos conceitos: — o duplo etérico deixa o perispírito "falar sozinho". Porém, ante os impactos súbitos e violentos do perispírito, o chacra cardíaco é o centro de forças que mais sofre os efeitos de tal descarga, pois ele é o responsável pelo equilíbrio vital e fisiológico do coração.

PERGUNTA: — *No caso de o duplo etérico não conseguir reagir com os recursos do seu instinto, de modo a proteger o corpo físico contra uma "explosão" emocional do perispírito, quais as consequências de semelhante contingência?*

RAMATÍS: — Quando tal aconteça, o duplo etérico recebe um impulso de afastamento compulsório e neste caso cai instantaneamente a vitalidade orgânica do homem, o qual desmaia, correndo o risco de um enfarte cardíaco de consequências fatais. No entanto, o duplo etérico, pelo seu instinto de defesa, mobiliza todos os recursos no sentido de evitar que os centros de forças etéricas se desintegrem por completo. Porém, quando, pela reação defensiva do duplo etérico, a descarga violenta do perispírito não consegue atingir o corpo físico, então, essa carga de toxinas emocionais sofre um choque de retorno, tornando a fixar-se no perispírito e nele fica "instalada" até que seja expurgada no seu "presente" ou noutra reencarnação futura, pois a única válvula de escape por onde esses venenos psíquicos podem ser expelidos é o corpo físico, o qual, para essa "limpeza", sofre o traumatismo das moléstias específicas inerentes à causa que lhes dão origem.[49]

Aliás, o ambiente atual do vosso mundo, galvanizado por constantes agitações sociais como produto do desajuste moral de seus habitantes, é uma fonte de distúrbios psíquicos que, infelizmente, tendem a aumentar em proporções de uma espécie de calamidade, degenerando em número cada vez maior de indivíduos neuróticos, esquizofrênicos e de desesperos que resultam em suicídios. Tudo isto como consequência da intensa explosão de emoções alucinantes que destrambelham o sistema nervoso e que resultam, dia a dia, no aumento do índice de vítimas de síncope e enfartes do miocárdio, pois o chacra cardíaco do duplo etérico torna-se impotente para resistir ao bombardeio incessante das emoções tóxicas e agudas vertidas pela alma e alojadas no perispírito até que o "dreno" do duplo etérico as transfira ao corpo físico.

Em outra obra[50] já dissemos que essas descargas de tóxicos perispirituais produzem eczemas, urticárias, neuroses, má circulação, distúrbios coronários, congestões renais e hepáticas, hemorroidas e outras disfunções nos órgãos delicados. E se a carga deletéria acumulada em vidas anteriores for aumentada com desatinos da existência presente, então, essa saturação degenera em afecções mórbidas rudes e cruciantes, como a lepra, o pênfigo, a leucemia, a tuberculose, o câncer e outras enfermidades insuperáveis.

PERGUNTA: — *Qual um exemplo material quanto à proteção que o duplo etérico exerce na sua tarefa de proteger o corpo físico contra esses impactos violentos do perispírito?*

RAMATÍS: — O duplo etérico quando contrai a sua densidade no sentido de evitar o fluxo dessas toxinas mortíferas oriundas do perispírito, lembra o frasco escuro que, pela sua

---

49 N. do Revisor: Realmente, o corpo físico do homem condiciona-se habitualmente aos seus estados mentais e emotivos. Basta considerar que durante a hipnose o corpo do *sujet* assume as mais variadas reações, pois sob a sugestão do hipnotizador ele baixa a temperatura, acelera os batimentos cardíacos, enrijece, eleva ou baixa a pressão arterial, acusa dores inexistentes, alivia-se de sofrimentos indesejáveis. Ora, se a mente do hipnotizador (que é estranha ao corpo do *sujet*) pode lhe produzir estados agradáveis ou desagradáveis, que se dirá quando é o próprio paciente que, em vigília, se deixa hipnotizar pelas paixões, violências psíquicas, vícios ou emoções perigosas.
50 *Mediunidade de Cura*, de Ramatís, **EDITORA DO CONHECIMENTO**.

cor opaca protege os líquidos que se decompõem, facilmente, ante a incidência da luz. Assim, um impacto psíquico do ódio, da cólera ou do ciúme fica impossibilitado de fluir livremente e atingir o sistema fisiológico do corpo físico.

PERGUNTA: — *Agora, outro problema:* — *Como se comporta o duplo etérico no caso da hipnose em que o corpo físico do* sujet *sofre e revela efeitos cruciantes de diversas emoções?*

RAMATÍS: — O hipnotizador atua pela sugestão na mente do *sujet* e o induz ao transe hipnótico — e disso resulta o afastamento parcial do duplo etérico, que "fica à deriva" —, permitindo assim a imersão no subconsciente e impor-lhe a exteriorização da sensibilidade correspondente a cada uma das emoções ou sentimentos que o hipnotizador fixar. É algo parecido a uma "frincha" que se entreabre para o lado de cá, através da qual é possível até conseguir que o *sujet* manifeste e dê vivência aos estágios de sua infância e juventude ou mesmo de alguns acontecimentos e fatos das vidas pretéritas vividas pelo paciente.

Durante o afastamento do duplo etérico eleva-se a sua frequência vibratória porque ele também se liberta da função passiva de obedecer ao comando do perispírito. Deste modo, o *sujet* corresponde e obedece às intimações do hipnotizador e integra-se ou vive os estados psicológicos que lhe são sugeridos. Porém, somente os pacientes muito sensíveis, que ingressam facilmente no sono profundo, conseguem trazer à superfície da sua mente o acervo de suas vidas passadas.

PERGUNTA: — *Podeis expor maiores detalhes de tal fenômeno?*

RAMATÍS: — Sendo o duplo etérico constituído do próprio éter físico do mundo terráqueo, na forma de uma emanação radioativa, quando ele se distancia do perispírito e do corpo carnal, torna-se um veículo "catalisador" que acelera as vibrações em torno do *sujet* hipnotizado; e por isso, favorece o despertamento do subconsciente e a emersão ou exteriorização dos acontecimentos arquivados nas camadas profundas do ser.

PERGUNTA: — *Poderíeis citar mais alguns fenômenos*

da sensibilidade ou função do duplo etérico, como intermediário-ligação entre o corpo e o perispírito?

RAMATÍS: — Podemos citar o fato de algumas criaturas que, havendo sofrido a mutilação de um ou de outro membro do seu corpo, queixaram-se de dores nesses órgãos físicos que já lhes foram amputados. Ora, a razão de tal sensibilidade é porque a operação cirúrgica não foi exercida sobre o duplo etérico, pois este é inacessível às ferramentas do mundo material. É, pois, muito comum, nos hospitais cirúrgicos, os operados que sofreram mutilação das pernas ou dos braços, ainda conservarem, por algum tempo, uma sensibilidade reflexa, que é transmitida à sua consciência física pelos membros etéricos que subsistem após a operação feita no corpo carnal. Os clarividentes desenvolvidos, em face de um perneta ou maneta, conseguem ver os moldes invisíveis de tais órgãos.

PERGUNTA: — Os animais também possuem duplo etérico? Porventura eles também dispõem de um perispírito?

RAMATÍS: — Todas as coisas e seres possuem o seu duplo etérico, que é estruturado do próprio éter físico exalado da Terra, que os relaciona com o mundo invisível e com as forças do atavismo animal. Porém, nem todos os animais são portadores de um perispírito, pois este é um veículo mais avançado porque incorpora em si o corpo astral dos "desejos" e o corpo mental do "pensamento rudimentar". Mas o duplo etérico, por ser o veículo responsável por todos os fenômenos do mundo invisível em manifestação na matéria, abrange as diversas categorias de "matéria etérica", como sejam a eletricidade, o som, o odor, a luz, a temperatura, a densidade, a pressão e outras, próprias da vida do orbe.

Os animais ainda primitivos, sem capacidade cerebral para distinguirem as reações emocionais, quando morrem, o que lhes sobrevive é um duplo etérico compacto, pois o seu "agir" está subordinado ao instinto ou ação do espírito-grupo sem qualquer resquício de consciência individualizada. Está neste caso, por exemplo, o **peixe**, cuja vida circunscrita aos movimentos instintivos do cardume, faz que um peixe, quanto ao modo de sentir, seja sempre **igual** a outro peixe.

No entanto, as espécies mais evoluídas como o cão, o gato, o macaco, o elefante, o cavalo e o próprio boi já possuem um perispírito rudimentar, algo da "Psi" porque além do duplo etérico, já possuem um corpo astral, embora rude, mas em condições de lhes facultar manifestarem certos desejos e emoções que demonstram vislumbres de sentimento.[51] O cão, por exemplo, já revela algumas noções do sentimento humano, quer amando o seu dono até ao sacrifício, quer odiando o seu algoz e sem jamais esquecê-lo. Ele já denuncia o perispírito embora ainda em "embrião". E com o decorrer do tempo, incorporará o atributo mental, em formação, que lhe permitirá uma compreensão mais perfeita, embora de caráter inerente à sua espécie animal.

Os animais que já possuem sensibilidade mental de discernimento, depois que morrem, o seu "espírito" embrionário é encaminhado para outros planetas onde se lhes oferecem condições de vida num ambiente compatível com a sua consciência em formação. E assim, pouco a pouco, eles adquirem a sua independência individual e se desprendem do espírito--grupo da sua espécie.

As espécies de animais que citamos são as que, na atualidade, mais se afastam do comando do espírito-**grupo,** pois já denunciam emoções e reações diferentes no ambiente da sua própria raça. É comum, atualmente, uma ninhada de cães apresentar emoções diferentes entre cada um deles, pois se um é covarde, outro é fiel e valente. Há também o que é mais afável e o que é mais egoísta.

Isso prova que já existe uma individualização na espécie cão, ou seja: a sua sensibilidade emotiva, à proporção que se desenvolve e apura, amplia a faculdade do raciocínio, assim que a alma-cão encarnar em corpos com sistema cerebral ou fisiológico mais apurado. Na contínua evolução dos centros sensoriais físicos e dos centros astralinos dos animais, também se aperfeiçoa e sensibiliza o intercâmbio das células nervosas pela constituição de um sistema somático e parassimpático mais adequado e sensível. Tal sensibilidade passa a ativar o cérebro animal, abrindo caminho pela "via interna",

---

51 Vide *Mensagens do Astral*, **EDITORA DO CONHECIMENTO**, capítulo 17, "Os Engenheiros Siderais e o Plano da Criação".

para desenvolvimento do corpo mental, que é o responsável pelo encadeamento dos raciocínios, encetando assim a sua marcha "individual" e a ascese, cada vez mais consciente, rumo à perfeição.

PERGUNTA: — *O duplo etérico também é capaz de acusar aos nossos sentidos físicos os ataques dos espíritos malfeitores?*

RAMATÍS: — Tratando-se de um veículo etérico de acentuada sensibilidade "extraterrena", e ao mesmo tempo interpenetrado pelo perispírito e pelo organismo de carne, ele tanto sofre como acusa acidentes, traumatismos, choques, lesões e agressões, que se sucedam em ambos os corpos de que é fiel intermediário. Qualquer hostilidade ao corpo físico e ao perispírito, o duplo etérico acusa, de imediato, através dos centros sensoriais correspondentes na consciência perispiritual e na física. O perispírito, por sua vez, como um equipo de atuação nos planos sutilíssimos do Espírito imortal, ao manifestar o seu pensamento pelo seu corpo mental e os seus desejos ou sentimentos pelo corpo astral em direção à consciência física, também obriga o duplo etérico a sofrer-lhe os impulsos bons ou maus, tal qual os espíritos desencarnados benfeitores ou malfeitores quando atuam do mundo oculto.

PERGUNTA: — *Poderíeis dar-nos ideia de alguma ofensa ou agressão sofrida pelo duplo etérico, e que depois afeta o corpo físico do homem?*

RAMATÍS: — Isso pode ser facilmente comprovado nos conhecidos trabalhos mediúnicos de fenômenos físicos, principalmente durante a materialização de espíritos.

Se alguém toca o espírito materializado, o médium, a distância, estremece e sofre esse contacto, porque, realmente, é o seu duplo etérico que reveste o fenômeno da materialização.

Eis porque, em trabalhos mediúnicos de boa assistência espiritual, as entidades materializadas advertem para os presentes não lhes apertarem as mãos com demasiada violência e vigor, pois o médium, quando em transe cataléptico, é um hipersensível e vulnerável a qualquer pressão que lhe for feita no duplo etérico projetado a distância. Conforme explicamos anteriormente, os espíritos desencarnados só possuem o perispírito, o qual fora do seu plano fica incapacitado de adensar-se até fazer-se visível aos "vivos". Assim, o médium é quem fornece o "material" ou a substância ectoplásmica necessária para os desencarnados tornarem-se perceptíveis ao tato e à vista carnal. Isso só é possível porque ele consente que lhe usem o duplo etérico durante a produção de fenômenos de materializações. Mas, se alguém vergasta o espírito materializado, o médium também acusa a ofensa, porque o ferem no seu duplo etérico exteriorizado e impregnado dos seus fluidos nervosos. Em certos casos, ao retornar à vigília física, ele chega a exibir na sua epiderme nódoas ou manchas algo parecidas ao sangue pisado e correspondendo no corpo físico à zona ou região exata ofendida etericamente.

Beliscando-se ou ferindo-se o médium, durante o transe cataléptico, em que cede o seu duplo etérico ao espírito materializado, ele também acusa a ofensa com forte choque vibratório que atinge-lhe a própria consciência como se fosse um acontecimento em vigília.

PERGUNTA: — *Pode haver casos do médium de fenômenos físicos não entrar em transe cataléptico e assim mesmo fornecer ectoplasma para materialização ou voz direta?*

RAMATÍS: — Sem dúvida; trata-se de um tipo de médium tarimbado por longa experiência mediúnica nas vidas anteriores, ou porque efetuou cursos especiais no Espaço a fim de dominar o fenômeno ativamente depois de encarnado. Em vez dos espíritos deslocarem-lhe o duplo etérico para elaborarem a quantidade e o tipo de ectoplasma que necessitam para determinado gênero de trabalho mediúnico, esse médium já o fornece na dosagem exigida e pronta para o uso imediato. Deste modo, ele pode palestrar com as entidades que operam ao seu redor e atender às solicitações dos presentes, sem revelar qualquer anomalia ou que cesse o fenômeno de materialização ou voz direta.

Aliás, certas vezes, quando os espíritos dispõem de ectoplasma suficiente e já dosado na fórmula química prevista, eles costumam despertar o médium do transe cataléptico e também conversam com ele, dando-lhe instruções ou fazendo advertências sobre sua conduta moral.

PERGUNTA: — Quais são as demais circunstâncias em que o duplo etérico também pode acusar as ofensas que lhe forem feitas durante o transe do médium?

RAMATÍS: — Há casos em que os espíritos, à noite, deixam o seu corpo físico no leito de repouso e durante o sono penetram imprudentemente nas regiões inóspitas do astral inferior, terminando por sofrer agressões de espíritos malfeitores ou vingativos, que se aproveitam de todas as circunstâncias e ocasiões propícias para se desforrarem dos encarnados.

Esses prejuízos ainda são mais graves, quanto às criaturas que vivem de modo censurável e são indiferentes aos ensinamentos de Jesus ou de outros instrutores espirituais, que sempre ensinam aos homens um padrão de vida superior. A má conduta do dia deixa o espírito desamparado para as suas saídas em astral, à noite, pois quando ele se desprende do corpo carnal fica isolado dos seus protetores pela massa de fluidos adversos, que lhe aderem nos momentos de invigilância espiritual. Deste modo, os seus guias nada podem fazer-lhe nos momentos de perigo, nem livrá-lo de certos traumas psíquicos que no dia seguinte são levados à conta de pesadelos. Certos sonhos tenebrosos não passam de cenas reais vividas à noite, fora do corpo e sob a perseguição ou agressividade de certos malfeitores do mundo invisível. Em tal condição, o espírito do "vivo" retorna veloz e aflito do local onde se encontra em perigo, para mergulhar celeremente no seu escafandro de carne e proteger-se contra os perigos do Além.

Muitas criaturas devotam-se durante o dia às paixões ignóbeis, aos vícios deprimentes, à maledicência e à estatística dos pecados do próximo; depois atiram-se no leito de repouso, sem ao menos recorrerem aos benefícios salutares da oração que traça frontoiras fluídicas protetoras em torno do espírito encarnado.

PERGUNTA: — Poderíamos comprovar por alguma outra experiência, além da materialização dos espíritos, quanto à sensibilidade e à possibilidade do duplo etérico transferir para o corpo físico do médium as ofensas que lhe forem feitas à distância?

RAMATÍS: — Os bons hipnotizadores podem provar como é profunda a sensibilidade do duplo etérico em sua íntima conexão com o perispírito e o corpo. Se o hipnotizador recortar um boneco de papelão ou de cera, configurando-lhe a cabeça, os braços, o tronco, o abdômen e as pernas; e, em seguida, colocando-o nas mãos do *sujet*, ordenar a transferência do seu magnetismo e sensibilidade nervosa para o mesmo, assegurando ao hipnotizado, que ele irá sentir fisicamente, durante o seu transe, todas as picadas, beliscões ou ofensas que forem feitas no boneco ligado à sua pessoa; e depois ferir o boneco em qualquer lugar, logo o *sujet* hipnotizado também acusará a dor em seu corpo, no local correspondente. No entanto, raros hipnotizadores sabem que durante a hipnose o duplo etérico afasta-se do corpo físico pela esquerda, ficando mais sensível ao contato material; e torna-se tão hipersensível quanto mais profundo seja o sono hipnótico. Em tal caso, o duplo etérico do *sujet* hipnotizado torna-se um prolongamento vital sensibilíssimo entre o perispírito, o boneco e o corpo físico, podendo registrar qualquer ação que o hipnotizador exerça sobre ele, mesmo à distância.

PERGUNTA: — Quer nos parecer que essa possibilidade de transferir-se a sensibilidade do duplo etérico do homem para o boneco, provocando-lhe ofensas à distância, justifica, em parte, a prática do "feitiço". Não é assim?

RAMATÍS: — Essa experiência com o boneco, aliás, bastante convincente, serve para comprovar a veracidade da antiga magia e do feitiço, cujas práticas ignóbeis são exercidas através de fragmentos de cabelos, líquidos orgânicos, sangue menstruado, peças de roupa, fotografias ou restos de alimentos de suas vítimas.

Porém, se as pessoas a quem o feitiço é dirigido cultivam sentimentos nobres, estas estão resguardadas de serem vítimas desses fluidos magnéticos de mau caráter, visto não haver afinidade para estabelecer o circuito.

Se as práticas tenebrosas de feitiço maligno ainda infestam o vosso orbe, isso é culpa exclusiva da humanidade terrena, que ainda vive indiferente à sua evangelização. No entanto, os espíritos benfeitores esforçam-se na limpeza fluídica purificadora das residências dos seus pupilos.

Os impactos de magia negra ou as cargas enfeitiçadas que são enviadas pelos desencarnados à distância, contra certas vítimas previamente escolhidas, ajustam-se facilmente às pessoas maledicentes e desvitalizadas de prana, incapazes de reagirem vitalmente contra tais ofensas fluídicas. O feitiço é frequente, na Terra, porque os terrícolas ainda são desabusados em relação à vida do seu irmão, pois são raros os que sabem guardar o pecado do próximo sem revelá-lo em público ou criticá-lo de modo malicioso. Os bons sentimentos e os bons pensamentos, justos e elevados, é que realmente agem sobre o prana e por isso conservam o homem saudável e vigoroso, transbordante de vitalidade e imune às investidas do astral inferior.

O prana que se irradia do homem bom, reto e evangelizado é de um tom rosado, transparente e de odor agradável para nós; pela sua luminosidade ele é capaz de desfazer ou fundir imediatamente as nódoas, as manchas e os impactos das cargas venenosas que se projetam contra seu dono. Durante as relações entre o corpo físico, o duplo etérico e o perispírito, o prana, sob a ação da luz, é o combustível sublime que aumenta ou diminui as defesas morais e vitais do ser contra tudo o que é abjeto, ofensivo ou enfermiço. É por isso que os hindus, seguindo os ensinamentos de Buda, sabem que o primeiro passo no caminho do "Nirvana" ou da Angelitude, é uma saúde perfeita, ou seja, saúde moral e física.

Se os bons sentimentos e os bons pensamentos melhoram a qualidade do prana astral, etéreo e físico, revitalizando e fortalecendo o homem contra a ofensa do mundo exterior, é evidente que só podem ser enfeitiçadas as pessoas de um mau viver, mau pensar e mau falar, porque elas já cimentam em si mesmas as bases do feitiço, mental e verbal. Evidentemente, nenhuma força tenebrosa do mundo oculto ou material conseguiria perturbar a contextura angelica de Jesus, Francisco de Assis, Buda e outros espíritos de alta estirpe espiritual.

PERGUNTA: — Poderíeis explicar-nos por que as pessoas "desvitalizadas" de prana no seu duplo etérico e no corpo físico são mais vulneráveis aos impactos do feitiço?

RAMATÍS: — Durante o dia, quando o Sol brilha, aumenta a vitalidade das coisas e dos homens; mas com o tempo sombrio, carregado de nuvens ou nos dias tristes, diminui grandemente a formação dos chamados "glóbulos vitais", que constituem os fundamentos do prana, que é a vida, a vitalidade em todos os seres e em todos os planos da Criação. Mas à noite, decai quase que totalmente a manifestação ou a produção do prana, pois o homem vive das suas reservas prânicas acumuladas durante o dia. Sem dúvida, aqueles que se descontrolam no mau falar, pensar e agir, que transbordam sua carga de prana nas práticas viciosas e nas paixões aviltantes, à noite estão exauridos, com sua vitalidade rarefeita.

Depois da meia-noite o prana ou a vitalidade se reduz no orbe justificando-se, pois, o motivo por que uma hora de sono antes da meia noite pode valer por duas ou mais usufruídas depois. Aliás, as desencarnações são mais frequentes depois da meia-noite, porque os espíritos desencarnados preferem libertar o agonizante quando ele também possui menos prana, pois a sua vitalidade mais baixa facilita-lhes cortarem os cordões fluídicos que ligam o perispírito ao corpo físico.

PERGUNTA: — Há pouco dissestes que o duplo etérico tanto afasta-se do corpo físico pelo sono, como pelo transe mediúnico ou cataléptico. Qual é a diferença, enfim, que há no sono e no transe mediúnico?

RAMATÍS: — Durante o sono natural do corpo físico[52] este repousa em todas as sua funções orgânicas, enquanto o coração continua a pulsar normalmente. Mas no sono natural nem sempre o espírito se afasta do seu corpo carnal, e por esse motivo ele ali fica juntamente com o duplo etérico e o perispírito emergindo-lhe da mente sensibilizada os fatos do dia. Algumas vezes, durante essa liberdade parcial do espírito, a associação de ideias cotidianas auxilia a evocar cenários, acontecimentos e pessoas que lhe produziram maior impressão nas vidas passadas. O homem então se acorda tendo sonhado que fora um fidalgo, um sacerdote ou príncipe; doutra feita, viu-se como um mendigo, um malfeitor, um aleijão

---
[52] Vide a obra *A Sobrevivência do Espírito*, **EDITORA DO CONHECIMENTO**, capítulo "Sonhos e Recordações do Passado", de Atanagildo e Ramatís.

202　　　　　　　　　　　　　　　　　　　　　　　　　　Ramatís

repudiado e, por vezes, líder dos povos. No entanto, como ele sempre colhe os efeitos das causas pregressas, ignora que em vez de um sonho pode ser a realidade que já viveu em condições melhores ou piores. Quantas vezes o militar atrabiliário e intolerante perde os seus galões na próxima existência terrena e passa a envergar os trajes do mendigo, em que a vida o maltrata e o humilha, obrigando-o a adquirir virtudes numa situação servil?

Eis a diferença entre o sonho e o transe mediúnico, pois neste último o duplo etérico afasta-se bastante do organismo físico e do perispírito, para facultar maior extração possível de ectoplasma do médium. E, em tal momento, diminuem as relações entre o perispírito e o corpo físico, e disso resulta a inconsciência parcial ou completa do espírito encarnado na matéria.

Em tal circunstância, o duplo etérico deixa de atender com proficiência as relações do espírito com a carne, e assim não corresponde às solicitações comuns da consciência perispiritual e física. Deste modo, o médium ingressa num sono profundo e inconsciente, que muito se assemelha ao transe hipnótico, mas necessário para as entidades desencarnadas terem bom êxito nos trabalhos de voz direta, materializações e transportes, que exigem o maior afastamento do seu espírito e menos interferência anímica nos fenômenos.

No estado de sono natural, o conjunto "psicofísico" do homem mantém-se uníssono, enquanto o espírito pensa e vive em si mesmo as coisas que lhe emergem do subconsciente e as confunde com sonhos. Entretanto, no transe mediúnico, o seu espírito é afastado do conjunto pelo maior desligamento do duplo etérico; e nesse caso, fica mergulhado no reino espiritual e num estado de completa inconsciência, sem participar dos fenômenos da matéria.

20. Os chacras

PERGUNTA: — Embora já tenhamos algum conhecimento da matéria chacras ou centros de forças do duplo etérico, quer pela leitura de obras de vossa autoria espiritual e de outros que tratam do assunto, gostaríamos que nos explicásseis, tanto quanto possível, esse tema complexo e ainda desconhecido para a maioria dos espíritas.

RAMATÍS: — Embora para alguns neófitos espíritas o problema dos chacras ou "centro de forças etéricas" ainda signifique assunto controverso e algo duvidoso, o certo é que os hindus, egípcios, caldeus e outros já trataram dessa matéria antes mesmo da era cristã. As estátuas de Buda, que viveu 600 anos A.C., principalmente a de Todaiju, em Nara, no Japão, erigida em 749, já apresenta o iluminado instrutor espiritual da Ásia com o chacra coronário situado no alto da cabeça e envolvido por uma grinalda de chamas esculpidas na pedra, significando a união das forças espirituais dos mundos superiores com as energias do mundo físico em evolução.

O conhecimento dos centros de forças etéricos, portanto, remonta de longos séculos, pois os hierofantes, clarividentes egípcios e hindus sabiam julgar da capacidade dos seus discípulos e adeptos pela simples visão da transparência, colorido e da extensão do diâmetro de cada chacra do duplo etérico, os quais se apresentam como espécies de "redemoinhos" resultantes do choque das energias etéricas do mundo superior, quando entram em contato turbilhonante com as forças etéricas agressivas e vigorosas do plano físico. Do encontro das energias sutilíssimas descidas do Alto e das forças primárias que sobem da Terra carregadas de impurezas próprias do mundo animal instintivo, resultam os "chacras" ou "motos vorticosos", espécie de discos giratórios etéricos em alta velocidade. O fenômeno é algo semelhante ao que acontece na atmosfera do orbe, quando as correntes de ar frio que descem das nuvens pejadas de água entram em choque com as correntes de ar quente que sobem da crosta terráquea, resultando os redemoinhos de vento ou tufões.

Os chacras, quando observados de perfil em seu veloz funcionamento giratório, assemelham-se a verdadeiros "pratos" ou "pires" de energias turbilhonantes com característica depressão no centro; vistos de frente, lembram o movimento vertiginoso das hélices dos aviões, mas despedindo cintilações de cores devidas ao prana ou vitalidade que os irriga e se decompõe de modo prismático. Nas criaturas superiores os chacras em funcionamento giratório lembram o beija-flor imóvel, no espaço, sustentado na sua incrível façanha vibratória, pela dinâmica veloz de suas asas, como centros ativos situados no duplo etérico, entre o corpo físico e o perispírito. Eles haurem as energias sutilíssimas do mundo espiritual superior e as encaminham para o corpo físico, fundindo-as com a vitalidade ou o prana astral; absorvem, também, as forças violentas, primitivas ou instintivas da Terra para o sustentáculo carnal no cenário da matéria.

À medida que o espírito vai plasmando o seu corpo de carne seguindo o gráfico ou o molde "preexistente" do perispírito, o duplo etérico também vai se formando pela exsudação do éter físico e consolidando-se como fiel intermediário das sensações físicas para o mundo oculto, e deste, para a consciência física. Pouco a pouco, os chacras ajustam-se, progridem e se desenvolvem à altura dos principais plexos nervosos do homem[53] e são classificados em conformidade com a região do organismo físico onde eles situam-se, como seja,

---

53 Os chacras localizam-se nas seguintes regiões do corpo físico: Básico ou Kundalíneo, na base da espinha, junto ao plexo sagrado; Esplênico, na região do baço, junto ao plexo mesentérico; Umbilical ou Gástrico, sobre o estômago, junto ao plexo solar; Cardíaco, na região precordial, junto ao plexo cardíaco; Laríngeo, sobre a garganta, junto ao plexo laríngeo; Frontal ou Cerebral, situado na fronte, entre os supercílios, plexo frontal; Coronário, no alto da cabeça, na forma de um cone, plexo coronário.

o cardíaco à altura do coração, o laríngeo sobre a garganta ou o esplênico situado acima do baço físico. Eles giram como os ponteiros dos relógios, da esquerda para a direita, situando--se a seis ou sete milímetros na superfície do duplo etérico. São os centros humanos responsáveis pela irrigação de vitalidade ainda desconhecida da ciência acadêmica, ao captarem o prana, que é o combustível essencial da Vida.

Sem eles o Espírito não poderia exercer o seu controle e sua atividade sobre o corpo físico, nem tomar conhecimento das sensações vividas pelo mesmo, pois eles transferem à região anatômica correspondente, cada decisão assumida pelo Espírito no seu mundo oculto.

PERGUNTA: — *Essas energias etéricas que os chacras absorvem e fluem para o corpo físico, poderiam ser identificadas por um aparelhamento de precisão do nosso mundo?*

RAMATÍS: — Em face do crescente aperfeiçoamento dos vossos equipos de laboratório, cremos que, em breve, identificareis a contextura do duplo etérico e dos seus centros de forças, pois o éter físico, conforme já dissemos, embora seja "invisível", ainda é matéria rarefeita que possui cor, peso, temperatura e odor. Os clarividentes conseguem vê-lo na forma de ondas, vibrações ou emanações coloridas, vibrando em correspondência com as sete cores fundamentais e os matizes do arco-íris ou do espectro solar.

PERGUNTA: — *Os chacras são idênticos em sua forma e função, em todos os homens?*

RAMATÍS: — Nos indivíduos espiritualmente desenvolvidos, os chacras, rodas, pires, discos gigantes ou motos vorticosos são amplos, esplendorosos e sumamente brilhantes, prismados por cores translúcidas e fascinantes, pois chegam a atingir até 20 centímetros de diâmetro no seu giro turbilhonante. No entanto, às vezes, eles se apresentam em cores escuras e oleosas, de diâmetro reduzido até uns cinco centímetros, com um giro emperrado, característico de indivíduos como o aldeão, o caboclo, o colono, o bugre ou o mujique russo. Quando bastante expansivos, dinâmicos e potentes se apresentam os chacras, eles canalizam maior soma de energias vitais e psíquicas de boa qualidade, facilitando desenvolver faculdades superiores.

PERGUNTA: — Já encontramos em obras espíritas a menção dos chacras como centros de forças do perispírito, e não do duplo etérico. Que dizeis?[54]

RAMATÍS: — Na realidade, existem centros de forças tanto no duplo etérico, quanto no perispírito; a diferença é que no primeiro são propriamente os chacras, isto é, "discos giratórios", "rodas turbilhonantes" mas de forças etéricas que se dissolvem com a morte do homem. No perispírito, entretanto, trata-se de centros estáveis e definitivos, que não se decompõem com a desintegração do corpo físico, pois são órgãos preexistentes desse corpo imortal. Enquanto os chacras do duplo etérico são verdadeiros redemoinhos em miniatura ou "motos vorticosos" de energias etéricas prismando cores de acordo com a decomposição do prana que os irriga em todos os sentidos, os centros de forças do perispírito são "núcleos" de força astral e mental acumulada; e situam-se, também, sobre os plexos nervosos do homem e quase ao nível dos próprios chacras etéricos; mas há a distinguir que os chacras são centros etéricos do duplo etérico, isto é, do corpo provisório entre o organismo físico e o perispírito, enquanto os "centros de forças" perispirituais são preexistentes e impregnados de substância astralina e mental.

O centro coronário do perispírito é um fabuloso equipo sem analogia na linguagem humana; é a sede das mais avançadas decisões do Espírito imortal; no entanto, o mesmo chacra coronário do duplo etérico é tão-somente um elo de conexão, uma ponte viva sensibilíssima, mas sem autonomia, a unir o mundo divino perispiritual com o mundo humano da criatura em aperfeiçoamento. Em resumo: — os chacras são transitórios, fruto do choque das correntes etéricas superiores descidas do Alto e do éter físico em ascensão da Terra; desintegram-se com a morte física, servem de conexão entre os mundos astral e material, mas não possuem consciência

---
54 N. do Revisor: Aliás, na obra *Entre a Terra e o Céu*, André Luiz assim se expressa iniciando o estudo dos chacras: "Analisando a filosofia do perispírito, classifiquemos os seus centros de forças..." E dali por diante os menciona sempre como centros perispirituais, preferindo centro cerebral, gástrico e centro genésico. Cita este último, mas não se refere ao centro básico, que é a sede do Kundalini. Inserto na p. 127.

Elucidações do Além 207

própria nem funcionam à parte, pois obedecem ao comando do perispírito.

No entanto, os centros de forças do perispírito funcionam como subestações do espírito e efetuam inúmeras providências sob um automatismo inteligente, fruto de milênios de aperfeiçoamento, tal qual acontece com o plexo solar ou abdominal do homem, que comanda e disciplina fenômenos do corpo humano sem necessidade da intervenção direta do espírito. É mesmo considerado uma "segunda estação cerebral", que promove os movimentos da translação da criatura e demais acontecimentos comuns.

Para nós, no entanto, interessa atualmente o estudo do duplo etérico e os seus chacras na área espiritista, coisa que também outros Espíritos e autores espíritas já vêm realizando a contento. Alguma citação que confunde a posição do veículo etérico ou perispiritual, quanto à realidade desses centros de forças, não implica em prejuízos, pois tanto os chacras do duplo etérico quanto os centros de forças perispirituais funcionam intimamente ligados e nas mesmas zonas dos plexos nervosos. Os detalhes minuciosos, que podem distinguir uns dos outros, deixamos para obras futuras, quando os adeptos espíritas já estiverem mais familiarizados com a complexidade da matéria em foco.

PERGUNTA: — *Em vossas obras anteriores tendes mencionado sete chacras no duplo etérico, mas alhures já verificamos em obras espiritualistas e mesmo espíritas, a existência de oito chacras. Poderíeis dizer-nos algo a esse respeito?*

RAMATÍS: — Os chacras mais importantes do duplo etérico são em número de sete, embora ainda existam mais três centros menores em desenvolvimento, porém sem importância para o nosso estudo atual. A pedagogia espiritual, por enquanto, pesquisa, mais a fundo, os sete chacras principais e de maior relevo nas relações entre o mundo oculto e o plano físico. Eles podem ser acelerados, desenvolvidos ou "despertos" através de certas disciplinas de "positivação da vontade" ou "técnica respiratória", como a Krya Ioga, mas é aconselhável que isso seja feito em concomitância com o aperfeiçoamento moral e o controle mental do ser.

De todos os chacras o mais perigoso de ser "desperto"

prematuramente é o chacra básico, sede do kundalíneo ou do fogo serpentino, pois sem a garantia de uma boa graduação espiritual o homem que o "abrir" perde-lhe o domínio ante o primeiro descontrole emotivo ou mental em desfavor alheio, enquanto sua ira, desejo de vingança ou maus pensamentos são quase que imediatamente concretizados sobre as vítimas em mentalização. Trata-se de energia violenta e agressiva, embora criadora, que em fuga atinge maleficamente o perispírito e alucina-lhe as células perispirituais; destrambelha os nervos do imprudente e depois de desencarnado atira-o nos charcos do astral inferior como o animal ferido por mil aguilhões. No entanto, disciplinada e sob direção moral superior em criatura evangelizada ela ativa os centros de forças do perispírito e faculta o desenvolvimento mais breve da mediunidade. É força primária e hostil como a seiva que sobe pelo "cavalo selvagem" onde se enxerta a muda superior; vem do centro da Terra e na sua ondulação retilínea lembra de fato uma serpente de fogo e a sua característica denominação de "fogo serpentino".

PERGUNTA: — Poderíeis citar alguns casos de homens que despertaram tal centro prematuramente?

RAMATÍS: — Rasputin desenvolveu o chacra básico e deu maior vazão ao fogo serpentino; e isso lhe permitiu acentuado poder sobre as mulheres; mas em face de sua graduação espiritual inferior, ele só aproveitou essas forças para fins egocêntricos e de absoluto usufruto pessoal. Hitler também hipnotizava as multidões e impressionou homens de talento, apesar do seu exagerado narcisismo, flagrante alucinação mental e a paranoia perigosa sob o mais frio egolatrismo. Em vidas anteriores, ele despertara mais cedo o kundalíneo e assim ampliou o seu poder sobre os demais homens. Mas ele não possuía a capacidade moral e a ética evangélica para sobreviver à violência das próprias forças desencadeadas, embora fosse vegetariano, abstêmio e de pouca aventura sexual, pois, acima de tudo, era profundamente cruel e vingativo.

Em sentido contrário, tendes as almas lúcidas, ternas

e angélicas, que alcançaram o desenvolvimento natural e o progresso dos seus centros de forças em concomitância com o seu próprio crescimento espiritual, como Jesus, Buda, Krishna, Teresinha de Jesus, Francisco de Assis, Antônio de Pádua, Gandhi, Ramacrisna, Dom Bosco, S. Jerônimo e outros, cujo potencial assombroso eles utilizaram em favor da felicidade alheia.

Embora a nossa referência sobre a função do chacra kundalíneo em nada afete a consciência do leitor, a prudência nos aconselha a silenciarmos quanto aos métodos disciplinares do seu desenvolvimento, pois seria imprudente revelar o uso de energias poderosas capazes de afetar o seu portador imaturo e também o próximo. Não se confia um barril de pólvora ao fumante inveterado.[55]

PERGUNTA: — *Considerais ser de utilidade retornarmos mais uma vez ao estudo dos chacras, quando já o tendes enunciado em obras anteriores?*

RAMATÍS: — A matéria enquadra-se perfeitamente no atual estudo destas mensagens, pois em obras anteriores citamo-la de modo sucinto e superficial, apenas a título de elucidação. No entanto, já é tempo de o espírita conhecer o mecanismo e a contextura dos centros de forças do duplo etérico, pois de outro modo ficará estacionado no limiar da porta do Templo e incapacitado para servir ao próximo, elucidando os sedentos da Verdade. É um estudo útil para os médiuns passistas, terapeutas e de efeitos físicos, assim como aos magnetistas e adeptos de todas as instituições espiritualistas.

Enquanto certos jornais e revistas espíritas clamam em defesa de opiniões sectaristas, num excesso de verborragia para defenderem postulados já consagrados pelo tempo, outras instituições como a rosa-cruz, a teosofia, a ioga, o crisnamurtiano e o esoterismo, inclusive a própria Umbanda, avançam corajosamente no seio do mundo oculto e investi-

---

55 "Não provoqueis o desenvolvimento prematuro de vossas faculdades psíquicas. Ver sem compreender e ouvir sem discernir pode ocasionar desastres vultosos ao coração. Buscai, acima de tudo, progredir na virtude e aprimorar sentimentos. Acentuai o próprio equilíbrio e o Senhor vos abrirá a porta dos novos conhecimentos"! Trecho extraído da obra *Missionários da Luz*, capítulo "Mediunidade e Fenômeno", página 105, ditado por André Luiz a Chico Xavier, edição da Livraria da Federação Espírita Brasileira.

gam todas as origens das forças criadoras da Vida.

O espírito peculiar da negativa "a priori", muito próprio de espíritos "ex-católicos" e "ex-materialistas" recém-ingressos na seara kardecista, retarda a posse do conhecimento da vida oculta, quando é necessário penetrar na fonte iniciática do Espírito e entender a fundo o seu mecanismo de entidade imortal.

PERGUNTA: — *Então poderíeis descrever-nos, com melhores detalhes, os sete chacras que considerais de maior utilidade para o nosso atual conhecimento?*

RAMATÍS: — Já dissemos que a palavra chacra, de origem sânscrita, quer dizer "pires", ou "roda", e que, em seus movimentos vorticosos formam uma depressão no centro, lembrando o movimento acelerado de uma hélice de avião em alta velocidade. É por isso que na essência a palavra chacra quer dizer: — disco giratório. Eles estão situados na superfície do duplo etérico, de 5 a 6 milímetros da periferia do corpo físico e se constituem em turbilhões que ressaltam num movimento contínuo e acelerado.

Trata-se de centros de forças que distribuem as energias necessárias à vida do duplo etérico e que proporcionam o crescimento das faculdades psíquicas do homem, porque eles estão em relação com o perispírito que transmite para o corpo físico as deliberações do Espírito. Nas pessoas rudimentares os chacras quase que só atendem às necessidades vitais do duplo etérico e do corpo físico, cujo funcionamento é relativamente lento; porém, nas pessoas bem desenvolvidas eles são brilhantes e formosos, despedindo os mais variados tons de coloridos fascinantes, que lembram as cores pitorescas das bolhas de sabão ou pequeninos sóis de 15 até 20 centímetros de diâmetro.

1º — Chacra básico ou fundamental: — Situa-se na base da espinha dorsal; é o condutor do famoso "fogo serpentino", ou mais conhecido pelos hindus como o "chacra kundalíneo", centro etérico responsável pelo fluxo das energias poderosas que emanam do Sol e da intimidade da Terra, a energia "mãe do mundo", pois ela é realmente o principal fundamento da vida na matéria. Os clarividentes observam que esse fluxo

Elucidações do Além 211

energético, provindo do âmago da Terra em simbiose com as forças que descem do Sol, assemelha-se a uma torrente de fogo líquido a subir pela coluna vertebral do homem, a qual depois ativa as energias instintivas ou inferiores, próprias do mundo animal! Segundo certo ensinamento hindu, o kundalíneo ou "fogo serpentino" proporciona a libertação do ser, quando habilmente controlado pelo chacra básico, situado no extremo da coluna vertebral, desde que esse despertamento seja efetuado por espírito equilibrado, sem vícios e paixões perigosas, despreocupado também dos tesouros e poderes das vaidades do mundo carnal. Assim os iogues tornam-se os "senhores do kundalíneo", mas os tolos, os ambiciosos e os imorais, quando de posse de tal energia incomum, são escravos e joguetes de uma força que os massacra.

O discípulo que abrir o chacra kundalíneo prematuramente dá entrada a uma torrente de energia tão poderosa que lhe alimentará todas as paixões e todos os desmandos. Os seus desejos serão satisfeitos quase que de imediato e terá poder sobre as demais criaturas, mas o orgulho poderá explodir e o recalque sensual dominá-lo de modo a realizar os piores caprichos e ações sobre o próximo".[56]

O fogo "serpentino ou kundalíneo" foi muito utilizado nas velhas escolas de magia negra da Caldéia, Lemúria, Assíria e do Egito, cujos sacerdotes coligados sob o nome da "serpente vermelha", ou os "filhos do Dragão", mantinham escolas secretas e instituições satânicas, cujo fim era o domínio material da Terra e a intenção de assumir o comando sensual da humanidade encarnada, em detrimento das forças espirituais internas que operavam mantendo a intimidade do orbe ligada à administração angélica. Eles efetuavam um trabalho agressivo contra os emissários do Alto ou das chamadas "forças do Cordeiro", assim como tentavam anular as providências que sabiam estarem sendo movimentadas para a descida do excelso Espírito, que deveria se encarnar na

---

56 Rasputin, Simão o Mago, Hitler e outros homens imprudentes são provas disso, pois tendo desenvolvido o chacra kundalíneo em vidas anteriores, muito antes de lograrem o seu equilíbrio emocional e fixar objetivos espirituais benfeitores, tornaram-se instrumentos de perturbações alheias e findaram seus dias vítimas no vórtice das próprias forças que desencadearam prematuramente.

Terra, como Jesus, o Salvador, o Enviado Excelso do Pai.[57]

PERGUNTA: — Como se processa essa ação ou influência do fogo serpentino pelo chacra kundalíneo, situado na base da espinha dorsal?

RAMATÍS: — Quando essa energia sobe e irriga o centro frontal do homem inferior, alimenta-lhe o orgulho da personalidade terrena, cujo símbolo é mesmo a figura da serpente, tão material que se arrasta pelo solo, age perfidamente e termina hipnotizando o adversário invigilante. Quando, em vez da fronte, atinge o coração sem o devido controle espiritual emotivo, isso aviva os maus sentimentos, dá-lhes força e estímulos para a dureza cordial.

O kundalini é um combustível poderoso, que flui da intimidade terráquea ou das zonas de maior ebulição primária, onde as energias criadoras do planeta fundem-se num abraço selvático e agressivo, embora elas sejam o sustentáculo da vida rudimentar no orbe. Mas são forças que alimentam a vida primária, selvática e vigorosa; constituem-se na forma do éter físico grosseiro, em ondas, para alimentar a natureza animal, se o seu dono não for um espírito superior.

Por isso os mestres espirituais do Oriente evitam de ensinar o método de desenvolver o chacra kundalíneo, a fim de que os homens de paixões do mundo inferior não sejam suas vítimas por lhes faltar a força moral superior. De outro modo, eles serão vítimas de sua própria imprudência, tal qual já aconteceu a diversos magos do passado, que subestimando o poder das forças planetárias desatadas através do seu próprio corpo etérico, terminaram destruindo-se no vórtice das mesmas e sem poder controlá-las, tal qual o cavalo indócil que, em disparada, arrasta a carruagem mal segura pelo cocheiro debilitado.

No entanto, o kundalíneo também é um chacra utilíssimo, pois em função normal e disciplina biológica própria do

[57] N. do Revisor: "— Oh, Jeová! — murmurou o agonizante. — Alivia-me e perdoa meus erros! Sempre proclamei tua grandeza e tua sabedoria e em teu nome louvei o bem e reprovei o mal. Julga-me, pois, com a clemência que expressava aquele que se chamou Christna-Christ, e que outrora se dignou a aparecer diante de meus olhos mortais." Christna-Christ - Possível alusão ao espírito de Krishna, um dos avatares hindus que representam a encarnação do Cristo na Terra. Este trecho é da obra *O Faraó Mernephtah*, de J. W. Rochester, **EDITORA DO CONHECIMENTO**, p. 58, onde se conta a verdadeira história de Moisés.

Elucidações do Além 213

homem superior, ele reativa os demais chacras através do fluxo do seu fogo serpentino, que se acumula e se distribui à altura do plexo sagrado.

Sob o comando de um espírito superior, como Buda, Jesus ou Francisco de Assis, cuja vida foi de absoluta função sacrificial em favor da humanidade, a energia primária do kundalíneo sublima-se pela contínua aplicação somente às coisas elevadas, fazendo que os seus resíduos deletérios baixem para o subsolo do próprio planeta de onde provieram.

PERGUNTA: — Podeis descrever a conformação e a função do chacra kundalíneo, de modo a podermos reconhecê-lo em experiências futuras?

RAMATÍS: — Ele localiza-se junto ao plexo sagrado, e durante o seu giro apresenta-se à visão astral apenas com 4 raios, formando sugestiva figura de uma cruz no seu centro etérico, a qual se apresenta numa cor vermelha alaranjada, com algumas fulgurações escarlates, em tons fugitivos incandescentes, por vezes num tom sanguíneo suave, semelhante à linfa da vida física que é o próprio sangue humano. O chacra kundalíneo, básico ou fundamental como é mais conhecido, aliás, o mais primitivo e singelo de todos na sua manifestação algo "física", é um dos principais modeladores das formas e dos estímulos da vida orgânica. Quando muito desenvolvido, mas de insuficiente controle, pode levar o homem à loucura, porque a sua ação muito forte acicata o desejo sexual, semeando a satisfação aberrativa.

Mas se o fogo serpentino é controlado e desviado da sua ação agressiva e ativadora sexual inferior, mantendo-se o homem sob a castidade e o discernimento espiritual, então o fluxo vitalizante e sublimado sobe em proporção benfeitora pela coluna vertebral até o cérebro, irrigando-o energeticamente até fazer redobrar as atividades mentais do mundo superior. Torna o homem lúcido, dinâmico e portentoso ao nível das vibrações crísticas e, então, a força do kundalíneo se exerce pela intimidade espiritual no homem, atraindo a mulher pela ternura, bondade e desejo de servi-la desinteressadamente, sem qualquer cogitação do desejo sensual.

2º — Chacra Umbilical: — Situado à altura do umbigo,

no duplo etérico, em perfeita correspondência com o plexo solar, abrangendo o fígado, os intestinos, os rins e demais órgãos do abdômen, à exceção do baço, que se encontra sob o controle do chacra esplênico. Esse centro de forças etéricas, de natureza mais rudimentar, é responsável pela assimilação e metabolismo dos alimentos ingeridos pelo homem. Alguns espiritualistas preferem chamá-lo de centro gástrico[58] e ele se apresenta na forma de um turbilhão etérico com dez ondulações, raios ou pétalas, variando entre as cores vermelhas e os tons verde cor de ervilha, matizes que resultam da decomposição do prana absorvido do meio ambiente e ali prismado. Quando o chacra umbilical é muito desenvolvido, o homem aumenta a sua percepção das sensações alheias, pois adquire uma espécie de tato instintivo ou sensibilidade astral incomum, que o faz aperceber-se das emanações hostis existentes no ambiente onde atua e também das vibrações afetivas que pairam no ar.

3º — Chacra Esplênico: — Situa-se à altura do baço físico, é de cor radiante e de excessivo magnetismo, sendo o principal centro energético vitalizador do corpo físico, funcionando ainda como o auxiliar do metabolismo da purificação sanguínea. Sabe-se que extirpando o baço, que é o órgão físico purificador do sangue, a medula óssea redobra em sua atividade hematológica, a fim de compensar a deficiência dessa função. Nesse caso o chacra esplênico também entra em maior intimidade com o duplo etérico e passa a dirigir o metabolismo vitalizador sanguíneo, quase à altura do esterno, base do pulmão, centralizando-se, diretamente, na coluna vertebral e no sistema nervoso central. O dito chacra possui sete raios ou pétalas, e a sua função energética, e muito intensa, torna-o um pequeno sol rodopiante a emitir revérberos cintilantes na absorção do prana impregnado das forças ativas solarianas. Inúmeros casos de leucemia são devidos à insuficiência do chacra esplênico sobre o baço físico, pois reduz-se a absorção dos glóbulos de vitalidade naturais da atmosfera comum, necessários à revitalização sanguínea. Já temos observado algumas curas de enfermos leucêmicos devido, justamente, a

---

[58] N. do Revisor: Vide página 128 *Entre a Terra e o Céu*, de André Luiz, e a obra *Passes e Radiações*, capítulo "Chacras", de Edgar Armond.

maior ativamento do chacra esplênico, que favorece o aumento de glóbulos vermelhos. Isso se dá pela maior penetração de glóbulos vitalizantes do Sol e demais forças magnéticas do orbe planetário.

Depois que o centro esplênico atrai e incorpora as energias do meio ambiente, como a eletricidade, o magnetismo, os raios cósmicos, as emanações telúricas e energias projetadas do Sol, ele as desintegra e as distribui na forma de átomos saturados de prana, anexando-os às diversas partes do corpo físico, conforme as funções vitais de cada órgão ou sistema orgânico. Mas no processo dessa purificação sanguínea, que é função do baço físico, o chacra esplênico acrescenta outras energias que fluem através dos chacras frontal e coronário, situados na cabeça. Deste modo, o conteúdo do sangue se impregna do tom espiritual da alma imortal. O chacra esplênico também regula a entrada do prana no duplo etérico do homem.

Ele revela sete matizes de cores na sua absorção prânica, que são o roxo, o azul, o verde, o amarelo, o alaranjado, o vermelho-forte e o róseo, que constituem os sete tons fundamentais da síntese branca do prana. Cada matiz ou colorido, em separado, é uma ondulação energética que atende determinada função orgânica vital no corpo humano; ao casar-se ou fundir-se com as outras energias sutis descidas do Alto, forma novos tons, podendo purificar-se até sublimar-se sob o toque angélico, fortalecendo mais vivamente as relações entre o mundo divino e o plano humano.

Embora cada chacra do duplo etérico possa apresentar diversos matizes de cores, ao mesmo tempo que diferem entre si pelos tons mais belos, mais límpidos ou mais feios e sujos, há sempre uma tonalidade de cor predominante sobre as demais, que revela o tipo vibratório ou energia útil que ativa este ou aquele sistema ou órgão do corpo físico. O prana que penetra pelo chacra esplênico tem por função principal irrigar e vitalizar o duplo etérico em toda sua contextura, porque este é realmente o corpo vital intermediário e energético entre o perispírito e a carne. Assim, a cor predominante sobre os outros matizes coloridos do chacra esplênico é o vermelho quase róseo, pois este é o alimento principal do sistema nervoso. É uma nuança destacada do prana, cuja finalidade é ajustar o homem ao meio onde habita. Quando a cota desse prana róseo não é proporcional às necessidades e exigências do sistema nervoso do homem, tornando-se insuficiente para o seu metabolismo, então, os nervos da criatura tornam-se irritáveis e aguçados, deixando o homem tão hipersensível, que ele se aflige e se incomoda por qualquer coisa ou ruído. Se os médiuns e passistas espíritas pudessem desenvolver com proficiência o chacra Esplênico,[59] eles se tornariam excelentes terapeutas a produzir curas miraculosas, ante a abundância de fluidos róseo-prânicos, que eles podem absorver por esse centro de forças situado à altura do baço e um dos mais eficientes restauradores dos plexos nervosos.

O prana róseo, ao penetrar pelo chacra esplênico e envolver-se no seu turbilhão etérico, irriga o baço físico, enquanto algumas de suas emanações mais suaves e delicadas atingem o baço do perispírito, resultando então entre ambos os órgãos uma íntima relação de alta sensibilidade. Em seguida, essa energia rosada distribuindo-se pelo duplo etérico, enfeixa toda a estrutura da coluna vertebral e depois vitaliza todo o sistema nervoso. Irriga o bulbo, cerebelo e os hemisférios do cérebro; e descendo pelo sistema nervoso central, derrama-se pelos plexos.

Sob tal fluência prânica quando em criatura equilibrada, os demais chacras se ativam, aumentam o seu brilho e o seu diâmetro, estimulados pelas energias provindas do reservatório da natureza e canalizadas pelo centro esplênico. Depois de irrigar o corpo físico em toda sua extensão e profundidade, e ativar as relações entre o perispírito e o corpo de carne, o prana róseo, como o principal vitalizador do sistema nervoso, perde o seu tom róseo fundamental, pois exaure-se no seu energismo peculiar ou vitalidade, que distribui pelos diversos órgãos ou sistemas do homem. Cumprida a sua função vitalizante, ele descora-se, passando a fluir para o mundo exterior

---

59 N. do Médium: Ramatís, em comunicação mais íntima, deu-nos instruções de como desenvolver ou despertar os chacras, fazendo-os alcançar um metabolismo pleno de vitalidade e auxiliando-nos ao despertamento das forças ocultas no contato com a matéria. Pudemos vislumbrar, em vigília, os movimentos rodopiantes do chacra frontal, a despedir revérberos de um amarelo-ouro transparente e ativando o campo perispiritual da glândula pineal. Nos poucos segundos que pudemos identificar o moto vorticoso desse chacra brilhante situado à altura dos supercílios, entre os olhos, também vislumbramos um lance espetacular da vida oculta e sentimos extraordinário poder psíquico à nossa disposição. Mas não estamos autorizados a revelar tal processo.

algo enfraquecido; formando assim uma aura em torno do duplo etérico, conhecida pelos ocultistas como aura vital. É a conhecida aura da saúde, constituída pela exsudação do prana residual anteriormente penetrado pelo chacra esplênico, que, depois, se apresenta aos olhos dos clarividentes num tom azulado pálido ou róseo bastante descorado. Essa aura da saúde não deve ser confundida com a "aura do perispírito", cujas emanações e cores obedecem a outro processo de ciência transcendental, pois ela flui dos corpos mental e astral.[60]

O homem cujo chacra esplênico funciona em plena atividade é então alguém que "vende saúde" no dizer comum, pois as partículas róseas do prana utilizado pelo corpo físico alimentam-se de um magnetismo tão intenso, que se assemelha a uma usina vitalizante, e os que dele se aproximam são beneficiados terapeuticamente. São pessoas que sempre deixam em torno de si uma elevada taxa de energia que é perceptível tanto nos seus atos, como nos seus gestos e nas palavras, embora nem todos se apercebam disso. As criaturas cuja aura da saúde é prodigalizante de energia, fortalecem, reanimam e vitalizam os outros com sua simples presença. No entanto, aquelas cujo chacra esplênico funciona de modo deficiente, tornam-se verdadeiros vampiros das forças alheias, assemelhando-se a cabos elétricos de sucção, pois absorvem dos outros as energias que lhes vibram à flor da pele. Essa absorção é tão intensa, quanto seja a capacidade do indivíduo captar o prana róseo alheio para a sua nutrição pessoal.[61]

Daí, pois, a necessidade dos médiuns ou passistas aprofundarem-se no estudo do duplo etérico e do seu sistema de chacras, pois caso desejem realmente proporcionar o bem ao próximo com a doação de energias excepcionais, terão de conhecer o processo que os ajude a aumentar suas cotas de vitalidade ou prana, uma vez que o milagre ainda é matéria

---

[60] N. do Revisor: Vide a obra *Quatorze Lições de Filosofia Yogi*, de Ramacharaka, Lição IV, "A Aura Humana", p. 51, edição da Empresa Editora "O Pensamento", São Paulo.
[61] N. do Médium: Jesus curava as criaturas pelo simples ato de lhe tocarem as vestes; inúmeros taumaturgos têm feito curas miraculosas apenas impondo suas mãos sobre os enfermos. Certo funcionário bancário de nosso conhecimento, em Curitiba, possui tal reserva de vitalidade, que em dias de nossa desvitalização fizemos a experiência de apertarmos-lhe as mãos e logo nos sentimos reconfortado, desaparecendo a nossa debilidade vital.

fantasiosa na Terra. Quase sempre, tais médiuns oferecem aos enfermos a sua vitalidade minguada e ainda poluída com as paixões e os vícios do álcool, fumo e da carne. É por isso que a maioria mostra-se completamente exausta em seguida ao mais singelo trabalho de socorro vital ao próximo. Não sabendo haurir, conscientemente, do meio em que vivem, as energias que sobejam prodigamente como dádiva de Deus aos seus filhos, então só lhes resta afoguear-se inutilmente sobre os enfermos, na esperança de ocorrer alguma intervenção misteriosa ou fenomenal do mundo oculto, capaz de transformá-los em miraculosas usinas de vitalidade criadora para os necessitados.

Aliás, deveria servir de advertência para os médiuns, terapeutas indisciplinados ou leigos na arte de vitalizar o próximo, o fato de que certas árvores como o pinheiro, o eucalipto, o cedro e a mangueira, chegam a absorver do ambiente o prana róseo adequado ao próprio homem. À sua sombra ou vizinhança, muitas pessoas que sofrem de esgotamento nervoso, depois mantêm-se eufóricas e recuperadas na sua saúde, porquanto elas significam verdadeiras antenas vivas captando do mundo oculto as forças benfeitoras que depois são doadas ao homem num serviço elogiável e superior à maioria dos seres vivos.

O próprio ar da manhã, quando a atmosfera se mostra tranquila e o Sol beija as fímbrias das colinas, à distância, matizando de dourado as copas dos arvoredos úmidos do orvalho da noite, permanece rico de glóbulos vitais que revitalizam o homem.[62] Conforme lembramos, o duplo etérico, além de sua absorção prânica para o corpo físico, tem a função de vitalizar o perispírito nas suas relações com a matéria, como seja, adensá-lo na sua contextura imponderável de modo a ajustá-lo, tanto quanto possível, às necessidades do organismo carnal.

Aliás, muitos alienados que se supõe terem lesões cerebrais ou serem vítimas de terríveis obsessões, às vezes, são criaturas cujas paixões ou vícios terminaram exaurindo-lhes

---

62 N. do Revisor: Aconselhamos o leitor a compulsar a obra *Os Mensageiros*, capítulo XLI, "Entre as Árvores", no qual o autor espiritual se estende de modo elucidativo sobre as magníficas qualidades das árvores e do campo para a vitalidade do homem.

as cotas de sustentação energética de prana, lesando-lhes as funções do duplo etérico, que, desse modo, interrompe o comando e a ação do perispírito na consciência física. Assim, o chacra esplênico também vitaliza o chamado corpo astral, isto é, o veículo responsável pelos desejos, emoções e sentimento do espírito encarnado; esse veículo é que permite as saídas do espírito, à noite, enquanto o corpo carnal dorme.

4º —Chacra Cardíaco: — Este chacra está situado exatamente à altura do coração físico, pois é o centro de forças responsável pelo equilíbrio e pelo intercâmbio das emoções e dos sentimentos do homem. Quando ele é bem desenvolvido favorece a consciência ou a percepção instantânea das emoções e intenções alheias. É um centro turbilhonante, cor de ouro, emitindo fulgores iridescentes e se hipersensibiliza pela contínua auscultação psíquica no ser. Na sua função de centro cordial situado à altura da região cardíaca, correspondendo à velha tradição de que o sentimento e a emoção geram-se no coração, o chacra cardíaco também recebe eficiente contribuição vital do chacra esplênico, cujo prana róseo, ao atingi-lo, assume um tom do chamado "raio amarelo". Esse raio amarelo penetra no sangue pela via cordial e o vitaliza especialmente para que atenda à função cerebral; e, em seguida, eleva-se até atingir o chacra coronário, no alto do crânio, do que então resulta a consciência dos sentimentos ou das emoções, que costumam estimular as cogitações filosóficas de natureza elevada.

O homem cujo cérebro é fortemente vitalizado pelos fluidos prânicos do chacra esplênico, depois combinados com os do chacra cardíaco, em verdade, suas emoções e sentimentos são mais propriamente resultantes das elucubrações metafísicas. Enfim, o chacra cardíaco, quando bem desenvolvido, confere ao seu portador o dom de auscultar ou sentir os fatos do mundo astral, isto é, o dom do pressentimento, em que sentimos instintivamente os acontecimentos futuros. O chacra cardíaco nas pessoas sinceras, humildes e meigas, de sentimentos nobres e ternos, mostra-se na plenitude de um sol que despende fulgores dourados, sem analogia nas escalas cromáticas do mundo. É um centro cordial, que as faz compreender e sentir os sentimentos e as ansiedades do próximo.

5º — Chacra Laríngeo: — Situado à altura da garganta física, conhecido pelos hindus que o chamam de "Vishuddha", está próximo do plexo nervoso e na perpendicular do chacra frontal, do qual também recebe certa cooperação. Auxilia o desenvolvimento do ser e a audição astral e etéreo-física. Sua mais importante função é sustentar e controlar as atividades vocais, o funcionamento das glândulas timo-tireóide e paratireóides, estabilizando definitivamente a voz depois da época da puberdade, em que a menina se transforma em mulher e o menino se faz adulto. É um centro de forças etéricas responsável pela saúde da garganta e das cordas vocais. Ele carreia a vitalidade que deve suprir o mecanismo vocal e o dispêndio energético no falar. É um órgão muito ativo e brilhante nos grandes cantores, poetas célebres, oradores sacros e homens que revelam o dom incomum da palavra, o magnetismo, a voz hipnótica. Ajuda também a percepção dos sons provindos do mundo etéreo-físico, da superfície da crosta terráquea e a auscultação dos sons do mundo oculto astralino.

A sua cor predominante é de um azul-claro, matizado de suave lilás ou tom violeta, brando, mas o seu aspecto geral, quando em boa disposição funcional, lembra a tonalidade de formoso raio de luar pousado sobre o mar tranquilo. Tanto se acentua como se reduz em sua cor azul-claro fundamental, assim como varia em tamanho e luminosidade, influenciando-se conforme o potencial e a qualidade verbal da criatura. É um dos chacras que também influi muitíssimo nos demais centros de forças e nos plexos nervosos do organismo humano, porque o ato da materialização das ideias através da fonação é fenômeno que concentra todas as forças etéreo-magnéticas do perispírito, atuando em vigorosa sintonia com os demais centros etéricos reguladores das funções orgânicas. A sua função e o seu aspecto colorido modificam-se rapidamente e de acordo com a sonoridade, agudeza ou intensidade com que sejam pronunciadas as palavras pelo homem.

Quando os espíritos desencarnadores seccionam o chacra laríngeo no agonizante, este, então, desarticula imediatamente sua voz, embora ainda continue consciente de sua permanência na matéria. Em tal momento, o moribundo aflige-se, com desespero, ante a impossibilidade de transmitir em palavras, para o mundo exterior, os pensamentos que ainda vibram em sua consciência.

6º — Chacra Frontal: — É o sexto centro etérico, situado entre os supercílios ou olhos, apresentando-se com 96 raios; nele predomina a cor róseo-amarela, matizada com um pouco de azul-violáceo, pois esse chacra também se nutre do raio róseo-amarelo vitalizante do chacra esplênico e combina-se com algo do raio azul do centro laríngeo. Quando esse centro de forças é bem desenvolvido, dinâmico e rutilante, confere ao homem o dom ou a faculdade da clarividência dos objetos e das coisas do mundo astral, das paisagens distantes e das massas coloridas do mundo astral, assinalando, também, os poderes mediúnicos da psicometria.

O chacra frontal do duplo etérico encontra-se intimamente ligado com igual centro de forças astrais situado em mesmo plano no perispírito. Quando é abundante de prana e permanece em boa atividade com os outros chacras, ele confere ao homem encarnado ou desencarnado a faculdade de aumentar ou diminuir o seu poder visual, podendo penetrar e observar com êxito a própria vida microbiana impossível à visão comum.[63]

7º — Chacra Coronário: — Situado no alto da cabeça, muito conhecido entre os hindus por "lótus de mil pétalas", possui 960 raios principais e um centro menor em turbilhão colorido, apresentando 12 ondulações ou raios. Este chacra é o centro de forças mais importante do ser humano, de maior potencial e radiações, constituindo-se na magnífica ponte ou elo de união entre a mente perispiritual e o cérebro físico. É, enfim, o centro responsável pela sede da consciência do espírito.[64]

---

[63] N. do Revisor: Há um relato na obra *Missionários da Luz*, páginas 231 a 232, do capítulo "Reencarnação", ditada por André Luiz a Chico Xavier, que comprova perfeitamente os dizeres de Ramatís, quando, sob o auxílio magnético do mentor Alexandre, o autor espiritual explica que sentiu aumentar o seu poder de visão astral, pois conseguiu acompanhar, dali por diante, todo o fenômeno da fecundação, quando através dos condutos naturais femininos, corriam os elementos masculinos em busca do óvulo numa prova eliminatória e num avanço de três milímetros por minuto.

[64] N. do Revisor: André Luiz, na obra *Entre a Terra e o Céu*, página 126, menciona o chacra coronário como participante de fisiologia do perispírito, mas não se refere ao mesmo centro do duplo etérico. Cremos que o nobre autor espiritual não quis

O chacra coronário é o mais brilhante de todos os centros de forças etéricas situados no duplo etérico: é o regente orquestral dos demais centros de forças, aos quais ele se liga interiormente, ajustando-os e afinando-os para um metabolismo harmônico. Preside-lhes as diversas funções sob uma regência ou comando de inspiração emanada diretamente do Alto. O centro coronário pode assumir as colorações mais exóticas e fascinantes; gira no seu todo com inconcebível rapidez, enquanto o seu centro de diâmetro menor apresenta-se numa cor branca, lirial e deslumbrante, emitindo fulgores dourados cada vez mais belos. À medida que o homem desenvolve os seus princípios espirituais superiores, ele também se transforma num sol rutilante de beleza inigualável, irradiando matizes de cores impossíveis de serem definidas pela retina física. É o elo da consciência angélica com o mundo material, enquanto os demais centros de forças recebem-lhe o influxo superior e sensibilizam-se em suas funções de intercâmbio entre o mundo físico e o mundo oculto.

A sua ação também é algo convergente ao corpo pituitário ou hipófise, que é o único elemento de comunicação físico-psíquica com os planos superiores. Há casos que, em certas criaturas, o chacra frontal ou cerebral ainda encontra-se muito ligado à hipófise; e então o centro coronário inclina-se ou desvia-se algo até coincidir com a glândula pineal, isto é: — nivela-se a este órgão de que a ciência do mundo ainda ignora a função psíquica, aliás, importante na relação entre o espírito e o corpo mental inferior. O chacra coronário, na sua relação com a glândula pineal, permite a vidência astral; mas, por tratar-se de um canal que serviu outrora ao ser mais animalizado, tal vidência circunscreve-se às regiões inferiores, sendo de pouca utilidade para o homem comum. É de pouco valor essa vidência da zona primitiva do mundo oculto, não sendo aproveitável examinarmos aquilo que já não nos pode prestar qualquer benefício em face do grau evolutivo em que nos encontramos, da mesma forma que seria inútil compulsar cartilhas de alfabetização depois de cursarmos a academia.

Graças ao extraordinário desenvolvimento do seu cha-

---

saturar a mente dos espíritas com esse conhecimento mais complexo, pois são poucos os que se devotam realmente aos estudos ocultistas do "homem invisível".

Elucidações do Além 223

cra coronário, Buda, Jesus, Dom Bosco, Francisco de Assis, Antônio de Pádua, Maharishi, Babaji, Mahasaya, Leadbeater e outros homens excepcionais podiam abandonar o corpo físico sem interromperem as atividades habituais da consciência, em vigília. Eles podiam manter-se ao mesmo tempo cônscios de si, na fronteira do mundo angélico e do físico, num estado de percepção panorâmica capaz de abranger os fenômenos de ambos os mundos ou planos. A Igreja Católica Romana costuma pintar os seus benfeitores, líderes ou santos, com uma auréola de luz dourada em torno da cabeça; e isto comprova perfeitamente a antiga tradição iniciática de que o chacra coronário é um potencial de beleza que aumenta tanto quanto também progride o espírito do homem. O próprio hábito da tonsura prescrita aos padres jesuítas, que deixam um pequeno círculo raspado no alto da cabeça, subordina-se ao velho conhecimento da importância do chacra coronário, conhecido pelos hindus por "brahmarandra" ou a fonte oculta principal que libera a energia psíquica no contato do espírito imortal com o mundo físico.

Enquanto os demais chacras do duplo etérico apresentam certa depressão no seu centro vorticoso, lembrando a figura de um pires ou hélice em movimento turbilhonante, o chacra coronário mais se assemelha a um intenso foco de energias giratórias a despedir fulgores. Lembra uma cúpula ou coroa fulgurante em torno da cabeça do homem, espargindo radiações que lhe formam um halo luminoso ou aura translúcida.[65]

---

65 Na obra *Nosso Lar*, capítulo XXXIII, Curiosas Observações, referindo-se a espíritos com os chacras em boa disposição, o autor assim os menciona, sem defini-los à luz do ocultismo. Diz ele: "Trata-se de poderosos espíritos que vivem na carne em missão redentora e podem, como nobres iniciados da Eterna Sabedoria, abandonar o veículo corpóreo transitando livremente em nossos planos. Os filamentos e fios que observou são singularidades que os diferem de nós".

21. É possível a morte do espírito?[1]

PERGUNTA: — Podeis dizer-nos algo quanto a uma tese

[1] Nota do médium: Como complemento elucidativo desta proposição, transcrevemos alguns trechos de um artigo de José Fuzeira, publicado na *Revista Internacional do Espiritismo* (Brasil) e na Revista *La Conciencia*, de Buenos Aires. Diz ele: — *Na Revista "Sabedoria* (N° 3) consta uma crônica sob o título "A Morte do Espírito", assinada por um ilustre pensador espiritualista, o qual baseia a lógica da sua teoria no seguinte fundamento: — "Se o Espírito é livre, deve admitir-se a possibilidade de que possa rebelar-se contra Deus, não apenas uma vez, arrependendo-se, e depois voltando a Deus mas que continue, para sempre, na rebelião. Não se admitir essa possibilidade seria confessar que o Espírito não é livre. Mister então que no sistema exista um meio de impedir a essa liberdade que ela faça naufragar a obra divina. É, então, de absoluta necessidade lógica que a vontade definitivamente rebelde de uma criatura que assim quisesse ser (eternamente) seja paralisada e que exista no sistema um meio de atingir essa finalidade. Esse meio é justamente a destruição do Espírito, não como substância, mas como individualização particular".

Diz mais: — "O espírito é constituído pela substância indestrutível de que está constituída a própria divindade. O que teve início no ato da criação foi a individualização particular de cada espírito".

Para elucidarmos melhor o conteúdo de tal proposição, vamos especificá-la assim: — a substância de que se forma o Espírito é uma espécie de "corpo". Não é o Eu, o indivíduo, ou seja, a entidade consciencial. Esta é criada, é, enfim, o "sopro divino" ou a luz que Deus acende na intimidade da substância indestrutível.

Então, alega o autor da referida teoria: — Como a rebeldia perpétua de um Espírito resultaria num atrito oterno, que perturbaria o equilíbrio do Universo moral, então, a única fórmula para solucionar o impasse ou divergência entre a criatura e o seu Criador será a de Deus desintegrar, ou seja, "matar" tal Espírito desobediente e incorrigível.

Ora, embora o autor de tal concepção, no sentido de atenuar a violência do choque mental que a mesma produziu entre os espiritualistas que tomaram conhecimento da sua teoria, alegue ser uma "possibilidade teórica", esta idéia oblíqua não consegue evitar o sério conflito teológico criado na mente de uma grande parte dos que tomaram conhecimento do seu teorema, pois nem todos dispõem de uma percepção aguda, em condições de se orientarem dentro de um esquema de cogitações um tanto complexas ou transcendentes.

225

já dada à publicidade, a respeito da morte ou desintegração do Espírito deliberada por Deus, ante a contingência ou hipótese da rebeldia eterna de um seu filho?

RAMATÍS: — Admitir a morte do Espírito, ou seja, da Alma, e divulgar ou trazer essa concepção para a tela da publicidade é criar mais um labirinto de dúvidas teológicas e aumentar a controvérsia existente entre as diversas crenças ou religiões, que já se encontram em divergências intransigentes quanto à interpretação da letra dos Evangelhos.

Consideremos o caso: — Em face da visão onisciente, imutável e absoluta da sabedoria de Deus, é inadmissível a "rebelião perene" da criatura contra o seu Criador e suas leis. Semelhante presunção e suas conseqüências punitivas são as da fórmula bíblica dos "anjos decaídos". Porém, tal dogma, como outros, não possui qualquer consistência moral de lógica e bom senso, nem mesmo para ser admitida sob um raciocínio apenas teórico, porquanto a morte do Espírito é uma **impossibilidade concreta**.

A desintegração das consciências-**indivíduos** gerados ou nascidos do seio de Deus constituiria uma enorme aberração, visto que a extinção ou "morte" das centelhas vivas que o Criador lançou de Si implicaria na morte d'Ele próprio, que é a Fonte dessa vida. Tal qual se dará no dia em que se extinguirem ou "morrerem" os raios de luz do "rei" Sol, pois sendo frações vivas de si mesmo, é óbvio que ele **morrerá** também.

Abordemos, então, o outro ângulo do teorema: — o que se refere ao Mal, suas causas, seus efeitos e amplitude. O Mal é uma reação de deprimências morais, porém, transitórias, sem prejuízo que subsista na eternidade. O homem, na sua caminhada evolucionista, enquanto permanece na ignorância da sua realidade espiritual eterna, seu livre-arbítrio desordenado leva-o a cometer desatinos de toda espécie, ou seja — **pratica o mal**.

É que os seus ouvidos ainda estão fechados à voz profunda que vibra no recesso da sua consciência, advertindo-o para que resista aos impulsos negativos do Mal, em seu próprio benefício, pois "**Deus não quer a morte do ímpio, mas que ele se regenere e se salve**"!

Nas fases intermediárias da sua evolução, o homem, ati-

226   Ramatís

vado pela força negativa, mas pertinaz, do egoísmo, tem como ideal supremo de sua vida adquirir recursos sem limite, que lhe garantam prover não só às suas necessidades comuns, mas que lhe facultem desfrutar também o gozo de prazeres e comodidades supérfluos. No entanto, logo que ele tem conhecimento de que é um espírito imortal e sente em seu íntimo a grandeza sublime desse atributo, e ainda, que o fator eternidade terminará por vencê-lo, esfacelando todas as resistências da sua rebeldia contra o Bem, ei-lo, então, pouco a pouco, renunciando aos prazeres e interesses efêmeros do mundo utilitarista que o rodeia.

Nesse estágio recuperativo, que se prolonga por diversas reencarnações, chega o dia em que uma nova aurora se abre a iluminar-lhe a consciência; e, então, opera-se a transfiguração referida por Paulo de Tarso: "o homem velho feito de carne animal, cede lugar ao homem novo da realidade espiritual". Depois, a dinâmica do seu egoísmo, que é natureza do Ego inferior, gradativamente, sublima-se, transmuda-se num fator ou elemento energético do Ego superior, ou seja, o "homem novo", já despertado, dispõe-se a assumir o comando de **si mesmo**, no seu trânsito pelo Cosmo. E, à medida que a sua consciência se eleva e santifica, então, aquela mesma **firmeza** de vontade do **querer é poder** que vence e **realiza**, em vez de estar a serviço do Ego inferior, passa a servir o Eu superior, cujo ideal supremo é o amor-**fraternidade** de amplitude cósmica, que, na realização integral do "amor a Deus sobre todas as coisas e ao próximo como a si mesmo", perdoa, sacrifica-se, socorre, renuncia, dando tudo de si **sem pensar em si**. E assim, atingida esta plenitude moral de grau santificante, o microcosmo humano, que é o homem, passa a refletir as qualidades, as virtudes sublimes do Macrocosmo Divino, que é DEUS.

Nessa altura realiza-se então a afirmativa da Gênesis, que diz: O Homem é feito à Imagem de Deus; e também, conforme Jesus — "o filho e o PAI são **um**"!

Consideremos agora a essência moral da sua presunção quanto à possibilidade de um Espírito permanecer nos abismos do pecado através do tempo **eternidade**. Semelhante contingência é inadmissível sob todos os aspectos, pois há uma lei cósmica de evolução dinâmica, que impõe um movimento ascensional a todos os fenômenos do Universo, impulsionando o **imperfeito** para o **mais perfeito**, o pior para "subir" ao **melhor**. E até a própria matéria bruta, na sua constituição atômica e molecular, está sujeita a esse imperativo evolucionista.

Além das razões expostas, a teoria da **morte** do Espírito fica destroçada pela base, em face das seguintes contingências de ordem moral: — Uma vez que Deus, em virtude dos seus atributos de presciência e de onisciência, **vê** e **identifica** o futuro como uma realidade **presente**, é óbvio que Ele sabe, por antecipação, qual o rumo ou diretriz moral que seguirá cada um de seus filhos em suas vidas planetárias. E como decorrência dessa visão antecipada, saberia, portanto, que entre eles, alguns, por efeito do seu livre-arbítrio, virão a ser rebeldes incorrigíveis; e que Ele, depois, terá de extingui-los mediante a **pena de morte** espiritual. Ora, em face de tal contingência ou determinismo, resultaria o seguinte conflito de ordem moral em relação aos atributos divinos. É que, havendo entre os espíritos filhos de DEUS, uns, possuidores de virtude ou força de vontade que os tornaria capazes de alcançar a hierarquia da angelitude e fazerem jus à **vida eterna**, e outros, condicionados a serem uma espécie de "demônios"; e que, por isso, mais tarde, será necessário extingui-los pela **morte** espiritual, então, como conciliar esta parcialidade iníqua do próprio Criador, em face dos seus atributos de justiça e amor **infinitos**?... E mais: — se Deus tem de emendar ou corrigir **hoje** um seu ato de **ontem**, então, que é feito da sua **perfeição** e **infalibilidade**?...

Ciência comprova previsões de Ramatís

Nesta obra *Elucidações do Além*, o autor espiritual Ramatís assegura que dentre as verdades a serem reveladas ao mundo antes do fim do século, teria destaque a pluralidade das existências, através da comprovação da reencarnação do espírito a partir de pesquisas (ou trabalhos) dos profissionais da área de Saúde, como a seguir transcrevemos das páginas 11 e 12.

Ora, entre as verdades que vão ser conhecidas ou reveladas ao mundo ainda antes do fim deste século, avultam como estrondosas e revolucionárias em seus efeitos morais, sociais e espirituais, a comprovação substantiva da pluralidade dos mundos habitados e a da pluralidade das existências. Quanto à primeira, será comprovada pelas comunicações interplanetárias; e quando à segunda, simultaneamente, em diversos países, surgirão psicanalistas experimentados, os quais, mediante experiências conjugadas à metapsíquica e à parapsicologia experimental, provarão que as vidas sucessivas ou reencarnação do espírito é também uma realidade absoluta e demonstrável. Esta prova decisiva está entrosada num fenômeno de psiquismo que já tem sido levada a efeito entre vós, em exibições públicas no palco de teatros e cinemas. Referimo-nos ao fenômeno de condicionar o "ego" ou espírito encarnado (o homem), a uma introspecção psíquica, fazendo que ele regrida e "viva", de novo, os diversos estágios de sua vida e idade, num descenso vibratório que, mediante uma espécie de "revelação das chapas" fotografadas na tela da sua memória, faculta-lhe expor e retornar a "viver", com absoluto realismo, as emoções de cenas e quadros vividos por ele durante a sua vida...

Reproduzimos abaixo entrevista concedida pela dr[a]. Maria Teodora Ribeiro Guimarães, presidente da Sociedade Brasileira de Terapia de Vida Passada, com sede em Campinas (SP) ao jornal *Alavanca*, da USE - Campinas, na matéria intitulada "Cura espiritual pela reforma de caráter" onde, os argumentos da Terapia de Vidas Passadas (TVP) afirmam a reencarnação.

Tendo o Espírito que passar por muitas encarnações, segue-se que todos nós temos tido muitas existências e que teremos ainda outras, mais ou menos aperfeiçoadas, quer na Terra, quer em outros mundos."

"As diferentes existências corpóreas do Espírito são sempre progressivas e nunca regressivas; mas, a rapidez do seu progresso depende dos esforços que faça para chegar à perfeição.

Dra. Maria Teodora Ribeiro Guimarães, conta nesta entrevista como a TVP trata seus pacientes. "O que o Espiritismo chama de reforma íntima, aqui denominamos reforma de caráter", afirma, dizendo ainda: "A psiquiatria, até o ano 2000, vai ter que encarar o homem sob um novo paradigma, a de um ser espiritual. Sem isso, vai continuar prescrevendo remédios e mais remédios, como há 40 anos."

ALAVANCA — *Como psiquiatra, porque adotou a técnica da TVP?*
Dra. Teodora — Adotei a TVP desde o momento em que descobri que nunca havia curado ninguém como psiquiatra. A maioria das doenças mentais graves, nos hospitais psiquiátricos, são processos obsessivos, que não se resolvem prescrevendo remédios, mas trabalhando nas causas das obsessões que, aqui, denominamos "presenças".

ALAVANCA — *Porque esse eufemismo?*
Dra. Teodora — Porque os psiquiatras em geral são muito prepotentes. Acham que, por não ver ou ouvir os Espíritos,

eles não existem. Muitos clientes meus só vieram a se curar depois, com a TVP, que é um novo paradigma de psiquiatria, em que o homem é considerado um ser bio-psicossocial e espiritual. A psiquiatria clássica abstrai a parte espiritual, mas não cura ninguém! Essa é a grande diferença da TVP para outras terapias.

ALAVANCA — *E qual a técnica que utiliza para levar o paciente ao transe?*
Dra. Teodora — Não há truque ou salamaleque. O paciente fecha os olhos e vai até lá, à origem do problema que o aflige. Por exemplo: muitos dizem estar sofrendo da síndrome do pânico, que é o mal da moda. A psiquiatria tomou os sintomas mais comuns — como medo de morrer sem assistência — para catalogar a doença, mas é preciso decodificar isso para o paciente: O que você tem é medo de morrer em lugar fechado" ou "medo de morrer afogado etc.", em vez de "você sofre da síndrome do pânico".

ALAVANCA — *A regressão estabelece a correlação do medo com uma situação vivida no passado?*
Dra. Teodora — Sim. E quando a pessoa "volta" desse estado alterado de consciência, sabe que teve a lembrança da emoção daqueles episódios rememorados. Mas isso não basta para que esteja curado. Terá de trabalhar esses conteúdos até desaparecerem todos os resíduos do trauma.

ALAVANCA — *E qual o índice de sucesso nos casos atendidos pela TVP?*
Dra. Teodora — Esta é a única Terapia que ousa dizer que pode curar distúrbios da mente, como os transtornos psicóticos, porque entende a origem do mal. Não é uma panacéia, mas tem tido sucesso na maioria dos casos. Cerca de 25% dos pacientes abandonam o tratamento, mas os demais se curam, se persistem até o fim.

ALAVANCA — *E nos casos obsessivos, como tratá-los à luz da TVP?*
Dra. Teodora — Se há "presenças" perturbando o seu estado de saúde mental, isso também está ligado a uma vida passada. Os pacientes descobrem que cometeram erros e, em

50% dos casos, conseguem ter contato com seus desafetos durante as regressões. Todos os que têm um processo espiritual (obsessão), julgam-se vítimas. Depois descobrem que, ao contrário, são eles mesmos os algozes e que terão que pedir perdão. Aquilo que o Espiritismo chama de reforma íntima, aqui chamamos reforma de caráter. Temos que aprender a perdoar mas também a pedir perdão. Há casos de pacientes que, ao recobrarem lembranças do mal que fizeram, mostram-se ainda irredutíveis a pedir perdão.

ALAVANCA — *Estaríamos então repetindo o sermão das bem-aventuranças de Jesus?*

Dra. Teodora — Estamos levando um novo paradigma para dentro da Ciência. Está na hora de a Psicologia entender que brandura e resignação fazem parte da cura do ser humano. Não é simplesmente uma questão de crença, mas uma questão de lógica. Os homens estão cada vez mais materialistas, dentro de uma sociedade muito competitiva. As doenças "dobram" o seu orgulho e fazem com que cada um se volte para o lado divino.

Transcrito do *Jornal Alavanca* – junho/julho 98 – Campinas – SP

Nota de repúdio à pirataria

Respeitar o sacrifício alheio para produzir uma obra espírita é o mínimo que se espera de todos que almejam alcançar a condição de "bons espíritas", conforme nos ensina *O Evangelho Segundo o Espiritismo*, no capítulo 17, intitulado "Sede perfeitos", item **Os bons espíritas**. O capítulo 26 desta obra básica ("Dai de graça o que de graça recebestes") nos conduz a uma importante reflexão sobre o tema "mediunidade gratuita", explicando, de forma muito objetiva, o papel do médium como intérprete dos Espíritos:

... receberam de Deus um dom gratuito – o dom de ser intérpretes dos Espíritos –, a fim de instruir os homens, mostrar-lhes o caminho do bem e conduzi-los à fé, e não para vender-lhes palavras que não lhes pertencem, porque não são produto de suas concepções, nem de suas pesquisas, nem de seu trabalho pessoal. ...

Contudo, muitos seguidores da Codificação têm um entendimento equivocado a respeito da produção das obras espíritas e/ou espiritualistas, atribuindo a elas o ônus da gratuidade, ao confundir a produção editorial com a mediunidade gratuita, universo do qual ela não faz parte.

É fundamental separar uma coisa da outra, para que os espíritas não sejam induzidos a erros, cujos efeitos morais e éticos conflitam com os princípios espirituais.

Para que um livro de qualquer gênero literário chegue às mãos dos leitores, é preciso mais que a participação do autor (ou do médium escrevente), uma vez que o processo editorial depende de inúmeros profissionais qualificados em áreas diversas. Sem eles, as ideias e conteúdos não se materializariam em forma de livros.

Portanto, tradutores, revisores, editores, digitadores, diagramadores, ilustradores, capistas, artefinalistas, impressores, distribuidores, vendedores e lojistas fazem parte desse rol de profissionais empenhados na veiculação das obras espíritas/espiritualistas. Sem citar os custos da produção gráfica com papel e insumos que influem no preço final do livro.

Como se pode perceber, para que um conteúdo, uma psicografia, chegue aos leitores, percorre-se um longo caminho que envolve uma equipe diversa, em que muitos dos profissionais não são médiuns nem voluntários e, portanto, não se inserem na máxima: "Dai de graça o que de graça recebestes".

Por isso, ao se praticar a pirataria, apropriando-se indevidamente de uma obra literária, seja através da reprodução de seu conteúdo por arquivo pdf ou digital, visando ao compartilhamento "fraterno" dos ensinamentos da Doutrina Espírita, se está na realidade infringindo a lei da Primeira Revelação: "Não roubarás!". Sim, porque apropriação indébita de bens que também fazem parte do plano material é um delito, qualquer que seja a suposta boa intenção.

Este é o alerta que a maioria das editoras, inclusive as espíritas, gostaria de fazer chegar aos leitores e que a Editora do Conhecimento inclui na conclusão desta belíssima obra, fruto de um trabalho editorial que não envolveu voluntários, mas sim profissionais remunerados que exigem respeito por suas atividades.

Deixamos aqui registrado nosso repúdio a sites, blogs, fóruns e outras mídias que pirateiam e armazenam obras literárias. Ao fazer uso ilícito desses depósitos de livros roubados, "espíritas e espiritualistas" se distanciam cada vez mais do seu aprimoramento moral.

Finalizando, lembramos que "o homem de bem respeita todos os direitos que as leis da natureza atribuem aos seus semelhantes, como gostaria que respeitassem os seus" (*O Evangelho Segundo o Espiritismo*, capítulo 17 "Sede perfeitos", item **O homem de bem**).

Conhecimento Editorial
Seus editores.

ELUCIDAÇÕES DO ALÉM
foi confeccionado em impressão digital, em maio de 2025
Conhecimento Editorial Ltda
(19) 3451-5440 — conhecimento@edconhecimento.com.br
Impresso em Luxcream 70g., StoraEnso